FERNAND PASSELECQ

LA QUESTION FLAMANDE ET L'ALLEMAGNE

Avec 2 cartes hors texte et un Index alphabétique

BERGER-LEVRAULT, LIBRAIRES-ÉDITEURS

PARIS | NANCY
5-7, RUE DES BEAUX-ARTS | RUE DES GLACIS, 18

1917

LA QUESTION FLAMANDE

ET L'ALLEMAGNE

FERNAND PASSELECQ

LA
QUESTION FLAMANDE
ET L'ALLEMAGNE

BERGER-LEVRAULT, LIBRAIRES-ÉDITEURS

PARIS | NANCY

5-7, RUE DES BEAUX-ARTS | RUE DES GLACIS, 18

1917

AVANT-PROPOS

Il n'y a qu'un procédé recommandable pour exposer la question flamande, comme, du reste, n'importe quelle autre question sociale : c'est d'en examiner les éléments constitutifs tels qu'ils sont, tels que des faits.

Mais, pour énoncer des jugements sur une telle question, on peut se placer à deux points de vue :

Celui que j'appellerai de l'intérieur, où l'on prend pour règle d'appréciation les principes de la politique interne belge, telle qu'on la conçoit ;

Celui de l'extérieur, où l'on prend pour règle d'appréciation les données de la position internationale de la Belgique.

Un auteur qui adopte le premier point de vue sera presque fatalement amené à arbitrer les cas de doute ou de litige à la lumière des conceptions politiques auxquelles vont ses préférences personnelles.

L'adoption du second point de vue exige que l'on considère choses et hommes d'un regard plus large ou plus détaché et qu'une fois la synthèse faite, on l'éprouve au contrôle des intérêts nationaux les plus élevés et les plus permanents, ou, pour tout dire d'un mot, de l'intérêt essentiel : la sauvegarde de la patrie.

Tout le monde comprendra qu'une guerre qui ravage le monde depuis tantôt trois ans et dans laquelle la nation belge sacrifie, avec l'irréfragable résolution que l'on voit, son sang et ses richesses, pour défendre son indépendance, ne laissait pas à l'auteur la liberté du choix : le devoir était, écrivant à l'étranger, et fût-ce en terre amie, de se cantonner dans la considération extérieure du problème ; s'il reste encore, après cela, quelque chose à débattre ou à préciser pour des applications de détail, c'est « affaire domestique des Belges », à régler entre soi, posément, après la libération du territoire.

Cette façon de considérer les faits sous l'angle des grands intérêts de la vie nationale et en dehors de toutes intentions personnelles a, d'ailleurs, l'avantage propre d'être, des deux possibles, la plus féconde, celle qui sollicite naturellement le plus d'intelligences et les plus réfléchies, celle qui assure au lecteur le plus de garanties contre les insinuations de l'esprit de parti et les dérèglements de l'esprit de polémique.

En somme, le présent ouvrage n'est que la réponse documentée et raisonnée à un doute, insistant et perfide, que l'astuce allemande a suscité en divers pays pour inquiéter dans leurs sympathies les innombrables amis et admirateurs de la Belgique : « La question des langues ne met-elle pas tout justement en péril l'avenir politique de cet État belge que le monde s'impatiente tant de voir rentrer en possession de son territoire ? »

A cette interrogation, qui est comme une embûche tendue à la simplicité des bonnes gens, un Belge s'est ici donné pour tâche de répondre, non en belligérant, mais en historien et en observateur social.

Si son livre — comme il le sait mieux que personne — n'épuise pas le sujet du débat pour ses compatriotes, au moins espère-t-il qu'il en éclairera suffisamment les parties essentielles pour le public étranger.

Le Havre, 15 juillet 1917.

AVERTISSEMENT AU LECTEUR

Dans les ouvrages, études ou articles écrits avant la guerre sur la question des langues en Belgique, on trouve souvent le terme de *flamingants* — qui devrait désigner, au sens propre, « les partisans de l'instauration en Flandre d'une culture flamande complète » — usité avec une nuance de critique ou une intention de censure, évidemment dues aux tendances personnelles des auteurs : on l'emploie pour faire entendre que l'on taxe, à part soi, d'outrance ou de radicalisme les adeptes du principe flamingant et ce principe même.

Depuis la guerre, cette signification péjorative s'est accentuée dans la presse de langue française et elle tend à s'incorporer définitivement au vocable, sous l'effet du sentiment unanime de réprobation engendré par les actes indignes d'une poignée de factieux associés par l'Allemagne à sa politique en Flandre.

D'un autre côté, l'on constate dans les écrits et discours des chefs du mouvement belge-flamand, — tant depuis qu'avant la guerre, — ce fait tout contraire : qu'au sein de leur groupe, l'appellation de *flamingants* reste immuablement revendiquée par tous comme un titre d'honneur, comme le signe de ralliement et comme une affirmation nécessaire de la fidélité au programme commun. On s'y refuse visiblement à penser qu'à la faveur de l'ambiguïté artificielle ou accidentelle du mot, puisse s'insinuer dans l'opinion publique raisonnable, une confusion, — injurieuse pour le patriotisme belge de la Flandre, — entre l'immense majorité des Flamingants loyalistes et la petite bande des « Activistes » du soi-disant « Conseil de Flandres », complices de l'ennemi.

Cette divergence dans l'acception usuelle de termes indispensables à la discussion doit être actée par prudence au seuil de tout débat sur la matière.

Peut-être même faut-il faire davantage et tenter directement de dissiper l'équivoque, car elle complique singulièrement la tâche de l'écrivain qui veut rester impartial et elle est, entre gens de bonne foi, l'occasion de malentendus et de froissements également regrettables.

En vue de contribuer, pour notre part, à éviter autant que possible, le renouvellement de ces méprises, nous prions le lecteur d'admettre que, dans cet ouvrage, l'appellation contestée de *flamingants* soit conventionnellement dépouillée de toute signification adjective d'improbation ou d'approbation et ramenée à son sens étymologique pur et simple de : « adeptes militants du mouvement linguistique flamand ».

LA QUESTION FLAMANDE

ET L'ALLEMAGNE

CHAPITRE I

LA QUESTION FLAMANDE ET LES BUTS
DE GUERRE DE L'ALLEMAGNE

Le 5 avril 1916, le chancelier von Bethmann-Hollweg, s'expliquant devant le Reichstag sur les buts de la guerre de l'Empire allemand, définissait en ces termes son programme d'action future au sujet de la Belgique :

Nous nous créerons des garanties réelles pour que la Belgique ne devienne pas un État vassal des Anglo-Français et ne soit pas utilisée comme boulevard militaire et économique dressé contre l'Allemagne. L'Allemagne ne peut abandonner à la latinisation le peuple flamand si longtemps asservi. Nous lui assurerons, au contraire, un développement sain, répondant à ses ressources et fondé sur la langue et le caractère flamands.

Moins d'un an après, et avant même toute révélation des conditions de paix de l'Allemagne, l'Administration allemande de la Belgique occupée entamait la réalisation de ce programme.

En effet, le 4 février 1917, à Bruxelles, un congrès de quelque deux cents Belges de langue flamande, complices de l'occupant, votait la création d'une « Diète » ou « Conseil de Flandres » (*Landdag van Vlaanderen*), qui lançait aussitôt un manifeste, réclamant — soi-disant au nom des Flamands — la séparation administrative de la Flandre et de la Wallonie et une représentation indépendante des Flandres à la future Conférence de la Paix.

Le 3 mars suivant, une députation de ce « Conseil » était officiellement reçue, à Berlin, par le Chancelier impérial qui leur tenait ce discours :

Messieurs, j'ai accédé volontiers à votre désir d'avoir avec moi un entretien personnel. Du fond du cœur, je vous souhaite la bienvenue dans la capitale de l'Empire allemand, comme aux représentants d'un peuple qui nous est apparenté par le sang et par la langue et auquel nous ont unis, pendant la période la plus brillante de la civilisation germanique, des relations étroites de l'ordre politique, cultural, économique. Il me suffit de citer les noms d'*Augsbourg* et d'*Anvers*, de *Nuremberg* et de *Bruges*, pour qu'en nous tous se réveille du sommeil des temps révolus la conscience d'une affinité et d'une communauté de caractère unissant les deux peuples. C'est pourquoi les paroles pleines de confiance que vous venez de m'adresser trouvent un écho sympathique en moi et, je pense aussi, au cœur de tous les Allemands.

Le peuple flamand a dû suivre pendant des siècles des voies qui l'écartaient toujours davantage de nous et desquelles des poètes et des penseurs de votre peuple, conscients de leurs origines, ont dit qu'elles furent des *voies douloureuses*. Aujourd'hui, grâce à Dieu, au milieu de combats sanglants, Allemands et Flamands ont pris conscience que, dans la lutte contre l'envahissement du welchisme, les mêmes voies doivent nous conduire aux mêmes buts. Nous avons encore en perspective beaucoup de batailles et de labeur à fournir. Cela ne doit pas m'empêcher et ne m'empêchera pas de vous tendre, dès à présent, la main pour un travail commun. Sa Majesté l'*Empereur*, à qui j'ai fait part de votre désir d'entrer en rapports avec le Gouvernement de l'Empire, a, dans sa sincère sympathie pour le sort du peuple flamand, fait connaître sa volonté de donner *satisfaction* aux vœux justifiés exprimés par vous, autant que le permettent l'état de guerre et les nécessités militaires.

En exécution de ces ordres de Sa Majesté, j'ai à vous faire connaître ce qui suit. M. le Gouverneur général, d'accord avec moi et en accord avec les paroles que j'ai prononcées au Reichstag en avril de l'année écoulée, a, depuis longtemps, mis à l'étude et introduit des mesures préparatoires tendant à fournir au peuple flamand la possibilité, qui lui fut jusqu'à maintenant refusée, d'un développement cultural et économique autonome, et à poser ainsi le fondement de l'autonomie que ce peuple espère conquérir, mais qu'il ne peut que difficilement atteindre par ses propres forces. Je me sais donc d'accord avec M. le Gouverneur général, en vous donnant l'assurance que cette politique, qui est, comme vous-mêmes l'avez allégué, conforme aux principes fondamentaux du droit international, sera poussée avec toute la vigueur possible et qu'elle sera poursuivie même pendant l'occupation, en ayant pour objet la *complète séparation administrative* telle qu'elle est demandée, depuis longtemps déjà, dans les deux parties de la Belgique.

La *frontière linguistique* doit devenir, aussitôt que possible, la *frontière séparative* des deux districts réunis sous le commandement du Gouverneur général, mais séparés en tous les autres domaines. La collaboration des autorités allemandes avec les représentants du peuple flamand réussira à atteindre ce but. Les difficultés à vaincre ne sont pas médiocres; mais je sais qu'elles peuvent être surmontées par la collaboration désintéressée de tous les hommes qui, parmi les Flamands, ont compris, dans un profond sentiment du devoir, quelles questions pose devant eux, à cette époque décisive, l'amour de la patrie. La résolution votée le 4 février me montre que les Flamands aussi ont d'eux-mêmes pris conscience de ce devoir. Je salue votre *union* comme la meilleure garantie de la réussite de notre œuvre. C'est pourquoi nous délibérerons volontiers avec le « Conseil de Flandres » sur le moyen qui nous conduira au but souhaité. L'Empire allemand, *lors des négociations et aussi après la conclusion de la paix*, fera tout ce qui peut servir à hâter et à assurer *le libre développement de la race flamande.* Emportez, Messieurs, ces assurances dans votre belle patrie et dites aux fils de la Mère Flandre, que nous, Allemands, sommes résolus à faire ce qui nous incombe pour la faire surgir du péril et de la guerre en un nouvel épanouissement (1).

---

(1) Télégramme du *Bureau Wolff* à toute la presse allemande. Cf., entre autres, *Kölnische Zeitung*, n° 219, du 4 mars 1917, première édition du matin. Les mots en italique sont soulignés par le journal allemand. La traduction ci-dessus, la plus littérale possible, présente certaines différences de détail et de nuance avec la traduction affichée en Belgique.

La presse allemande aussitôt commentait l'événement en termes enthousiastes, pendant que les postes allemands de télégraphie sans fil en répandaient la nouvelle dans le monde entier par leurs radiogrammes.

Toutefois — *in cauda venenum* — les journaux officieux prirent la précaution d'avertir qu'aucune assimilation ne pouvait être établie entre l'autonomie administrative de la Flandre promise aux Flamands et l'érection de la Pologne en royaume, promise aux Polonais : « Le discours du Chancelier ne préjugeait nullement du statut international de la Belgique. »

Le 21 mars 1917, le général von Bissing, gouverneur général de la Belgique occupée, signait un arrêté ainsi conçu :

Il est formé en Belgique deux régions administratives, dont l'une comprend les provinces d'Anvers, de Limbourg, de Flandre Orientale et de Flandre Occidentale ainsi que les arrondissements de Bruxelles et de Louvain; l'autre, les provinces de Hainaut, de Liége, de Luxembourg et de Namur, ainsi que l'arrondissement de Nivelles.

L'administration de la première de ces deux régions sera dirigée de Bruxelles; celle de la deuxième région, de Namur.

Sont réservées toutes les dispositions qui seront destinées à assurer l'exécution du présent arrêté, notamment au point de vue de l'organisation administrative des deux régions et de la remise des affaires. Pour tout ce qui concerne le ministère des Sciences et des Arts, les arrêtés des 25 octobre 1916, 13 décembre 1916 et 14 février 1917 resteront en vigueur jusqu'à la publication des dispositions susmentionnées.

Cet arrêté réalisait, à trois semaines de délai, les intentions annoncées par le Chancelier dans son discours de réception du 3 mars 1917 ; il entamait l'exécution du plan d'annihilation politique de la Belgique. On peut s'attendre à ce que l'Allemagne la poursuive aussi longtemps que le lui permettra le développement des opérations militaires des armées alliées. Ainsi que l'a écrit M. W. Martin dans un article de la *Semaine littéraire* de Genève du 24 mars 1917 : « Les Allemands sont infatigables. Ils ont d'abord envahi la Belgique ; puis ils l'ont ravagée ; ensuite ils l'ont calomniée et maintenant ils la dépècent. »

La tournure prise par les événements de la guerre a contraint l'Empire allemand à renoncer à l'annexion pure et simple du pays que réclamait avec instance le parti pangermaniste. Mais il a gardé l'illusion, réelle ou affectée, d'être demain le maître de la paix, comme il fut hier le maître de l'agression, et, dans cette vue, il a résolu d'enlever à la Belgique tout au moins son indépendance effective : il consentira à lui laisser la forme extérieure de l'individualité internationale, juste de quoi sauvegarder les apparences d'un certain respect pour le droit des gens et ménager la transition vers une annexion future ; mais la souveraineté de l'État belge ne devra plus être que nominale et illusoire ; l'Allemagne s'arrogera, sous prétexte de sécurité, le droit de régler et de contrôler sa vie intérieure, et de résorber les fonctions essentielles de sa vie extérieure (défense militaire, relations diplomatiques et commerciales) dans les fonctions correspondantes de l'Empire. C'est, en d'autres termes, l'établissement d'un protectorat sur la Belgique qu'elle médite (1), et, pour s'en faciliter l'exercice, elle morcelle tout de suite le territoire et la nation en deux tronçons, dont l'un, la Flandre, devant rester soumis à la tutelle spéciale de l'Empire, lui fournira le titre et l'occasion d'une perpétuelle ingérence dans les affaires du pseudo-royaume.

Le Chancelier allemand et ses journaux célèbrent à ce propos la haute moralité des inspirations qui guident la politique de l'Allemagne : c'était pour elle, disent-ils, une obligation naturelle impérieuse, dictée par la voix du sang, que de libérer, dans la personne des Flamands, une population sœur, de souche germanique, dangereusement exposée aux avant-postes du « Deutschtum » et opprimée sans merci par un gouvernement « welche ».

Mais, on le devine bien, cette évocation d'une

---

(1) Cf. Dr Conrad BORNHAK, *Geheim-Justizrat*, professeur à l'Université de Berlin : *Belgiens Vergangenheit und Zukunft* (Berlin, édition de la revue *Die Grenzboten*, 1917); — l'article du même, intitulé : « Protectorats allemands en Europe », paru dans *Die Grenzboten*, n° 10, du 7 mars 1917; — l'étude, très appréciée en Allemagne, *Das Schicksal Belgiens beim Friedensschluss*, du professeur Ernst ZITELMANN de Bonn (Duncker et Humblot, Munich, 1917). Voir surtout (plus loin) le programme du gouverneur général VON BISSING exposé dans son fameux Mémoire ou « Testament politique » et dans sa lettre du 14 janvier 1917 au député STRESEMANN.

parenté de race et de langue entre les Allemands
et les Flamands n'est que l'appeau destiné à
attirer plus sûrement, à portée des filets de l'oi-
seleur teuton, les honnêtes volatiles du pays de
Flandre qui seraient assez naïfs pour s'en laisser
enchanter.

Les thèses fallacieuses d'ethnologie, de philologie et d'histoire qui miroitent dans la presse
pangermaniste, recouvrent quelques-unes de ces
solides réalités où s'appuient les spéculations
autrement positives de l'homme d'État et de
l'homme d'affaires.

Un fait significatif est la coïncidence et la similitude de la politique des Allemands en Flandre et
de leur politique en Lithuanie. Pendant le même
mois de mars 1917, d'après une dépêche du Bureau
Wolff (*Berliner Lokal-Anzeiger* du 26 mars 1917),
le secrétaire d'État des Affaires étrangères, M. Zim-
mermann, a reçu une délégation de Lithuaniens
des régions envahies. Il a écouté les vœux qu'elle
lui présentait; au cours de l'entretien, il a déclaré
que le Gouvernement impérial portait à la population lithuanienne le plus grand intérêt, et qu'il
comptait donner pleine satisfaction, le jour de la
conclusion de la paix, à son désir d'obtenir une
autonomie administrative étendue. L'événement
était presque simultanément relaté dans une correspondance de Vilna au *Kurjer Lwowsky* (repro-
duite par la *Nowa Reforma* du 24 mars 1917),
disant : « Des renseignements de source très sérieuse
font connaître que le chancelier de l'Empire a reçu
une députation lithuanienne et blanc-russe, com-

posée de Kiejrys, Szaulis, Smietana et Luckie-
wicz. Le Chancelier leur a fait savoir que le Gouvernement allemand se proposait de constituer
avec la Courlande et les trois gouvernements de
Kowno, de Vilna et de Suwalki, un État lithua-
nien entrant dans la composition de la Confédération germanique. »

Enfin, entre Allemands, on ne fait point mystère des vrais mobiles de la combinaison de la
« Flandre autonome ». Elle est, avant tout, le
moyen de se saisir à moindres peine et scandale,
d'une contrée dont l'Empire juge la possession
indispensable pour établir sa supériorité stratégique sur l'Angleterre et la France, et pour s'assurer, durant une période indéfinie, la suprématie
économique incontestée en Europe et dans le
monde. La côte flamande, avec la maîtrise du
Pas de Calais et l'accès de la Manche; Anvers,
avec son débouché sur la mer du Nord, son hinter-
land immense et les perspectives illimitées de son
développement commercial; enfin, les bassins
houillers et industriels du Hainaut, de Liége, de
la Campine, ajoutés aux ressources des bassins
allemands et lorrains, procureraient à l'Empire
cet « élargissement nécessaire de sa base militaire
et économique », qu'il recherche et qui serait capable de compenser, presque à lui seul, toutes les
pertes de la guerre (1).

____

(1) Cf. : *Das grössere Deutschland,* numéro du 6 janvier 1917,
article : « Ce que la Belgique représente pour nous au point de
vue économique », par W. BACMEISTER, membre de la Chambre des

De ce point de vue, l'effort que fait l'Allemagne pour accaparer moralement la Flandre en empaumant à son profit le mouvement des revendications flamingantes, et pour obtenir ainsi que sa mainmise politique survive à l'occupation du pays, apparaît comme dirigé tout autant, sinon plus encore, contre l'Angleterre et la France que contre la Belgique.

Dans un article portant le titre significatif de « *Divide* » et qui eut, lors de sa publication — justement le jour de la fête nationale belge — (*Der Tag* [rouge], nᵒ 169, du 21 juillet 1916), un grand retentissement, un Allemand de marque, le Dʳ Hans Delbrück, traçant le programme à suivre pour la politique allemande en cas d'issue douteuse de la guerre, pose en thèse que, de toute façon, la France, alliée de l'Angleterre, sortira fort affaiblie de la guerre ; il recherche consécutivement comment l'Angleterre pourra s'y prendre pour compenser cet amoindrissement de la valeur de l'alliance française et il énonce les considérations ci-après :

Venons-en à l'Angleterre. La concession principale que l'Angleterre exigerait de nous serait l'évacuation de la Belgique. Aucun doute que par là ne nous échappe des mains une position géographique exceptionnelle-

---

Députés de Prusse ; — *Die Grenzboten*, nᵒ 49, du 8 décembre 1916, article du professeur C. Bornhak déclarant que l'industrie belge est un complément indispensable pour le développement économique de l'Allemagne et que l'annexion (sous forme de protectorat), est nécessaire à l'Empire allemand au point de vue politique et militaire ; — etc.

ment excellente pour une lutte continentale et maritime; l'affaiblissement de la France, que je posais en thèse ci-dessus, sera compensé et au delà si la Belgique reste indépendante et développe sa force au plein et si par là-dessus l'Angleterre maintient le service militaire général d'une manière effective. Mais il n'est pourtant pas tout à fait sûr que ces deux choses se réalisent ensemble. Il pourrait se faire, par exemple, qu'en Belgique aussi, un parti pacifiste prît le dessus, qui cherchât le salut de l'avenir dans une neutralité conséquente avec elle-même sans armes ni fortifications, à la manière du Luxembourg, plutôt que dans une forte préparation de guerre — ou que la lutte entre Wallons et Flamands entravât la préparation de la guerre. Prenons en prévision cependant le pire cas, alors surgit la question : « Qu'est-ce qui nous serait le plus dommageable : la frontière orientale antérieure, avec le bastion saillant de la Pologne, si près de Berlin, ou la frontière occidentale antérieure si près de notre district industriel principal ? »

Des vues semblables ont été exprimées par les orateurs des divers partis et par le secrétaire d'État Hellferich dans la discussion du budget au Reichstag le 2 mai 1917 (*Presse allemande* des 3 et 4 mai).

D'autre part, l'observateur le moins porté aux généralisations doit avoir été frappé depuis longtemps de l'analogie existant entre la tactique de l'Empire en Flandre et la manœuvre tentée en Irlande pour son compte par Roger Casement. La propagande allemande s'est efforcée, de son côté, de provoquer une assimilation artificielle entre la question irlandaise et la question flamande en prononçant elle-même, la première, les mots de *Home Rule* à propos des Flamands (1).

La présente guerre ne cesse ainsi d'illustrer de nouvelles clartés l'importance exceptionnelle de la Belgique dans l'ordre des grands problèmes internationaux. Dès le début des hostilités, la Belgique a révélé cette remarquable propriété de résumer dans sa cause quelques-uns des intérêts vitaux de la liberté occidentale. Aujourd'hui, comme il y a cent ans, elle est la clef de voûte de l'édifice européen. Elle est l'arène fatidique où ne descendent guère les combattants que pour nouer ou dénouer le destin du monde. Si les peuples d'Occident, lors de la conclusion de la paix, sont curieux de connaître le sort que leur réserve l'avenir, — ère de tranquillité ou de nouvelles conflagrations, — ils n'auront qu'à consulter les chances de stabilité du statut que le traité de paix aura consacré pour la Belgique. Nulle part le résultat pratique de la présente guerre pour l'humanité ne s'inscrira plus clairement que dans la condition politique de ce petit territoire de

<hr>

(1) En fait, cependant, il n'y a, entre la question irlandaise et la question flamande, que des points de contact tout à fait extérieurs. L'une et l'autre — à la différence de la question polonaise — sont des affaires de politique interne, pouvant seulement intéresser indirectement la tranquillité de l'Europe en ce sens qu'il est de l'intérêt moral de celle-ci de les voir résolues d'une manière satisfaisante pour les populations qu'elles concernent respectivement. Mais, pour tout le reste, l'assimilation est impossible : jamais les situations ne furent identiques en Flandre et en Irlande; le problème ne s'y pose pas historiquement ni politiquement de la même manière; les griefs n'y sont pas de même nature ni de la même gravité; par suite, la difficulté à résoudre n'est pas la même de part et d'autre, etc.

29.000 kilomètres carrés, presque imperceptible sur les mappemondes, mais où l'historien repérait, hier déjà, plus de champs de bataille que le géographe de chefs-lieux de canton, et qui est et restera toujours le triangle nécessaire de jonction et de sûreté, inséré entre l'Allemagne, l'Angleterre et la France comme l'articulation normale de leurs rapports.

Cette valeur singulière d'abrégé politique, incorporée dans l'indépendance du territoire belge et de la population qui l'habite, est une notion depuis longtemps familière à tous les hommes d'État instruits des conditions essentielles de l'équilibre européen. De son côté, la masse du public neutre, qui peut-être l'avait perdue de vue, en a pris ou repris conscience, en août 1914, lors de la cynique violation de la frontière belge par l'Allemagne : tout le monde alors sentit, au moins confusément, que le premier uhlan qui venait de pénétrer en Belgique n'avait pas seulement rompu, du poitrail de son cheval, la faible clôture de la neutralité belge, mais renversé en même temps le portique d'entrée de l'un des lieux sacrés de l'ordre international.

A cette époque, toutefois, ce fut surtout l'aspect moral et, si l'on peut dire, philosophique, de l'attentat du 4 août 1914, qui frappa l'univers civilisé. Maintenant, l'évolution de l'occupation allemande et la révélation de ses vrais objectifs font plus spécialement ressortir l'aspect politique de l'événement. Aussi n'est-ce plus seulement un procès rétrospectif de moralité sur des faits révolus, qui se débat, à propos de la Belgique, devant l'opinion internationale spectatrice : c'est un problème actuel de politique, une affaire positive d'affermissement d'indépendance pour la Belgique et de reconstitution d'équilibre pour l'Europe.

C'est pourquoi, indépendamment des motifs de préoccupation patriotique qui doivent fixer sur ce sujet, plus particulièrement que sur d'autres, l'attention des Belges, il nous a semblé que la connaissance approfondie du dessein allemand sur la Flandre s'imposait aussi pour tout Européen cultivé, comme celle de l'un des incidents les plus intéressants de la guerre et de l'une des données de base de la vaste question de la paix.

CHAPITRE II

LA THÈSE ALLEMANDE
« IL N'Y A PAS DE NATION BELGE »

Devant l'opinion publique neutre, les Allemands se présentent comme les exécuteurs providentiels du destin de la Belgique.

Leur thèse est la suivante :

« L'État belge n'est qu'une abstraction politique. Il lui manque, pour être une réalité, le fondement de l'unité nationale. Les populations vivant entre l'Ourthe et la mer du Nord ne sont pas « un peuple », mais des fragments de peuples différents, simplement accolés par des contingences politiques sous l'étiquette commune de « Belges ». Il n'y a pas de nation belge, mais deux groupes ethniques : le groupe flamand (*vlaamsch*) ou plus exactement thiois ou *dietsch* (terme flamand intentionnellement identifié avec *deutsch*), et le groupe wallon (*welsch*) provenant peut-être, lui aussi, d'éléments germaniques, mais qui furent jadis entièrement romanisés et sont présentement inféodés à l'influence française. La contrariété d'origine ou du moins de culture, de langue, de caractère et même d'intérêts de ces deux groupes les rend impénétrables l'un à l'autre. Leur réunion

en un seul organisme administratif et autonome fut
imaginée, il y a quatre-vingts ans, par la diplomatie
embarrassée d'un problème qu'elle sentait insoluble. L'expédient parut alors commode; en réalité, il était vain et funeste. Il y eut là, non seulement une erreur extraordinaire de la politique
internationale, mais encore un attentat à l'unité
du germanisme. La dissolution de cette communauté politique artificielle était fatale et, d'ailleurs,
déjà spontanément commencée avant la guerre par
l'effet de la querelle des langues; le Gouvernement
allemand, en envahissant le pays, n'a fait que pré-
cipiter le cours naturel des choses. En tout cas,
l'Allemagne n'eût pu rester plus longtemps indifférente au sort misérable de la Flandre, rameau
bas-allemand, qui allait se desséchant, privé de la
sève vivifiante du tronc germanique : c'était une
nécessité pour elle de répondre aux gémissements
et aux aspirations de l'esprit allemand en travail
au fond de l'âme flamande.

« En résumé, la nature et l'histoire s'unissent
ici pour dicter à l'Empire son devoir et sa politique : la Flandre tend à l'émancipation nationale d'un élan incompressible; mais, comme elle
ne pourrait subsister sans être protégée et que
l'Allemagne seule est en état de lui assurer cette
protection, l'inféodation de la Belgique à l'Allemagne s'impose, par une nécessité naturelle, dans
l'intérêt même de la paix européenne. »

Autant cette vue est fausse, autant cette position du problème est adroite au regard des intérêts
de l'Allemagne.

Elle vise, en effet, à obtenir que la Belgique soit dessaisie, en toute hypothèse d'issue de la guerre, d'une portion de sa souveraineté.

Si l'Allemagne parvenait à persuader la diplomatie européenne qu'il y a lieu d'attribuer à la question flamande, question de politique intérieure belge, le caractère d'une affaire internationale relevant de l'aréopage européen, l'Allemagne, même vaincue, aurait réussi à faire rétrograder l'opinion publique universelle concernant la Belgique, jusqu'au point où elle en était, à son égard, en 1830, lors de l'ouverture de la Conférence de Londres. Cela équivaudrait pour la Belgique à l'annihilation de l'effet moral et du fruit de près de cent années d'existence indépendante (1).

Supposé que cette vue ne soit pas adoptée, ce serait déjà beaucoup pour l'Allemagne d'avoir suscité, dans les conseils des Puissances, seulement le doute, ou même une simple interrogation, sur la possibilité, pour l'État belge, de résoudre par ses seules forces, la question des langues qui s'y agitait avant la guerre. Car de la réponse à donner à ce doute ou à cette interrogation dépendrait, pour les négociateurs de la paix, le jugement à

---

(1) Tel est bien le but immédiat de la manœuvre allemande : « Cette décision (du *Conseil de Flandres,* de faire les démarches nécessaires pour faire reconnaître les droits du peuple flamand lors de la négociation de la paix) constitue la première tentative bien nette pour faire de la question flamande une question européenne, alors qu'elle n'a été jusqu'à présent qu'une question intérieure belge à peine remarquée à l'étranger. » Ainsi s'exprime un publiciste allemand officieux dans une correspondance de Bruxelles au plus grand journal de l'Allemagne, la *Frankfurter Zeitung* du 6 mars 1917 (1re édition du matin).

porter sur la viabilité de la Belgique elle-même et la confiance à lui faire.

L'opinion que ces négociateurs se seront formée des conditions internes de la stabilité de l'État belge, est appelée à réfléchir et à influer sur leurs délibérations et leurs dispositions personnelles à son endroit. Il a pu être dit (1) que « la Belgique (de demain) sera rendue et maintenue forte, ou bien elle disparaîtra, et la paix de l'Europe avec elle. » Mais il est clair que « fortifier la Belgique » deviendrait sans objet, si n'existaient plus ni la certitude que la nation belge est une réalité vivante, ni la confiance que l'État belge n'est pas menacé de dissolution spontanée.

Évidemment, pour quiconque est au courant des choses belges, de telles questions ne se posent pas. Entre Belges, rien que le fait de les énoncer ou de les accepter comme objet de débat serait, à bon droit, considéré comme une injure ou une défaillance du sens national.

Mais, à l'étranger, on est, en général, insuffisamment instruit des circonstances de la vie politique intérieure de la Belgique. On y sait sans doute que la population belge, s'élevant à 7.500.000 habitants, se répartit en deux groupes appartenant originairement à des familles linguistiques différentes : les Flamands, au nombre de plus de 4 millions, parlant un idiome germanique, identique

---

(1) Cf. *Considérations sur l'avenir de la neutralité belge* (Payot, **Lausanne, 1916**).

au hollandais, surtout dans la langue écrite (1);
les Wallons, au nombre d'un peu plus de 3 millions,
dont les dialectes populaires sont essentiellement
romans, mêlés de reliquats celtes et d'apports
germaniques, et qui se servent du français comme
langue littéraire (2).

On y sait aussi que le français est parlé ou compris de la presque totalité des classes instruites
et est, de fait, la langue la plus usitée dans les relations avec l'Administration centrale, quoique le
flamand soit langue nationale comme le français,
et que l'usage de toutes les langues parlées en Belgique (français, flamand et allemand, pour ne citer
que les langues classées et négliger les dialectes)
soit, au regard de la loi constitutionnelle, également facultatif.

On y sait probablement encore qu'il y a, en
Belgique, depuis au moins un demi-siècle, une
« question des langues » qui a débordé dans le domaine de la politique électorale et qui agitait
assez fortement le milieu parlementaire avant la
guerre.

Mais là se borne à peu près toute l'érudition de
l'étranger.

Ces données sont évidemment insuffisantes pour
qu'on se puisse former une juste idée de l'un des

----

(1) Les Hollandais appellent leur langue le *néerlandais* (*Nederlandsche taal*), du nom officiel de leur État : « Royaume des Pays-
Bas » (*Nederland*).

(2) Sur les origines des dialectes wallons et leurs racines philo-
logiques, consulter le *Bulletin du Dictionnaire général de la langue
wallonne* publié depuis 1906 par MM. A. DOUTREPONT, J. FELLER
et J. HAUST (Liége).

aspects les plus importants de la vie intérieure de la nation belge.

Il serait indispensable que l'on connût pour quelles raisons de fond les Flamingants réclament avec énergie une réforme de la législation et surtout de la pratique administrative, en vue de rendre plus effective, particulièrement dans le domaine de l'enseignement, l'égalité de principe des langues, qu'ils estiment insuffisamment appliquée à l'égard de la population flamande.

Ignorant les bases du programme flamingant, ne pouvant que très difficilement se rendre compte par lui-même de l'objet de la « querelle des langues » en Belgique, l'étranger est exposé à méconnaître la nature de l'un et à mésestimer ou exagérer l'importance de l'autre. De là à s'abuser sur la direction et la portée politiques du mouvement flamingant, il n'y a qu'un pas, souvent franchi.

C'est ainsi qu'en France, beaucoup de personnes, trompées par les apparences ou même influencées inconsciemment par les arguties allemandes, font rejaillir sur la population et la langue flamandes leur propre aversion instinctive de tout ce qui tient de près ou de loin au *germanisme*, monde idéal qu'elles identifient, d'ailleurs, en bloc avec l'Allemagne. Elle se représentent par suite, et sans doute logiquement, mais non moins erronément, le mouvement flamingant comme un mouvement d'opposition *systématique* et absolue à la culture et à la langue françaises, fondé sur un antagonisme de *race*. A leurs yeux la popu-

lation flamande prend figure d'une avant-garde
naturelle de l'expansion allemande; la population
wallonne, par contre, en raison de ce qu'elle parle
ou comprend le français, tient l'emploi de « représentant obligé de la nation française, établi au
poste de la défense avancée de celle-ci contre les
envahissements de l'Empire allemand ». Dans cette
conception simpliste et fausse, qui est proprement
celle que cherche à accréditer l'Allemagne, l'individualité réelle et l'unité nationale de la Belgique
s'évanouissent; on n'y aperçoit plus de place distincte réservée à l'indépendance belge; on voit, par
contre, fort nettement, que, dans l'esprit de ceux
qui l'adoptent, la Belgique est mentalement dislo-
quée avec rattachement idéal de l'une de ses deux
partie intégrantes — la Wallonie — à la France.

En Allemagne prévaut, actuellement, on l'a vu,
une opinion semblable dans son objet, quoique
inverse dans ses conséquences politiques : là aussi,
l'on considère les Flamands comme « une population germanique-allemande isolée à l'étranger »
(*Deutschen im Auslande*) et les Wallons comme
une population « française »; là aussi, l'on fait
abstraction, ou plutôt négation — et non point
mentale, mais effective — de l'individualité et de
l'unité de la Belgique; là aussi, l'on tient la Belgique pour artificiellement composée de deux
unités politiques et sociales indépendantes, et
l'on attribue à l'Empire l'apatriement naturel de
l'une d'elles, la Flandre, pendant que l'on médite
de lui annexer l'autre — la Wallonie — par
droit de la force.

En certains pays neutres, l'ignorance ou les erreurs s'aggravent d'un autre sentiment.

Un nombre appréciable de publicistes, influencés par la réputation de gravité et de profondeur de l'esprit allemand, ont peine, semble-t-il, maintenant encore, à se représenter comme chose vraisemblable que l Allemagne aurait pu prendre des déterminations politiques de l'importance de celles dont nous parlons, sans s'être constitué d'abord une provision de raisons solides, empruntées à l'étude directe des faits : « Un chancelier d'Empire ne bâtit pas d'ordinaire sur des nuées : comment croire que M. von Bethmann-Hollweg se serait hasardé à échafauder tout le programme d'action politique de l'Allemagne au front occidental sur l'hypothèse d'un irrédentisme flamand, s'il n'en avait, au préalable, dûment vérifié l'existence? »

Ce doute pouvait paraître d'autant plus sérieux que la « science » allemande n'a pas manqué d'apporter au Chancelier, en cette affaire comme en tant d'autres, le renfort de ses doctes démonstrations. L'alliance étroite de l'Université et de la politique est un des traits caractéristiques de l'Allemagne d'aujourd'hui; l'Empire, depuis le début de la guerre, n'a jamais cessé d'avoir à sa disposition, pour la préparation, l'illustration et l'apologie de ses décisions gouvernementales, une multitude de professeurs, d'écrivains, de journalistes et de pédants de diverses sortes qui ne lui ont marchandé ni le concours de leur érudition ni l'appoint de leur notoriété.

La thèse que nous venons d'exposer a été développée en Allemagne avec tout l'appareil de la science dans quantité d'études, de conférences, de brochures, de livres, d'articles de journaux. L'Empire l'a fait présenter et défendre au dehors par les mille voix de sa propagande, avant d'en venir à l'énoncé officiel et à l'exécution du programme précis rapporté en tête de ces pages.

Celui-ci était d'ailleurs en gestation depuis longtemps (1); le plan en a été minutieusement étudié *dès avant la guerre*, à ce point qu'on l'avait réglé différemment suivant les diverses situations militaires possibles.

Le rapprochement des actes politiques de l'Allemagne en février et mars 1917 avec les écrits et conférences politiques de savants allemands publiés au début de la guerre en offre la preuve frappante.

Par exemple, le Dr Conrad Borchling, professeur à l'Université de Hambourg, dans une conférence faite à Hambourg *le jour même où les troupes allemandes entraient dans Anvers* (9 octobre 1914) et publiée ensuite en brochure (*Das belgische Problem. Deutsche Vorträge Hamburger Professoren.* Hamburg, L. Friederichsen, 1914), déclarait que deux voies étaient ouvertes à l'Allemagne pour parvenir à réaliser son dessein de « créer entre

---

(1) « Ce que les Allemands font maintenant en Flandre, ce n'est pas une mesure soudaine, mais bien la conséquence de mûres réflexions faites depuis trente mois. Il n'est pas possible que les Allemands se retirent de la Belgique sans avoir pris les précautions nécessaires pour assurer les droits et la liberté des Flamands. » (Article éditorial de la *Frankfurter Zeitung* du 7 mars 1917, édition du soir.)

les divers États germaniques la grande Confédération germanique qui est notre espoir d'avenir » :
c'était, ou bien de réunir la Flandre, le Brabant et
le Limbourg en une unité politique bas-allemande
avec Anvers comme capitale; ou bien, *en cas d'occupation allemande prolongée, d'instaurer la séparation administrative des deux portions, flamande
et wallonne, du pays.*

En février 1915, le Dr P. Osswald, de l'Institut
historique de Leipzig, rééditant en brochure, sous
le titre : *La lutte de nationalité des Flamands et
des Wallons* (Berlin, Georg Stilke), une étude
parue d'abord *en mai 1914* dans les *Preussische
Jahrbücher* (cahier 11, vol. 156), disait :

Les aspirations flamandes et leur position à l'égard
des exigences wallonnes semblent être les points
où le levier allemand agira efficacement en vue
d'un développement sain de la Belgique dans l'a-
venir.

A la même date, M. Nuese disait ailleurs (*Po-
litisch-Anthropologische Monatschrift*, 13e année,
n° 11) : « Il serait certainement recommandable de séparer administrativement le pays »,
pendant que, de son côté, M. Alfred Ruhemann,
dans un article intitulé : « L'Avenir de la Belgique :
Flamands et Wallons » (14e article de l'ouvrage :
*La Destruction de la puissance mondiale de l'An-
gleterre et du tsarisme russe, par la Triple Alliance
et l'Islam,* édité par le *Kriegspolitischen Kultur
Ausschuss der Deutsch-Nordischen Richard Wagner*

Gesellschaft für germanische Kunst und Kultur),
écrivait :

La Providence et les circonstances politiques semblent nous destiner à séparer les deux races qui formaient jusqu'à présent l'ensemble belge, et ce, dans
le dessein de sauvegarder la nationalité allemande.

Quant à l'effet du travail de la propagande
« scientifique » à l'étranger, un seul exemple : en
avril 1916, le professeur suédois Kjellen, « activiste »
germanophile convaincu, publiait dans un journal
de Stockholm, dévoué aux intérêts allemands,
l'*Aftonbladet* (numéros des 14, 15 et 18 avril),
une série de trois articles où, se fondant sur la
division des langues existant en Belgique, il préco-
nisait, comme formule de paix, le partage de la
Belgique entre l'Allemagne et la France : la partie
nord et occidentale du royaume (Flandres belge
et française) serait érigée en royaume de Flandre,
sous l'hégémonie de l'Allemagne; la partie située
au sud de la frontière linguistique (Wallonie)
serait réunie à la France, qui trouverait là une compensation à l'abandon irrévocable de l'Alsace-
Lorraine. Cette proposition soi-disant « neutre »
ne faisait que reproduire des suggestions émises
à plusieurs reprises dans des articles de la presse
allemande (1).

______

(1) Les journaux allemands, depuis la fin de 1916, ne parlent
plus d'un abandon de la Wallonie à la France : la possession de la
vallée de la Meuse est reconnue d'un intérêt stratégique essentiel
pour l'Empire allemand. — Voir aussi le débat sur le budget au
Reichstag, du 2 mai 1917 — Le général von Bissing, dans son

On comprendrait à moins que l'opinion neutre ait pu être impressionnée.

Mais le Chancelier a-t-il *réellement* compté la rallier à son programme de protectorat allemand sur la Belgique? Partage-t-il *sincèrement* l'avis de ses agents de propagande sur le caractère prétendument factice de l'État belge et sur la facilité de le dissoudre? Il aurait, en ce cas, commis une lourde méprise dans l'appréciation des éléments constitutifs de la nation belge et des données de son histoire.

Mémoire posthume, réprouve l'idée d'une érection de la Flandre en État indépendant ou seulement autonome. Il préconise la rétention de toute la Belgique sous la domination politique de l'Allemagne *en vertu du droit de conquête* et en ajournant toute décision sur la forme d'administration et la mesure d'autonomie à lui conférer.

CHAPITRE III

ÉLÉMENTS DE FAIT DE LA QUESTION
DES LANGUES EN BELGIQUE

L'auteur de ces pages ne songe pas le moins
du monde à dissimuler ou diminuer le fait que la
Belgique manque d'homogénéité aux points de
vue ethnographique et linguistique. Encore faut-il,
cependant, ne point laisser le champ libre à certaines exagérations courantes.

On entend dire souvent que les populations
flamande et wallonne sont de deux races différentes bien tranchées : les premiers seraient des
Germains, les seconds des Gaulois ou même des
Celtes. Il est douteux que la différence de *race*
entre ces populations soit, dans la réalité, si mar-
quée.

On a fait un grand abus du terme de *race*. C'est
un mot très élastique; nous aurons l'occasion de
rappeler plus loin combien de choses disparates
et souvent de fictions ou d'abstractions on lui fait
désigner, au point qu'en beaucoup de cas ce n'est
plus qu'*un mot* tout uniment, c'est-à-dire « du
vent et du vide ».

Pour autant qu'il faille ici entendre par *races*
les relations respectives de descendance des popu-

lations belges par rapport aux groupes humains historiques qui peuplèrent l'Europe occidentale entre l'ère romaine et l'ère carolingienne, l'expression de « différence de race » peut être tolérée à la condition d'être soumise à une sérieuse restriction résultant des fusions multiples qui s'opérèrent à cette époque et depuis lors (1). Il est probable que les groupes humains qui occupent les provinces belges et le nord de la France sont foncièrement ou principalement — Gaulois compris — ce qu'on est convenu d'appeler des populations « d'origine germanique », implantées en Gaule à diverses époques, spécialement lors des invasions franques, et il est certain qu'elles sont actuellement mélangées de types divers. Les différences entre les habitants de la Flandre et ceux de la Wallonie, qui sont réelles et que l'on cherche à fixer ou désigner sous le vocable de *races*, sont plutôt des différences d'ordre moral (physico-moral, économico-moral) : tempérament, tour d'esprit, mœurs, langue, etc. Ces différences proviennent en grande partie d'une inégalité de romanisation, l'influence de la culture romaine ayant

---

(1) La Belgique est la nation du monde où la population est le plus dense. Pour un territoire de 29.431 kilomètres carrés, on y comptait, au dernier recensement décennal (1910), 7.423.784 habitants, soit 252 habitants par kilomètre carré. Ces chiffres se sont élevés respectivement : en 1911 à 7.490.411 habitants (254 par kilomètre carré); en 1912, à 7.571.387 habitants (257 par kilomètre carré). S'il faut en croire des données de source allemande, on aurait relevé, après 1914, à l'occasion du ravitaillement en blé américain, 7.638.700 habitants, ce qui ferait actuellement 259 habitants par kilomètre carré. La natalité belge est restée relativement élevée; elle est sensiblement plus forte actuellement dans la partie flamande que dans la partie wallonne du pays.

rencontré, dirait-on, un obstacle presque infranchissable dans l'ancienne Forêt charbonnière et dans les terres marécageuses (polders) du cours moyen et inférieur des fleuves belges, c'est-à-dire dans les Flandres et en Hollande.

Il est donc plus exact de parler ici d'une diversité *ethnographique* que d'une diversité *ethnique*.

Au point de vue des langues parlées, la population du royaume de Belgique se répartissait comme suit lors des quatre derniers recensements décennaux :

	FRANÇAIS seulement	FLAMAND seulement	ALLEMAND seulement	FRANÇAIS et FLAMAND	FRANÇAIS et ALLEMAND	FLAMAND et ALLEMAND	LES TROIS LANGUES	AUCUNE DES TROIS LANGUES
1880..	2.230.316	2.485.384	39.550	423.752	35.250	2.956	13.331	6.412
1890..	2.485.072	2.744.271	32.206	700.997	58.590	7.028	36.185	4.972
1900..	2.574.805	2.822.005	28.314	801.587	66.447	7.238	42.889	350.263
1910..	2.833.334	3.220.662	31.415	871.288	74.993	8.652	52.547	330.893

On remarquera dans ce tableau la variation subite et considérable qui affecte la dernière catégorie (habitants ne parlant aucune des trois langues) à partir de 1890.

L'*Annuaire statistique de la Belgique* de 1913 fait, à propos de cette catégorie, les observations suivantes :

« Les sourds-muets sont compris parmi les habitants ne parlant aucune des trois langues nationales dans le recensement de 1880, tandis que les recensements de 1890 et de 1900 les ont considérés comme parlant la langue ou les langues nationales dont ils se servent habituellement pour exprimer leurs idées.

« Dans les relevés de 1880, les enfants âgés de moins de deux ans ont été considérés comme ne parlant pas; ils ne figurent donc pas, en ce qui concerne ladite année, dans les chiffres ci-dessus. D'après les instructions du recensement de 1890, les jeunes enfants qui n'étaient pas encore en âge de parler ont été censés parler la langue dont l'usage est le plus habituel dans le ménage auquel ils appartenaient. Enfin, dans les relevés de 1900 (et 1910), les enfants non encore en âge de parler ont été considérés comme ne parlant aucune langue. »

Soit, au total, en 1910 :

Parlant ou possédant le français. . .   3.832.162
     —   le flamand . .   4.153.149

Il y a donc à peu près égalité dans la connaissance de l'une et de l'autre langue nationale, avec une légère prédominance du flamand. Cette quasi-égalité est l'un des points caractéristiques de la situation linguistique de la Belgique. Comme l'écrit M. J. Destrée (« Le principe des nationalités et la Belgique », *Grande Revue*, mai 1916, p. 394) : « Elle indique que la question des langues se pose en Belgique d'une façon toute spéciale. On ne peut songer à la résoudre par le procédé des grandes majorités qui permet à la France, à l'Angleterre, à l'Italie, à l'Allemagne de négliger ceux qui ne parlent pas la langue nationale... Il y a donc en Belgique deux langues nationales, et ceux qui les parlent ont donc, en toute équité, des droits égaux dans l'État, administration, justice, etc. »

D'une manière générale, cette statistique résumée des langues parlées en Belgique ne doit pas être confondue avec une statistique ethnographique proprement dite, bien que l'indice de la « langue parlée » soit le seul qui serve, en pratique, à distinguer ce qu'on appelle improprement les « races ».

La confusion de l'indice « langue parlée » avec l'indice « race » (celui-ci même entendu au sens large) est tout au plus tolérable quand il s'agit d'individus ne parlant qu'une seule langue.

On ne peut pas dire non plus que cette statistique fournisse un renseignement complet sur la situation comparative des langues dans la population belge. Elle présente des lacunes évidentes : elle laisse, par exemple, de côté la question de savoir quelle est la langue d'usage prédominante en cas de connaissance de plusieurs langues par l'habitant recensé (1) ; d'autre part, il est probable qu'un nombre proportionnellement plus grand d'enfants en dessous de deux ans doit

____

(1) Il est admis, comme fait, qu'un nombre absolument et proportionnellement plus grand d'habitants du pays flamand possèdent le français, qu'il n'y a d'habitants de la Wallonie possédant le flamand.

être rattaché au groupe parlant le flamand qu'au groupe parlant le français, les familles prolifiques étant relativement plus nombreuses actuellement parmi la population flamande, en majeure partie agricole, que parmi la population wallonne, en majeure partie industrielle; etc.

Au total, il semble que sur un total de 7.500.000 habitants, il convient d'attribuer à la population d'idiome maternel flamand un peu plus de 4 millions d'individus, et à la population d'idiome maternel roman (Wallons), un peu plus de 3 millions.

Il existe une relation d'une fixité remarquable entre le territoire et les idiomes parlés en Belgique, au point qu'on a pu dire que la langue, en ce pays, semblait être un attribut du sol plus que de la race.

Ce phénomène se manifeste dans les cas de fusion entre les deux groupes ethnographiques. Ceux-ci sont fréquents, non sans doute dans les régions rurales du confin de la frontière linguistique, où les groupes observent remarquablement leurs cantonnements respectifs et fusionnent peu, mais dans les villes. D'autre part, l'émigration définitive de Flamands dans la Wallonie industrielle est considérable et croissante.

Or, les Flamands qui fusionnent ainsi ou qui se déracinent pour aller s'établir et faire souche en Wallonie, y perdent leur langue, en général, après une génération et deviennent « Wallons » sans retour. La quantité de noms de famille flamands

Die belgischen Provinzen.

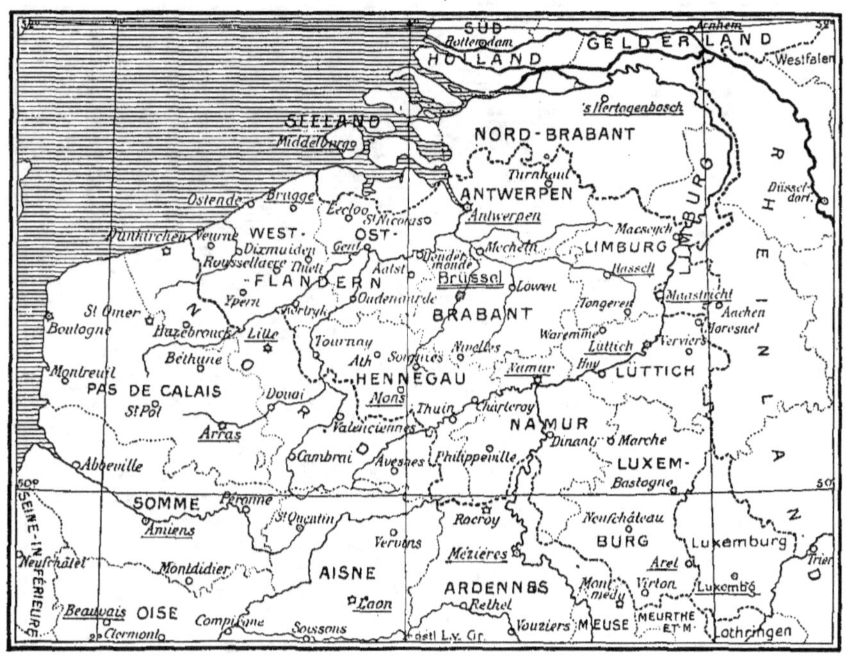

CARTE DES PROVINCES DE LA BELGIQUE

(Échelle de 1/3500000)

Extraite de l'ouvrage allemand *Belgien*, par OTTO QUELLE.

Verbreitung der Volkssprachen.

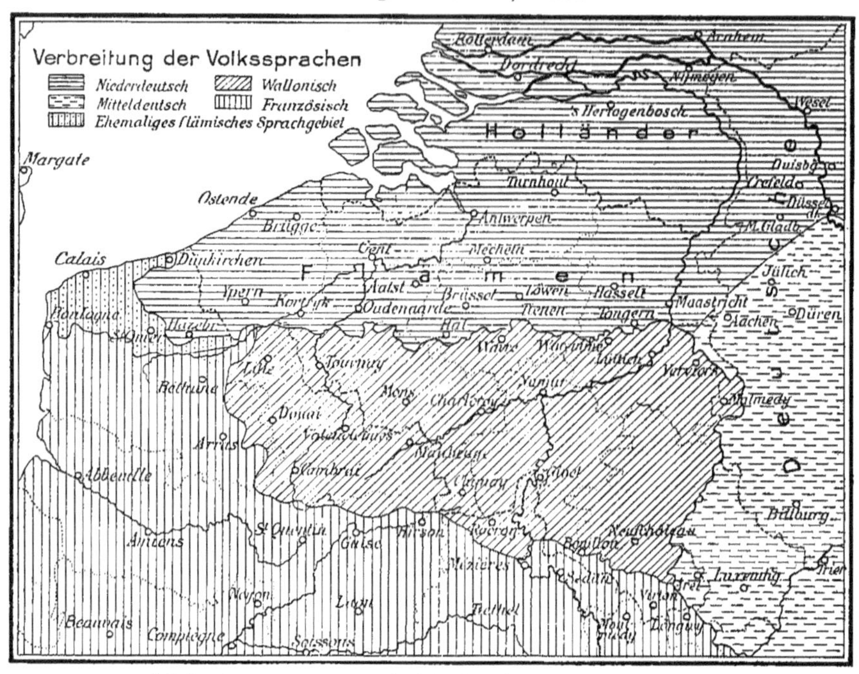

CARTE DES LANGUES PARLÉES EN BELGIQUE

Extraite de l'ouvrage allemand *Belgien*, par OTTO QUELLE

Traduction de la légende : hachures horizontales : *Néerlandais* ; hachures obliques : *Wallon* ; tirets
horizontaux : *Moyen-Allemand* ; hachures verticales : *Français* ; hachures verticales avec points :
extension ancienne des districts de langue flamande.

en Wallonie est étonnante, surtout dans les bassins industriels du Hainaut et de la province de Liége. De même, le cas n'est pas rare de Wallons qui sont allés s'établir en Flandre et dont les fils, dès la première ou la seconde génération, sont entièrement flamandisés. Le grand romancier populaire flamand Henri Conscience était fils de Français; le romancier Stijn Streuvels, qui passe pour un Gorki flamand, porte un nom de famille wallon (Frans Latteur). La remarque a été faite bien souvent que parmi les leaders du mouvement flamingant il y a une forte proportion de noms absolument « wallons » et que, inversement, tels leaders du mouvement wallon portent des noms flamands.

Le territoire belge a, sur la carte, la configuration générale d'un triangle divisé, au point de vue linguistique, en deux parties presque égales, par une ligne idéale courant horizontalement, c'est-à-dire d'est en ouest, et entamant ou traversant six provinces sur neuf (1) : Liége, Limbourg, Brabant, Hainaut et les deux Flandres. La partie au nord de cette ligne est flamande, la partie au sud, wallonne.

Les grandes divisions administratives du pays, tant civiles (provinces) que religieuses (diocèses), ne

____

(1) Le territoire belge est divisé en neuf provinces : **Flandre** Occidentale (chef-lieu : Bruges), Flandre Orientale (Gand), province d'Anvers (Anvers), Limbourg (Hasselt), province de Liége (Liége), Luxembourg (Arlon), province de Namur (Namur), Hainaut (Mons), Brabant (Bruxelles).

Nombre de communes (au 31 décembre 1912) : 2.632, dont 231 au-dessus de 5.000 habitants et 2.401 au-dessous.

coïncident pas avec la « frontière linguistique » (1).
Les provinces du Limbourg, d'Anvers, de Flandre
Orientale et de Flandre Occidentale sont classées,
dans la législation belge sur l'emploi des langues,
comme provinces *flamandes ;* celles de Liége, du
Luxembourg, de Namur et du Hainaut, comme
provinces wallonnes; la province (centrale) du
Brabant, comme *mixte,* parce qu'elle comprend
deux arrondissements flamands (Bruxelles et Louvain) et un wallon (Nivelles). En fait, à suivre la
frontière linguistique, la province de Namur est la
seule qui soit exclusivement wallonne, et la province d'Anvers la seule exclusivement flamande.

En outre, il existe, en très petit nombre, des
villages de dialecte allemand, au nord-est de la province de Liége et dans le sud-est du Luxembourg.

La carte des « langues parlées » ci-jointe et que
nous reproduisons d'après l'ouvrage allemand
*Belgien und die französischen Nachbargebiete : eine
Landeskunde für das deutsche Volk* de Otto Quelle
(Braunschweig, Westermann, 1915) rendra sensible
à l'œil cette répartition, qui n'a guère varié depuis
le sixième siècle de notre ère (2)

---

(1) Il y a six diocèses épiscopaux catholiques : l'archidiocèse de
Malines (provinces d'Anvers et du Brabant), les diocèses de Tournai (Hainaut), de Namur (provinces de Namur et du Luxembourg),
de Liége (provinces de Liége et du Limbourg), de Gand (Flandre
Orientale), et de Bruges (Flandre Occidentale). En raison de la
répartition linguistique des provinces, aucun de ces diocèses, ni
flamands ni wallons, n'est entièrement unilingue.

(2) Voir l'ouvrage classique du grand historien belge, Godefroid KURTH (le maître de Henri Pirenne) : *La Frontière linguistique en Belgique et dans le nord de la France.* L'enchevêtrement
des langues n'existe guère, en Belgique, que dans certaines grandes
villes de la région flamande et dans l'arrondissement de Bruxelles
qui, d'ailleurs, est classé administrativement comme mixte.

Au cours des discussions sur la question des langues, il est souvent fait allusion à l' « engourdissement intellectuel de la population flamande » et à l' « infériorité économique et sociale de la Flandre » par rapport à la Wallonie, infériorité que, comme on le verra plus loin, les Flamingants mettent en relation de cause à effet, au moins partiellement, avec les défectuosités du régime linguistique.

Ces expressions trop générales et excessives ne doivent pas être prises au pied de la lettre.

D'abord, il ne peut être question ici d'une *infériorité de race :* ce n'est que par un déplorable abus de langage que l'on pourrait si inexactement qualifier de simples *différences* naturelles de caractère et de situation entre les deux groupes ethnographiques, balancées de part et d'autre par des qualités morales moins visibles, mais plus profondes, et qu'on omet inconsidérément de porter en ligne de compte dans la comparaison.

Ensuite, il faut faire la part des exagérations dues aux excès de la polémique sur la question des langues et aux compétitions électorales des partis. Les Flamingants poussent facilement au noir leur représentation de l'état de la population flamande, fait explicable de la part de combattants en pleine ardeur de lutte. Le thème de la « Flandre arriérée » a été, d'autre part, exploité électoralement par certains partis belges, — comme il l'est encore aujourd'hui par la propagande allemande, — surtout sous le régime censitaire où la bourgeoisie des villes, assez vaine de sa prédominance, se représentait complaisamment les électeurs ruraux de la Flandre sous un aspect caricatural.

Enfin, allant plus au fond des choses, on ne peut pas, il nous semble, reconnaître de force probante à une comparaison unique et *en bloc* de la Flandre et de la Wallonie : avant de procéder à des comparaisons, il faudrait faire des distinctions et ne rapprocher que sous des rapports bien déterminés, des régions d'une condition physique et économique en général dissemblable.

Cela est vrai surtout de l'état intellectuel. Un homme bien instruit des choses de Belgique nous disait récemment : « Il est certain, par exemple, que les Borains (population de mineurs du bassin houiller au sud de Mons) ne sont pas intellectuellement « supérieurs » aux Flamands les plus « arriérés » de la Flandre agricole ou industrielle. »

Certains invoquent la statistique de l'instruction rudimentaire par provinces.

Nous la reproduisons dans un tableau dressé d'après l'*Annuaire statistique* belge de 1913 et dans lequel les provinces et arrondissements flamands sont marqués d'un astérisque; on aura égard, en l'appréciant, à deux faits : la prolificité plus grande des familles, en Flandre, rend toute statistique générale du « savoir lire et écrire » défavorable aux provinces flamandes ; la statistique des miliciens sachant au moins lire et écrire offre des données plus significatives (1). On notera enfin

----

(1) Cette statistique donne, par provinces, pour 1911 : *Anvers, 93,15; *Flandre Occidentale, 91,49; *Flandre Orientale, 87,54; *Limbourg, 94,92; Brabant (mixte), 93,42; Hainaut, 89,86; Liége, 95,44; Luxembourg, 98,84; Namur, 97,26.

que la fréquentation scolaire n'a été rendue obligatoire en Belgique que postérieurement à ces statistiques (loi du 15 juin 1914).

Répartition proportionnelle des habitants sous le rapport de l'instruction.

(Sachant lire et écrire sur cent habitants de tout âge et sexe.)

	RECENSEMENTS DE		
	1890	1900	1910
*Anvers	63,07	68,39	74,50
*Flandre occidentale	55,46	61,10	69,94
*Flandre orientale	54,73	60,61	68,94
*Limbourg	62,06	68,09	72,69
Brabant : arrond. de Bruxelles (mixte)	65,86	71,88	78,44
* — — Louvain	59,10	64,93	71,84
— — Nivelles	65,62	70,98	76,89
Hainaut	60,10	66,92	73,09
Liége	68,74	74,10	80,38
Luxembourg	77,04	80,32	83,75
Namur	74,55	78,50	83,13
LE ROYAUME : TOTAL	62,37	68,06	74,70
Déduction faite des enfants de moins de 5 ans.	70,45	77,03	83,22
— — — — 8 ans.	73,95	80,88	86,90

Cette statistique ne révèle pas des inégalités bien profondes; mais surtout elle ne tient pas compte de différences réelles, physiques et économiques, qui ne permettent pas de considérer les circonscriptions politiques belges comme des formations sociales comparables au point de vue ici considéré.

D'autres invoquent l'inégalité de répartition des écoles; elle n'est guère plus probante.

La nature des professions dominantes dans les

diverses régions du pays exerce une grande influence sur la nature et le degré de l'instruction populaire : un docker, un paysan ont besoin de moins d'instruction et d'autres connaissances qu'un métallurgiste. Le développement et l'organisation de l'instruction se tiennent naturellement en rapport avec les besoins spécifiques des diverses régions. Il y aura relativement moins d'écoles, ou de moins fréquentées, et d'un enseignement moins intensif, dans les régions purement agricoles, et aussi dans celles où le peuple trouve moins de travail, ou un travail moins qualifié et moins rémunérateur. Ce phénomène est tout à fait indépendant de la répartition des langues.

En fait, toutes les inégalités dont on parle semblent se ramener à une cause unique, d'ordre économique et sans rapport, à l'origine, avec le régime des langues, nous voulons dire : la concentration de la grande industrie belge dans le pays wallon (bassins du Borinage, du Centre, de Charleroi, de l'Entre-Sambre et Meuse, de Liége), qui dépend à son tour de la localisation dans les provinces wallonnes des gisements houillers et miniers alimentant le travail d'usine. On pourrait résumer en quelques lignes, à ce point de vue, les traits économiques de la Belgique.

La Flandre est, jusqu'à présent et dans l'ensemble, une région plutôt agricole; les familles y sont nombreuses; le développement numérique de la population y a été plus rapide que celui de l'industrie; elle est, par suite, un pays de salaires relativement bas, abondante en main-d'œuvre non qualifiée; par la force des choses l'ouvrier flamand émigre ou bien il est adonné au travail le moins rémunérateur : il est manœuvre là où l'ouvrier wallon serait ouvrier d'usine, mineur, verrier, métallurgiste ou mécanicien.

En Wallonie, la concentration de la grande industrie, ancienne déjà (en ce qui concerne l'industrie à vapeur) de trois quarts de siècle, a eu toutes les suites que l'on pouvait présumer. Elle a fourni plus d'occasions d'enrichissement aux habitants; elle a valu des salaires plus élevés à la main-d'œuvre; elle a déterminé la création d'écoles où l'instruction est nécessairement plus développée et variée que dans celles du pays rural. Ainsi, à la longue, ont pu être davantage excitées, ici plus, là moins, les facultés latentes d'adaptation et l'alacrité naturelle d'esprit de la masse populaire. Probablement aussi le fait de l'unité de la langue usitée pour les relations sociales, pour l'éducation familiale et pour l'instruction publique, a-t-il favorisé et accéléré l'action de ces facteurs économiques du progrès.

A cela se réduit et se limite, nous semble-t-il, *en principe*, l'inégalité alléguée entre la Flandre et la Wallonie. Elle tient au fond, on le voit, à des causes accidentelles et modifiables. Aucun facteur d'amélioration ne devant être négligé, il importe d'inscrire au nombre des moyens de rétablissement de l'équilibre, pour la Flandre, la restauration de la langue, instrument indispensable de l'éducation populaire, et c'est ainsi que réapparaît, ramenée à sa vraie importance, la relation entre la

question des langues et l'état économique et social
de la Flandre : considération qui sera plus ample-
ment développée aux chapitres XIV et suivants.

Il convient, du reste, d'observer que la transformation économique de la Flandre est chose déjà
commencée : la Flandre s'industrialise tous les
jours davantage.

La grande industrie belge s'étend, depuis plusieurs années, du côté des Flandres, se rappro-
chant des réserves de main-d'œuvre disponible.
Il y a actuellement d'importants centres métal-
lurgiques à Gand, Bruges, Anvers, Louvain, Tir-
lemont. L'agriculture simultanément se trans-
forme : la culture maraîchère, fruitière et florale
y devient de plus en plus scientifique. Enfin, la
découverte récente en Campine (provinces du Limbourg et d'Anvers) d'un vaste et très riche bassin
houiller nouveau, ouvre maintenant au pays flamand la perspective d'un développement industriel presque illimité.

Au point de vue de la législation linguistique,
la situation est la suivante.

La Constitution belge (1831), article 23, stipule
que :

L'emploi des langues usitées en Belgique est facultatif; il ne peut être réglé que par la loi et seulement
pour les actes de l'autorité publique et pour les affaires
judiciaires.

La loi n'a réglé que tardivement (1878) l'emploi du flamand concurremment avec le français dans les actes de l'autorité publique. En fait, l'usage du français comme langue administrative et judiciaire a été prédominant durant plusieurs années après le vote de la Constitution.

Cette prédominance remonte historiquement à la période de la domination française (1794-1814), pendant laquelle, contrairement à l'usage séculaire antérieur, le français seul fut admis comme langue d'État (1).

Le régime hollandais (1814-1830) avait réagi fortement contre cette situation prépondérante du français en faveur du néerlandais (2); il avait ainsi suscité des griefs d' « oppression linguistique », d'une part dans la bourgeoisie et l'aristocratie des Flandres (celle-ci acquise depuis l'époque **bourguignonne** à l'usage du français comme langue de société) et, d'autre part, en Wallonie (3).

---

(1) Après la conquête, la Belgique fut transformée en départements français. La langue flamande fut exclue de toutes les affaires administratives, locales et provinciales. Pendant quelque temps encore fut permise la publication dans les deux langues des actes des administrations locales. En 1803, un arrêté (24 prairial, an XI) prescrivit qu'après l'expiration d'un an, tous les actes publics seraient rédigés en langue française, avec faculté d'en donner en marge une traduction flamande. Peu après il fut fait défense de publier des journaux flamands sous le prétexte que les fonctionnaires français ne comprenaient pas le flamand (Cf. Loi du 17 août 1873 : rapport fait au nom de la Section centrale de la Chambre des Représentants par M. VAN WAMBEKE, *Pasinomie belge*, 1873, n° 290, p. 268 et suiv.).

(2) Arrêtés du 8 juin et du 18 septembre 1814 rétablissant l'usage de la langue nationale (néerlandais) pour les actes authentiques.

(3) L'arrêté du 15 septembre 1819 stipula qu'à dater du 1er janvier 1823 ne serait plus permis l'emploi d'une autre langue que celle du pays (néerlandais) dans les affaires publiques pour les

Une contre-réaction en faveur du français s'ensuivit dès le triomphe de la Révolution belge ; elle
fut renforcée par l'opposition à tout ce qui était
néerlandais et entretenue par l'effet des idées révolutionnaires françaises dont l'influence avait été
profonde dans la formation intellectuelle des
hommes politiques belges directeurs du mouvement révolutionnaire de 1830. Au cours des trente
ou quarante premières années du régime de l'indépendance nationale, l'usage du français tendit
ainsi à redevenir exclusif dans les relations cen-
trales de la vie de l'État.

Vers 1870, la situation pour les régions de langue
flamande était, en résumé, celle-ci :

Législation. — Les lois n'étaient délibérées, votées, sanctionnées et promulguées qu'en français.

Justice. — La justice était rendue en français ;

---

provinces d'Anvers, des deux Flandres et du Limbourg ; par arrêté
du 26 octobre 1822, les arrondissements de Bruxelles (mixte) et
de Louvain (flamand) furent inclus dans le ressort d'application
de l'arrêté de 1819.

Ce régime provoqua en Wallonie et dans les grandes villes,
même de la Flandre, un vif mécontentement. Sous la pression
menaçante du mouvement populaire, le roi Guillaume prit de
nouveaux arrêtés en date du 28 août 1829. Ces arrêtés enjoignaient
aux notaires de recevoir les testaments et contrats de mariage
dans la langue indiquée par les parties pourvu qu'elle leur fût
connue ainsi qu'aux témoins, et autorisaient les cours et tribunaux, en matière répressive, à permettre à l'audience l'usage de
la langue choisie par le prévenu ou l'accusé, pourvu qu'elle fût
comprise par les juges. Un arrêté du 4 juin 1830 vint étendre ces
facultés trop restreintes. Mais ces concessions étaient tardives :
le mouvement révolutionnaire, engendré par les griefs généraux
de la population contre le régime hollandais, aboutissait, moins de
trois mois après, au soulèvement de la capitale (Cf. Rapport de
M. VAN WAMBEKE, *Pasinomie* 1873 *loc. cit.*).

le français était la langue des débats judiciaires, même en matière de justice répressive : le prévenu flamand était défendu et jugé en français, au besoin avec l'assistance d'un interprète, comme les prévenus étrangers.

Enseignement. — Le français était la langue véhiculaire exclusive de l'enseignement des degrés supérieur et moyen; quant au degré primaire, un nombre considérable d'écoles donnaient l'enseignement en français, soit exclusivement, soit principalement.

Administration. — Les avis officiels de l'Administration centrale au public étaient rédigés en français, parfois avec traduction flamande, mais ceci était purement facultatif.

La correspondance des autorités et fonctionnaires publics avec les administrations locales et les particuliers se faisait, en principe, en français; il était loisible d'employer le flamand, mais, en fait, l'Administration centrale n'usait jamais de cette latitude; les communes ni les particuliers n'avaient pas le droit d'exiger que la correspondance qui leur était adressée fût rédigée en flamand.

La connaissance du français était exigée pour l'accession aux fonctions publiques; la connaissance du flamand n'était pas requise.

Armée. — La connaissance du flamand n'était pas inscrite dans les conditions d'avancement du corps d'officiers ni pour l'admission à l'École militaire.

Cette inégalité de fait qui ne correspondait pas aux intentions du Congrès national auteur de la Constitution, devait, à son tour, provoquer une réaction : le mouvement flamand ou flamingant, dont les origines remontent à la période 1840-1850.

Ce mouvement fit sentir progressivement son influence dans la vie politique belge. Elle s'y accusa nettement, par des discussions parlementaires, à partir de 1862, et par des modifications législatives importantes, à partir de 1873. Depuis lors, les Flamingants ont obtenu le vote d'une série de lois en faveur de l'égalité d'emploi de la langue flamande dans les actes de la vie publique, dans l'administration de la justice, ainsi que dans l'enseignement moyen et primaire.

LISTE CHRONOLOGIQUE DES LOIS SUR L'EMPLOI

DES LANGUES

17 août 1873. — Loi sur l'emploi du flamand en matière judiciaire répressive.

22 mai 1878. — Loi relative à l'emploi de la langue flamande en matière administrative.

15 juin 1883. — Loi réglant l'emploi de la langue flamande pour l'enseignement officiel dans la partie flamande du pays et créant un enseignement normal destiné spécialement à former des professeurs à même d'enseigner en flamand.

6 mai 1888. — Article 5 de la loi modifiant les règles sur l'avancement des officiers et sur l'organisation de l'école militaire.

3 mai 1889. — Loi sur l'emploi des langues en matière répressive, complétée par les lois du 4 septembre 1891 et du 22 février 1908, et par l'arrêté royal du 16 septembre 1908.

18 avril 1898. — Loi relative à l'emploi de la langue flamande dans les publications officielles (vote, sanction, promulgation et publication en langue française et en langue flamande.)

12 mai 1910. — Loi sur l'enseignement moyen libre.

18 décembre 1912. — Arrêté royal réglant l'usage des langues flamande et française pour les demandes de brevet.

2 juillet 1913. — Loi sur l'usage des langues à l'armée (rendant obligatoire la connaissance du flamand et du français pour l'admission à l'École militaire).

26 août 1913. — Article 17 de la loi instituant une Société nationale des distributions d'eau.

15 juin 1914. — Loi sur l'enseignement primaire obligatoire.

En général, les lois votées par le Parlement belge sur l'emploi des langues tiennent compte, ans leurs dispositions, comme d'une réalité sociale, de la limite linguistique, en ce sens que les provinces et arrondissements sont classés, pour l'application de ces lois, en *flamands* ou *wallons*, suivant que les circonscriptions en sont situées au delà ou en deçà de cette limite. Les communes mixtes sont rangées par arrêté royal au nombre des communes flamandes ou wallonnes suivant que la fluctuation de leur population fait passer la majorité de l'une à l'autre des langues nationales.

Mais aucune loi n'a touché à la division administrative traditionnelle et constitutionnelle de l'État en neuf provinces (1).

Au moment de la guerre, il ne restait plus guère à régler, dans le domaine des langues, en fait de *réforme législative*, que la création d'une université flamande de l'État. L'opinion flamande s'attachait pour cela à la formule de la *transformation, en université flamande, de l'une des deux universités de l'État existantes, celle de Gand* (2).

Nous aurons l'occasion d'expliquer ci-après que, malgré ces progrès de la *législation linguistique*, les Flamingants ne s'estimaient pas encore parvenus à la réalisation intégrale de leurs vœux. Ils se plaignaient surtout de ce que l'*application* et la *pratique administrative* des lois votées eussent déçu leur attente par suite de l'opposition personnelle au mouvement flamand de certains fonctionnaires supérieurs de l'ordre administratif, judiciaire et militaire, ainsi que de la plupart des membres des classes sociales élevées, en Flandre, et de certains éléments wallons radicaux.

On comprend que des réformes de cette espèce réglant les intérêts idéaux des citoyens, intéres-

---

(1) Exemple, pour ce qui concerne l'administration de la justice:
Il y a, en Belgique, une seule Cour de cassation et trois Cours d'appel : celle de Bruxelles, dont la juridiction s'étend aux provinces d'Anvers (flamande), du Hainaut (wallonne) et du Brabant (mixte); celle de Gand, à laquelle ressortissent les provinces flamandes des deux Flandres; celle de Liége, à laquelle ressortissent les quatre provinces de Liége, de Namur et du Luxembourg (wallonnes), et du Limbourg (flamande).

(2) L'autre université de l'État est à Liége.

sant en chacun la conception personnelle de la culture et touchant à des objets aussi délicats et subtils que l'instrument et la forme d'expression de la pensée, ne puissent s'accomplir sans susciter d'ardentes polémiques. La lutte entre Flamands et Wallons, ou plus exactement entre Flamingants et Antiflamingants, atteignit parfois un degré de vivacité excessive. La prospérité, une longue paix, un statut international qui semblait devoir tenir à jamais écarté du pays tout risque de guerre et tout péril pour l'indépendance nationale, ne furent pas sans favoriser la querelle. Par sa neutralisation perpétuelle, la Belgique était, à l'intérieur — on ne doit pas l'oublier — une démocratie livrée sans frein ni contrepoids à toutes les licences de l'esprit de contention politique. L'oreille des Belges n'était guère tendue aux admonitions des événements internationaux, qui se précipitaient autour d'eux sans qu'ils se jugeassent obligés d'en concevoir alarme ou seulement inquiétude. Les réactions du patriotisme belge au contact des dangers extérieurs étaient lentes et faibles. Couverts officiellement par « la majesté des traités », les Belges s'en croyaient assez protégés pour ne point devoir sacrifier grand'chose à l'entretien de leur défense, ou pour pouvoir, sans excès d'imprudence, laisser se relâcher, dans leur vie publique, les liens de la discipline nationale.

On ne peut contester que les partis politiques belges en général soient allés très loin dans cette voie et que l'impartiale histoire ait à leur reprocher un manque de perspicacité en politique extérieure, un excès d'égoïsme en politique intérieure. Flamingants et Antiflamingants n'échappent pas à ce reproche.

Des écarts de plume et de langage furent souvent commis dans les deux camps; des opinions et prétentions furent émises par certains éléments radicaux de part et d'autre, si unilatérales en leur objet et inspirées par un esprit de parti si exclusif qu'il advint à des observateurs restés en dehors de la lutte, de se demander comment elles pourraient s'accorder avec les exigences de l'intérêt général et l'intégrité des forces défensives du pays.

De part et d'autre aussi, l'on se méconnut d'une manière prodigieuse et l'on ne fit guère d'effort pour dire ou essayer de comprendre ce qu'au juste on se voulait mutuellement. Tandis que la population flamande avait l'impression d'être *comprimée* dans l'essor cultural de sa personnalité, certains de ses défenseurs, tirant argument des résistances mêmes et des contradictions qu'ils rencontraient, la représentaient comme systématiquement *opprimée* par le Gouvernement; leurs adversaires, par contre, dénonçaient, dans les prétentions flamingantes, un péril démagogique, d'une espèce d'autant plus dangereuse qu'il s'aggravait, à leurs yeux, de la perspective d'une tyrannie majoritaire de la part des Flamands, détenant déjà la supériorité numérique sur les Wallons.

Par-dessus tout, la difficulté naturelle du problème s'aggravait de la répugnance des Wallons à apprendre le flamand : habitués pendant plusieurs générations à l'usage du français comme langue d'État universelle en Belgique, ils avaient pris insensiblement cette situation avantageuse pour une sorte de droit acquis et une modalité définitive de la liberté constitutionnelle des langues; certains en étaient venus à considérer comme une atteinte formelle à ce droit et à cette liberté, toute disposition législative qui eût, par exemple, subordonné la collation des emplois de l'administration centrale à la connaissance des deux langues.

Dans une situation psychologique si tendue, il était fatal que l'antiflamingantisme, longtemps inorganisé et d'inspiration exclusivement négative, cherchât à donner corps à son opposition en adoptant un programme plus ou moins positif. Cette tendance cristallisa petit à petit autour de l'idée de la « nécessité de défendre et promouvoir en Belgique la langue française ».

L'inspiration originaire du mouvement fut surtout littéraire. Il se propagea, sous cette forme, autant, sinon même plus, en Flandre et dans les grandes villes mixtes qu'en Wallonie; des associations diverses se fondèrent en Flandre « pour le progrès de la langue française »; en Wallonie, se tinrent des réunions et des congrès, tels que celui des « Amitiés françaises » (Mons, 20-27 septembre 1911).

En Wallonie, le mouvement avait trouvé aussi quelques points d'appui naturels dans des groupes littéraires et folkloristes, lorsque, brusquement, vers 1911-1912, on le vit dévier dans le champ de la politique proprement dite.

Le fait trouve son explication dans certaines

circonstances particulières de l'évolution des partis belges.

Les partis de gauche, libéral et socialiste, dont la force électorale réside surtout dans la partie industrielle (wallonne) du pays, venaient d'échouer une fois de plus, au scrutin législatif de 1912, dans leur effort pour renverser le parti catholique, stabilisé au pouvoir depuis 1884 et dont la majorité s'appuie principalement sur les populations flamandes. En présence de ces échecs répétés, une partie des représentants de l'opposition avaient perdu l'espoir de triompher du gouvernement catholique, aussi longtemps que la géographie électorale lui permettrait de compenser sa faiblesse relative en Wallonie par sa supériorité en Flandre.

D'autre part, ces mêmes partis menaient, depuis quelques années, dans leurs propres fiefs électoraux provinciaux du Hainaut et de Liége, à la faveur de l'autonomie considérable dont disposent les pouvoirs locaux en Belgique, une politique particulariste très active par laquelle ils faisaient victorieusement échec à l'action et même au contrôle du pouvoir central. L'idée vint à quelques socialistes et libéraux hennuyers et liégeois qu'une transformation du régime administratif intérieur du pays basée sur l'autonomie politique des deux groupes linguistiques, permettrait d'affaiblir mécaniquement le parti catholique en divisant ses forces : les Flandres lui resteraient peut-être acquises, mais dans une Wallonie indépendante ayant son Parlement propre, la coalition libérale-

socialiste deviendrait, par contre, définitivement
maîtresse du pouvoir.

De la conjonction de ces deux tendances : la sur-
excitation des partis d'opposition à la suite de
leurs persistants échecs aux scrutins législatifs et
la poussée croissante de ces mêmes partis vers une
plus grande indépendance dans l'administration des
provinces du Hainaut et de Liége, naquit la transformation du mouvement littéraire wallon en mouvement politique antiflamingant ou *wallingant.*

La question flamande, qui jusqu'alors ne se
posait nullement en Wallonie et y était même
ignorée de beaucoup, fut prise comme objectif
d'une réaction spécifiquement politique.

La matière était brûlante et susceptible de
fournir des brandons pour enflammer les passions
populaires. Les « prétentions intolérables du parti
clérical flamingant » furent donc exploitées comme
thème d'agitation par les fractions socialiste et
radicale des provinces wallonnes; pour programme
positif, ces fractions adoptèrent la revendication
de la « séparation administrative », c'est-à-dire la
division du pays en deux régions administratives
confédérées de langue homogène.

Le 13 juin 1912, au lendemain des élections législatives, M. J. Destrée, représentant socialiste
de Charleroi, publiait dans l'*Express*, organe radi-
cal-socialiste de Liége, un article, intitulé : « Pour
la Wallonie indépendante », prélude d'une active
campagne de presse de ce même journal (articles des députés radicaux Buisset, de Charleroi,
et Lorand, de Virton) et de quelques organes de

Wallonie en faveur de la séparation administrative.

A la session d'été des Conseils provinciaux de Liége et du Hainaut, fut voté un ordre du jour rédigé par M. Buisset, favorable à cette réforme.

Le 7 juillet 1912, le troisième Congrès wallon réuni à Liége émettait un vœu analogue, et cette motion donna naissance à un organisme permanent, l'*Assemblée wallonne*, qui se qualifia « représentation organisée de toutes les parties de la Wallonie » et tint son Assemblée constituante à Charleroi, le 20 octobre 1912.

Le 23 août 1912, M. J. Destrée publiait une retentissante « Lettre ouverte au Roi », développant les motifs qui, selon lui, devaient conduire, en bonne politique, à modifier la constitution administrative du royaume et à le transformer d'État unitaire en une confédération de deux États autonomes reliés seulement par l'unité de la personne du souverain et par celle de leur frontière extérieure.

Le 20 avril 1913, l'Assemblée wallonne décidait d'adopter, comme réplique au drapeau emblématique (jaune à lion noir) des Flamingants et à leur devise : *Vlaanderen den Leeuw* (Flandre au Lion), un emblème et un drapeau *wallons :* « le coq rouge sur fond jaune, cravaté aux couleurs nationales » avec, comme devise : « Wallonie au coq hardi ! »

Le 8 septembre 1913, lors de la Joyeuse Entrée des souverains belges à Mons, le vice-président du **Conseil provincial du Hainaut, M. François André,** prononçait un discours insistant sur le besoin d'autonomie de la province.

L'agitation continua ainsi jusqu'à la guerre. La rapidité même de son évolution décèle son caractère de mouvement essentiellement politique.

Chose digne d'être notée : l'idée de la « séparation administrative » ne rencontra pour ainsi dire pas de sympathie ni d'écho dans les milieux radicaux et socialistes des provinces flamandes et des arrondissements et villes mixtes, pas plus qu'en général chez les Flamingants. Même les plus déterminés d'entre ceux-ci la repoussèrent comme l'expression d'un mouvement artificiel, nullement justifié par les véritables revendications flamingantes, et funeste à la position internationale de la Belgique (1).

Les protagonistes de la « séparation administrative », tout en avouant leurs intentions politiques, représentaient cette réforme comme le moyen topique de mettre fin à la « querelle des langues » et d'opposer une barrière infranchissable aux prétentions de l'un ou de l'autre parti à l'hégémonie linguistique. Cette conception pouvait paraître renfermer une part de vérité pratique, en raison de la constance séculaire des rapports de la langue avec le sol en Belgique; mais, d'autre part, il n'est pas douteux qu'en tendant à attribuer au « droit, à la langue » une base exclusivement territoriale, on déplaçait l'axe idéal de la dispute, puisque, dans

---

(1) Voir plus loin (chap. X) les arguments de fait développés dans les lettres collectives des notabilités politiques belges au Chancelier impérial du 10 mars et du 7 avril 1917.

la Constitution belge et dans les lois votées semblait prévaloir la conception d'un droit individuel du citoyen à l'emploi de la angue de son choix, la classification territoriale intervenant plutôt comme base d'une présomption légale d'option de l'habitant pour la langue parlée en son milieu.

Telle était, — brièvement esquissée, — la situation, en vérité assez obscure sinon même inquiétante, de l'État belge au point de vue linguistique, lorsque le coup de foudre de la guerre européenne, en mettant à l'épreuve l'attachement respectif des deux groupes antagonistes à la patrie commune, vint brusquement les éclairer sur la persistance, au plus profond d'eux-mêmes, des affections essentielles qui n'avaient pas cessé de les unir l'un à l'autre, mais dont ils étaient, semblait-il, sur le point d'oublier et le bienfait et l'indestructibilité (1).

---

(1) Sur l'état de la querelle des langues en Belgique à la veille de la guerre, on peut consulter, mais non sans prudence, l'enquête assez tendancieuse et d'ailleurs incomplète, publiée par MM. G. Ducrocq et L. Dumont-Wilden dans *Les Marches de l'Est* (numéros de mars, avril, juin et juillet 1914).

CHAPITRE IV

DEUX ÉQUIVOQUES A ÉVITER
ÉTAT PRUSSIEN — RACES, LANGUES
ET NATIONALITÉS

Nous avons, à dessein, décrit ci-dessus l'aspect qu'offrait extérieurement en 1914 la « querelle des langues » en Belgique, en en négligeant presque toute la face interne qui n'apparaissait guère, sinon même était presque invisible à l'œil de l'étranger. C'est précisément sous cet aspect extérieur que les Allemands prirent connaissance des données du problème.

Nous ne nierons pas qu'un observateur superficiel pouvait s'y tromper ; par contre, tout homme un peu frotté d'histoire et de psychologie se fût aussitôt avisé qu'à prendre pour base unique d'appréciation, en pareille matière, les éléments apparents et actuels de la situation, à une période déterminée du temps de paix, on s'exposerait presque fatalement à en être la dupe.

Plus circonspects, les Allemands n'eussent pas éliminé du champ de leur examen le passé de la nation belge, et ils eussent attendu, pour juger de son vrai caractère, de la voir mise à l'épreuve par l'adversité.

Mais ce n'est pas d'aujourd'hui que l'on sait qu'ils manquent, en histoire, d'esprit de synthèse, et, en politique, de psychologie, c'est-à-dire, au total, de jugement et de finesse.

La question de savoir si le calcul de l'Allemagne, à propos de la « querelle des langues » en Belgique, est juste ou non, et si le plan politique échafaudé sur ce calcul repose sur une conception exacte des choses, est une question de fait et de raison.

Un historien la formulerait probablement ainsi :

« Un État dont la destinée distincte et même indépendante a été constamment regardée depuis trois cents ans comme la clef de voûte de l'équilibre européen et de la paix occidentale, ne serait-il donc qu'un édifice politique artificiel?

« Ou bien, doit-on reconnaître qu'il a en lui-même, et dans les conditions permanentes de son passé et de son milieu, des raisons substantielles d'existence autonome? »

Un sociologue, de son côté, pénétrerait plus avant dans l'analyse du concept de la nationalité belge : il tâcherait de se rendre compte des éléments qui la composent et de la nature du ciment qui les tient assemblés.

Les deux méthodes, celle de l'historien et celle du sociologue, sont également bonnes et elles seront ici, tour à tour, employées.

Il convient toutefois d'écarter au préalable une double équivoque.

Les publicistes allemands contemporains raisonnent presque toujours des conditions de la vie politique des autres peuples comme si un établissement politique national n'avait de stabilité et de chance de durée qu'à la condition d'avoir adopté pour étalon d'organisation la formule prussienne de l'État. Celle-ci ne serait ni plus ni moins que le chef-d'œuvre de l'art politique de tous les pays et de tous les âges. Dans la conception des publicistes allemands, il semblerait que la science politique exigeât pour fondement réel, indispensable, de l'existence d'une nation, l'homogénéité absolue de race, ou du moins de langue, des populations qu'elle groupe.

Le jugement de l'Allemagne pensante sur les peuples étrangers en est naturellement troublé dans la mesure même où ces peuples s'écartent de son type préconçu de l'État parfait. Par exemple, il est aujourd'hui patent que l'Allemagne ne parvient guère à comprendre l'Empire britannique. La raison d'être de cet autre type d'État occidental, ses ressorts psychologiques, les secrets de sa durée, les sources profondes de sa résistance à la dissolution, échappent aux publicistes et hommes politiques allemands, en dépit même des leçons et révélations de la guerre.

On conçoit qu'ils soient plus déconcertés encore, si possible, devant l'énigme d'une nation aux traits aussi irréguliers que ceux de la nation belge, avec sa complexité ethnographique et linguistique, son défaut de frontières naturelles, son peu d'ancienneté comme État indépendant, sa longue et difficile formation historique, sa pléthore de population,

sa dépendance économique relative, et surtout
l'extrême particularisme du caractère de ses habitants. A leurs yeux d'Allemands prussianisés, un
tel État est proprement un *non-sens* et une ano-
malie politique; néanmoins, comme cet État *est,*
ils cherchent à l'expliquer, tant bien que mal, ou
plutôt à excuser son existence, en l'attribuant à
un *accident d'histoire,* à une *erreur de la diplomatie européenne,* que *les événements ne sauraient
manquer de corriger,* assistés, au besoin, de la
coopération de l'Allemagne, quelques Allemands
allant même jusqu'à dire que les voisins d'un tel
État puisent, dans son caractère anormal, le *droit*
de le dominer ou de le détruire.

En raisonnant ainsi, les publicistes allemands
oublient ou méconnaissent que ce qui fait la substance d'une nation et sa raison d'être, est un
principe moins matériel et extérieur que spirituel
et intérieur, à savoir *la volonté de ses citoyens
de vivre en communauté politique distincte.*

Non, sans doute, que la race et la langue, de
même d'ailleurs que les mœurs, la religion et
l'idéal politique soient sans influence sur la constitution des nations et la stabilité des États.
L'homogénéité préexistante ou réalisée entre individus dans ce quintuple domaine, suscite et entretient certainement en eux la volonté de vie commune et la conscience nationale. Mais de ce que,
considérées séparément ou ensemble, l'unité de
race, l'unité de langue, celles de mœurs, de foi
religieuse ou d'idéal politique qui brillent à divers
degrés dans les « nations homogènes », soient, à

l'ordinaire, les facteurs réels ou les éléments de soutien de la communauté politique, on ne peut déduire *a priori* que leur *réunion* totale soit absolument indispensable à l'existence de celle-ci.

On ne peut pas davantage dire qu'à chaque nationalité corresponde toujours et nécessairement un seul État, ni que chaque État ne se compose jamais que d'une seule nationalité.

L'engouement pour le « principe des nationalités » et les discussions abstraites qu'il engendre n'ont pas peu contribué, de leur côté, à favoriser la confusion des idées sur ce sujet.

On devrait bien, en vérité, revenir et se tenir une bonne fois à la stricte observation des faits. Loin qu'on puisse juger des réalités politiques seulement à la lumière de principes théoriques, le bon sens commande aussi de se soumettre docilement à la réalité et de procéder, sans idée préconçue, à l'analyse des formations politiques constituées historiquement, ou tendant à se constituer, pour dégager la loi propre de chacune.

Un principe général est, à coup sûr, admissible en cette matière et c'est — en toute simplicité et bon sens — celui-ci : « Il y a bien des chances que la chose *qui est*, ait, un jour, été la chose *qui devait être*. »

Les Allemands savent, du reste, très bien rappeler eux-mêmes leurs adversaires à cette école de la réalité, dès que l'intérêt politique actuel de l'Allemagne est en jeu.

Ainsi, à propos du Congrès des nationalités tenu à Lausanne, les 27-29 juin 1916, et dans lequel une partie de l'opinion allemande crut découvrir une entreprise de propagande plus ou moins dirigée contre le programme de guerre de l'Empire, les *Münchner Neueste Nachrichten* publièrent (n° 360 du 17 juillet 1916) une étude de Siegfried Hirth, dont nous jugeons intéressant de reproduire ici un large extrait.

Qu'est-ce qu'une nationalité ? Et qu'est-ce encore qu'une nation ? se demande l'auteur.

Il répond :

Le mot *nation* veut dire *peuple* et a, comme celui-ci, diverses significations. Lorsque le chancelier de l'Empire parle de la nation allemande, il veut manifestement dire les habitants de l'Empire allemand ; lorsque l'on parle de la nation polonaise, on a en vue tous les Polonais, qu'ils appartiennent à l'État russe ou autrichien ou allemand. Dans le premier cas, *peuple* et *nation* sont ainsi des concepts linguistiques.

La langue cependant se compose à son tour de la langue écrite et de la langue parlée, les dialectes ou les patois. C'est ainsi, par exemple, que les Norvégiens et les Danois ont la même langue écrite, leur langue parlée cependant est absolument différente ; au point de vue dialectal, Danois et Suédois du Sud appartiennent à la même famille, les Norvégiens de l'Est, au contraire, à la famille des Suédois du Nord.

Les Catalans et les Piémontais se rapprochent beaucoup plus, au point de vue dialectal, des Provençaux ou Français du Midi, que des Espagnols ou des Italiens ; mais on les classe cependant avec ces derniers pays, en raison de la langue écrite dont ils se servent. Si les Piémontais et les Ligures devaient agir en toute logique, ils seraient obligés de lutter en vue de se séparer de l'Italie et de chercher à constituer un État en union avec les Provençaux et les Catalans.

En Allemagne aussi, nous avons des situations identiques. Les Allemands du Nord se rapprochent plus des Hollandais et des Flamands au point de vue de la langue populaire que nous autres Allemands du Sud, puisqu'ils sont également Bas-Allemands. Mais comme les Allemands du Nord ont adopté notre langue littéraire et notre langue parlée, cultivée, tandis que Hollandais et Flamands, même pour la langue écrite, ont conservé le bas-allemand, ils se rapprochent par là, actuellement du moins, plus de nous que ceux-ci.

Nous avons ainsi déjà trouvé trois significations au mot « nation » : la signification « politique-juridique-étatique », la « linguistique littéraire » et, en troisième lieu, la signification « linguistique vulgaire ». Ces diverses significations sont souvent confondues.

Mais il y a encore une quatrième signification : « anthropologique-ethnographique ».

Il est évident que *État* et *langue* ne sont pas la même chose. Cette confusion est encore beaucoup plus fréquente que la précédente et nos atlas scientifiques et nos manuels de géographie eux-mêmes en sont responsables. Chaque atlas qui se respecte donne « des cartes des peuples ». Mais cette désignation est fausse, il faut dire « cartes des langues ».

Les Français, il est vrai, parlent une langue romane, mais ils ne sont pas romans. Ils ont reçu très peu de sang romain; on pourrait bien plutôt les appeler Basko-Germains. Les populations premières de la France étaient manifestement des Basques hamitiques; vinrent alors les Celtes aryens, puis les Romains qui, eux aussi, étaient une population composite formée de Hamites et d'Aryens, et finalement les Goths,

les Burgondes et les Francs. Ces Francs allemands
ont donné aux Français leur nom et leur état.

Les Roumains ne sont pas davantage des Romains,
ils sont bien plutôt des Albanais romanisés. Les Bul-
gares ne sont pas des Slaves, mais des Sibériens sla-
visés. Les Turcs ne sont plus des descendants purs
des Mongols; ils sont, au contraire, mélangés d'habitants de l'Asie Mineure, Aryens et Sémitiques.

De même qu'il n'y a plus de langues pures, ainsi
également il n'y a plus, en Europe, de races ou de
souches pures. Ainsi déjà, nous autres Allemands,
nous sommes mélangés de Slaves, Lettons, Celtes,
Ruthènes, Romains, Juifs, Illyriens, Magyars, Huns,
Avares et Hamites, bien qu'encore nous parlions l'allemand.

Langue et origine de race ne sont pas, d'ordinaire,
identiques. Les Allemands des premiers temps avaient
la chevelure blond clair, les yeux bleus; ils étaient
grands, maigres et macrocéphales. A peine 50 % des
Allemands d'aujourd'hui présentent encore ce type.
Les Slaves ont apporté avec eux, en Allemagne, le
type de l'Asie, les Celtes le type de l'Afrique du
Nord; de là, chez nous, les nombreux individus aux
cheveux et aux yeux noirs. Les anciens Slaves et
Celtes étaient blonds comme les Germains; c'est seulement par le mélange des Celtes avec les Basques, et
des Slaves avec les Asiatiques qu'ils ont acquis, en
partie, une chevelure noire.

Nous voyons ainsi que la division de l'Europe en
populations romanes, germaniques, slaves, etc., est
absolument fausse. Nous pouvons parler de langues
et de dialectes romans et slaves, mais la division de
l'Europe, au point de vue ethnographique, est toute
différente.

Originairement, il y a eu, en Europe, trois races :

les races méditerranéenne, alpine et aryenne. Les Méditerranéens étaient petits, avaient la chevelure noire et étaient dolichocéphales; les Alpins avaient une taille moyenne, la chevelure blonde et la tête ronde; les Aryens avaient la chevelure blonde, la taille grande et étaient dolichocéphales. A côté de ces trois races, il y avait encore le type nègre, que les Méditerranéens avaient, en partie, contracté en Afrique et qu'ils apportèrent avec eux dans l'Europe du Sud, comme encore le type mongol ou asiatique, que les Slaves ont, en partie, contracté; et, enfin, le type sémitique, que les Phéniciens, les Arabes et les Juifs ont transplanté en Europe.

C'est de ces six races que la population actuelle de l'Europe s'est laborieusement composée. La langue n'a absolument aucun rapport avec le mélange des sangs. Celui qui a la chevelure blonde et les yeux bleus, qui est grand et dolichocéphale, a, en lui, beaucoup de sang aryen, peu importe quelle langue il parle; celui qui a une taille petite, des yeux noirs, une chevelure noire a, en lui, du sang asiatique quand il a, avec cela, la tête ronde, mais du sang africain du Nord, quand il est, avec cela, dolichocéphale, peu importe qu'il parle l'allemand, le français ou le russe.

Ces types se rencontrent dans toute l'Europe. Dans l'Europe du Sud, on rencontrera plus de types hamitiques; dans l'Europe du Nord plus de types aryens; dans l'Europe de l'Est, plus de types asiatiques; dans les environs des Alpes, plus de types alpins; cependant, à travers l'Europe entière, il s'est produit un mélange profond de toutes les races.

Ceci résume simplement l'enseignement de l'ethnographie sur l'importance relative du facteur de la race et de la langue dans la composition des peuples et, partant, des nations actuelles de l'Europe (1).

On le voit, ces éléments ethnographiques et linguistiques *paraissent être,* plutôt qu'ils ne *sont* réellement, la base de la division historique des populations européennes en nations ; leur influence n'a pas été seule à s'exercer dans la constitution de celles-ci en communautés politiques distinctes ; ils jouent aujourd'hui un rôle d'ordre plus sentimental que physique, dans la cristallisation progressive des nationalités nouvelles, travaillées par l'idée d'autonomie nationale ou d'indépendance d'État ; enfin, la diversité même des types de combinaison où ils entrent comme éléments associateurs ou intégrants prouve qu'aucun d'eux n'est, à proprement parler, essentiel pour la formation d'une communauté politique. Celle-ci suppose toujours un fondement, mais l'unité en peut aussi bien être constituée par un élément spirituel, liant ensemble des éléments réels hétérogènes.

L'Empire allemand, par exemple, ne maintient-il pas en présence et en communauté, dans ses cadres administratifs, un bon tiers de catholiques et deux tiers de luthériens ? Son unité nationale et politique ne sont pourtant pas contestables. La

---

(1) Cf. une remarquable étude de M. H. HAUSER : *Le Principe des nationalités* (Alcan, 1916) ; — le début de l'article déjà cité de M. J. DESTRÉE : *Le principe des nationalités et la Belgique* (*Grande Revue,* mai 1916) ; — l'étude de Th. RUYSSEN : *Le principe de nationalité* (traduction anglaise de John MEZ, n°s 109 et 112 des publications de l'*American Association for international Conciliation*) ; et, d'une manière générale, la thèse de RENAN sur l'*Idée de Patrie.*

Suisse offre la même proportion statistique au point de vue religieux; au point de vue linguistique, sa population se répartit en trois groupes; de plus, au point de vue politique, elle est constituée en Confédération, groupant vingt-deux cantons autonomes : voit-on cependant les publicistes allemands contester à la Suisse le caractère d'État viable?

Le seul fait que la Belgique n'a pas l'avantage de l'homogénéité linguistique ni même ethnographique n'autorise donc pas, en principe, à mettre en doute la réalité de son unité politique ni surtout sa vitalité nationale; d'autant que, par compensation, la population belge réalise, à peu de chose près, l'homogénéité, au moins originelle, de confession religieuse et de développement social.

Il y a lieu, au contraire, de lui appliquer l'observation faite ci-dessus que, là où elle surgit, la volonté de vivre en communauté politique ne doit pas nécessairement, pour être jugée durable et féconde, se traduire par la constitution d'un État modelé sur le type de la Prusse et gouverné selon l'esprit prussien.

Monarchie ou république, — État unifié, fédéral ou mixte, — pouvoir absolu ou parlementaire, — aristocratie ou démocratie : la communauté politique peut différer de forme selon les peuples et en varier suivant les époques; l'essentiel est qu'elle soit *voulue telle quelle* par l'ensemble des citoyens qu'elle groupe. Cette condition suffit pour que l'État *soit* et qu'il ait droit au respect.

La variété dans les types d'État est, du reste, une nécessité de la nature, comme la diversité des complexions et des tempéraments est un phénomène naturel parmi les individus.

Les hommes s'assemblent en sociétés de structures différentes : c'est un fait, et l'outrecuidance du prussianisme n'y changera rien.

Il n'y a pas de formule d'organisation d'État « supérieure » en soi. Toute organisation n'est qu'un moyen pour atteindre une fin; la valeur respective des divers types d'organisation politique ne se peut apprécier que par rapport à la fin déterminée que les sociétés politiques se proposent d'atteindre.

Personne ne niera que l'organisation prussienne de l'État soit excellemment conçue pour l'action de masse et de puissance, en particulier pour les opérations d'attaque et de défense et, en général, pour tous les emplois de la force : c'est l'organisation spécifique des nations de proie. Si tel était l'idéal à poursuivre, nous conviendrions volontiers que la Belgique, nation pacifique, industrieuse, éprise de liberté, ne mérite guère, en effet, le nom d'État.

Mais il est des États, qui, au rebours de l'Empire allemand, se sont donné pour idéal de servir les fins légitimes du développement de l'individu, autant que ce soit chose compatible avec les exigences de la conservation nationale, et d'entretenir à la base du droit public la passion de la liberté, de la justice, du droit, enfin de la bonne foi, indispensable au commerce des peuples.

Et c'est tout juste parce que le monde entier, sauf l'Allemagne et quelques-uns de ses rares amis, se refuse à admettre l'idéal politique de la Prusse, que l'unanimité de la réprobation environne aujourd'hui les Empires centraux et les soumet à un blocus moral autrement rigoureux encore que le blocus des mers par les forces navales alliées.

CHAPITRE V

ENSEIGNEMENTS DE LA SCIENCE HISTORIQUE
SUR LA
FORMATION DE LA NATION BELGE

Le terrain ainsi déblayé de toute équivoque, nous pouvons à présent examiner l'objet du débat à la clarté de l'histoire.

Quand on consulte l'histoire de la Belgique, que voit-on?

Un ensemble de populations dont l'établissement est stable depuis plus de mille ans sur une aire géographique déterminée et que leur composition bilingue ou trilingue n'a pas empêchées de former, d'entretenir et de poursuivre, au prix de très grandes souffrances et à travers de multiples épreuves, le dessein de vivre ensemble d'une vie libre et distincte de celle des communautés politiques voisines.

La lumière a été faite là-dessus par des travaux historiques de premier ordre (1) et en dernier lieu

____

(1) Citons seulement les travaux d'érudition considérables d'Edmond Poullet, professeur à l'Université de Louvain, sur les anciennes constitutions nationales de la Belgique, et de L. Vanderkindere, remontant à un demi-siècle environ; ceux aussi de P. Frédericq et diverses parties de l'œuvre, de réputation européenne, du grand historien belge Godefroid Kurth, relativement plus récents.

par l'*Histoire de Belgique* de Henri Pirenne, l'illustre professeur de l'Université de Gand : œuvre monumentale encore inachevée (1), elle représente le plus récent état de la science historique sur les destinées du groupe européen complexe fixé dans les bassins de la Meuse, de l'Escaut et de l'Yser et, plus au nord, jusqu'à la mer.

Ces populations s'élevèrent à l'indépendance politique internationale en deux grandes étapes : au seizième siècle, les provinces septentrionales (Hollande actuelle); puis, deux siècles et demi après, les provinces méridionales (Belgique). Henri Pirenne montre que leur développement politique fut à la fois l'œuvre de la nature et de la raison, et il met en relief la continuité de l'effort séculaire, instinctif puis conscient, qui les a amenées à ce terme, en dépit de tous les obstacles.

Il fait remarquer, d'abord, qu'à la différence de ce qui s'est passé en France, où c'est la monarchie qui a fait la nation, en Belgique, au contraire, la vie nationale a précédé et préparé la formation de l'État. Par vie nationale, il entend, comme de juste, la volonté réfléchie et persistante des individus d'un groupe, de vivre ensemble en une communauté sociale et politique organisée, chacun y partageant les destinées de tous. Chez

---

(1) Quatre tomes parus de 1900 à 1912 (Bruxelles, Lamertin, éditeur). Tome I : *Des Origines au quatorzième siècle ;* tome II : *Du quatorzième siècle à la mort de Charles le Téméraire ;* tome III : *De la mort de Charles le Téméraire à l'arrivée du duc d'Albe dans les Pays-Bas* (1567); tome IV : *De la Révolution politique et religieuse à la paix de Munster* (1648). — Cf. aussi la conférence de H. Pirenne : *La Nation belge* (1900).

les populations belges, cette volonté, confuse, comme partout, au début de son évolution, puis progressivement plus nette et plus consciente, a une origine fort ancienne. Elle eut pour fondement l'identité des situations économiques et sociales et de la religion. Les tendances permanentes qui en résultèrent et qui, de siècle en siècle, se réalisèrent en actes, puis en institutions semblables, pour se sublimer finalement en souvenirs et en traditions communes, forment les assises historiques du patriotisme belge actuel.

Celui-ci ne commença de se manifester comme tel, sous l'aspect politique proprement dit, qu'à partir du quatorzième et du quinzième siècle.

Jusque-là, au cours des luttes soutenues pour la conquête ou la conservation des franchises, il était arrivé parfois aux Communes de défendre, sans bien s'en rendre compte, en même temps que leurs intérêts locaux et immédiats contre leurs princes ou contre des princes étrangers, ce qui apparaît aujourd'hui comme ayant été alors l' « intérêt national belge ». Mais les princes de la maison de Bourgogne furent les premiers à concevoir et à entreprendre la réalisation politique d'un État distinct et autonome, constitué par la réunion des diverses provinces des Pays-Bas. C'est d'eux que date historiquement la *nation belge* au sens *politique* du mot.

A partir d'eux, son développement eût dû normalement se poursuivre et aboutir, vers la fin du Moyen Age, à la constituer en un État politique stable; mais la catastrophe de Charles le Téméraire, vaincu à Granson, Morat et Nancy (1477), puis l'accession de Charles-Quint à l'Empire (premier quart du seizième siècle) et l'affectation qui s'ensuivit (Pragmatiques Sanctions du 4 novembre 1549 et du 10 mars 1725) des provinces des Pays-Bas à l'hérédité des Habsbourg d'Espagne et d'Autriche, enfin, et surtout, la scission religieuse du seizième siècle, avec les guerres qu'elle déchaîna, firent dévier le cours naturel des événements.

Tandis que l'adoption de la Réforme et le génie du Taciturne procuraient l'indépendance politique aux provinces septentrionales, la fidélité obstinée des provinces méridionales à la religion catholique les retenait sous l'obédience des rois d'Espagne.

C'est la division religieuse qui amena les provinces du Nord à étudier la possibilité nouvelle de vivre seules, économiquement parlant : l'ayant reconnue, elles décidèrent, en dépit des efforts du Taciturne, de suivre séparément leur destinée particulière, et elles en observèrent depuis lors la ligne, avec la persévérance de l'égoïsme le plus averti. Dès qu'elles se furent élevées au rang d'État, l'avance politique qu'elles avaient prise ainsi sur les provinces du Sud correspondant à la Belgique actuelle, se manifesta avec éclat, non seulement par le contraste des situations internationales, mais aussi par l'opposition des intérêts. La politique hollandaise, née avec la *République des Provinces-Unies*, se donna, en effet, comme objectif de supprimer la concurrence économique des provinces du Sud et de se servir de leur terri-

toire comme d'un boulevard extérieur de défense
destiné à tenir le fléau de la guerre écarté des territoires hollandais. En exécution de ce programme,
l'Escaut fut fermé : Anvers tomba en décadence,
le commerce belge fut tué, l'industrie paralysée;
la prospérité hollandaise monta au zénith.

Vers le même temps, les « Pays-Bas catholiques »
furent ravagés par les guerres de conquête de
Louis XIV, puis par celles de la Succession d'Espagne, tandis que la Hollande restait relativement
plus épargnée. Après quoi, la servitude internationale d'un régime de « Barrières », établi sous l'inspiration et le contrôle, et au profit de la Hollande,
enferma définitivement les provinces méridionales
dans l'office subalterne de territoire-tampon (1715).

L'abaissement politique et économique de ces
provinces fut dès lors complet et dura trois générations.

Joseph II avait rêvé leur relèvement, mais les
circonstances internationales le trahirent et sa
manie réformatrice le perdit. Un brusque sursaut,
celui de la Révolution brabançonne, délivre les
« Provinces belgiques » (1789); il est éphémère :
l'indépendance, à peine conquise, est reperdue : les
Autrichiens rentrent en force (1790); puis ils sont
évincés à leur tour par les Français, qui procla-
ment l'annexion à la France (1795), et une nouvelle période d'abaissement politique commence.

Jusque-là, les « Provinces belgiques » avaient
au moins gardé leur individualité administrative : la
première République et l'Empire napoléonien sont
les premiers pouvoirs qui la leur enlevèrent. Cette

réelle « domination étrangère » dura vingt ans et ne fit place qu'en 1814-1815 à la constitution du Royaume des Pays-Bas.

Ceci était, en apparence, une reprise de la marche en avant vers l'indépendance; mais l'égoïsme ou l'inhabileté de la politique du roi Guillaume et certains antagonismes d'intérêt et de religion subsistant entre les provinces du Nord et celles du Sud, rendirent encore une fois leur union inféconde; l'œuvre du Congrès de Vienne s'effondra en 1830, par l'effet de la Révolution belge, et c'est alors seulement que les anciennes provinces méridionales des Pays-Bas accédèrent enfin à l'autonomie internationale, avec un retard de plus de deux siècles sur leurs sœurs du Nord.

A propos de cette phase d'attardement, M. Pirenne, à la suite des historiens belges, ses devanciers, notamment Gachard, E. Poullet et Kurth, fait la juste remarque que, pendant qu'elle dura et hormis pour la courte période de la domination française (1794-1814), les Belges, s'ils n'eurent pas l'indépendance internationale, ne subirent pourtant pas, à proprement parler, le « joug de l'étranger », mais formèrent dès le quinzième siècle une communauté politique réelle sous plusieurs aspects. Ce point mérite précision.

Pour ce qui regarde le droit public interne (1), les territoires correspondant à la Belgique actuelle

---

(1) Nous empruntons ces notions à l'ouvrage de feu Edmond POULLET : *Les Constitutions nationales belges de l'ancien régime* (1874).

se divisaient, avant l'invasion française de 1794,
en trois États distincts : les Pays-Bas catholiques,
la principauté épiscopale de Liége et la petite principauté abbatiale de Stavelot-Malmédy.

Les Pays-Bas catholiques se composaient à la fin
de l'ancien régime de *dix provinces*, plus *un département séparé*, la West-Flandre.

A s'en tenir à la lettre de leurs constitutions,
ces provinces, après l'époque bourguignonne, ne
formaient pas encore un État unitaire : elles étaient
autonomes et quelques-unes seulement étaient liées
l'une à l'autre par des stipulations d'indissolubilité
inscrites dans leurs chartes.

Mais cette autonomie ne signifiait pas disjonc-
tion politique, et même il y avait entre elles autre
chose que le lien dynastique et peut-être mieux
qu'un lien fédératif : elles possédaient en commun
les organes centraux élémentaires de la vie interne
de l'État, à savoir le *souverain*, des *ministères*
communs, une *représentation* d'ensemble ; de plus,
l'autonomie des provinces était limitée par le principe général de l'*indivisibilité de leur masse en tant
qu'apanage de la dynastie ;* enfin, celle-ci (maison
d'Espagne, puis maison d'Autriche) avait, de fait,
des origines belges.

Edmond Poullet écrit :

Les Pays-Bas catholiques formaient, depuis des
siècles, une « masse indivisible ». Tant en vertu des
principes du droit public interne, consignés dans les
Pragmatiques Sanctions de Charles-Quint et de
Charles VI, qu'en vertu des stipulations du droit

international comprises dans la Confédération d'Augsbourg et dans les traités d'Utrecht et d'Anvers, ou
des Barrières, ils n'avaient et ne devaient avoir à
jamais qu'un seul et même souverain. Ils étaient de
droit des gens et constitutionnellement « imparta-
geables » (1).

Le pouvoir central était représenté en Belgique
par un gouverneur général unique, résidant, et
qui même, d'après le traité d'Arras, devait être
obligatoirement choisi parmi les membres de la
famille impériale; il était assisté, dans l'exercice
du pouvoir, par trois Conseils collatéraux, formant,
avec leurs bureaux, de véritables ministères, et
dont la compétence était commune aux diverses
provinces. Celles-ci et les villes jouissaient de franchises et privilèges séculaires, renouvelés formellement à chaque changement de règne par le
serment du prince et dont les principaux avaient
été consignés par écrit, à la fin du quatorzième
siècle, pour le duché de Brabant, dans une charte
constitutionnelle célèbre, appelée la « Joyeuse
Entrée ».

Notons ici, en passant (nous y reviendrons plus
loin), que la composition ethnographique et linguistique des anciennes provinces belges, et même
de ses circonscriptions ecclésiastiques, était sensiblement la même qu'à présent et que, par suite,

------

(1) La principauté de Liége, dépendant féodalement de l'Empire germanique, formait de son côté un tout unifié, possédant
un droit public interne unique. De même la minuscule principauté
de Stavelot.

la « question des langues » se posait déjà alors, pour l'Administration centrale, à peu près dans les mêmes termes qu'aujourd'hui. Dans les provinces bilingues, les constitutions et coutumes provinciales, toutes antérieures à l'époque bourguignonne, consacraient pleinement le respect des droits linguistiques de chacune des fractions ethnographiques existantes, si minimes fussent-elles numériquement parlant. L'avènement de la dynastie bourguignonne eut pour résultat l'imposition aux provinces belges d'une administration créée surtout pour les besoins et l'utilité du souverain et qui était française d'origine, de tendances et de langue : les provinces flamandes défendirent toujours énergiquement et avec succès contre elle, puis contre l'Administration centrale des dynasties espagnole et autrichienne, le principe de la liberté des langues et le droit d'être administrées en conformité de ce principe.

Les provinces possédaient toutes une représentation propre (*États provinciaux*) composée, suivant un type sensiblement uniforme, de délégués des trois ordres : Clergé, Noblesse, Tiers État. Ces États provinciaux n'étaient d'ailleurs qu'un corps représentatif et non parlementaire; mais ils constituaient la personnification du Peuple en face du Prince. Le besoin de simplification de l'action administrative, très sensible dans cet ensemble de communautés politiques autonomes réunies dans la main d'un même souverain, amena petit à petit les États provinciaux à se réunir, et les princes à les convoquer en une assemblée commune qui s'appela *États généraux*. Le fonctionnement de ce rouage devient régulier à partir de 1463 et constitutionnel à partir de 1477 (1).

Les États généraux n'avaient sans doute nullement le caractère d'un Parlement; ce n'était guère, en droit administratif, comme le remarque H. Pirenne, qu'une sorte de « Congrès de députations des États provinciaux »; mais dans le mécanisme de la politique du Prince vis-à-vis de la population, ils jouèrent le rôle d'une représentation nationale et, par leur action d'ensemble, contribuèrent à renforcer la solidarité de fait des provinces.

Les coutumes juridiques appliquées par les tribunaux étaient celles des provinces mêmes. A côté de nombreuses différences de détail, elles avaient des principes généraux communs. Il existait un « droit belge » historiquement opposable au droit espagnol ou autrichien, et même ce droit belge était en travail d'unification dès le dix-septième siècle.

De même, les Pays-Bas catholiques étaient opposables comme État aux autres États de la couronne de Habsbourg. Les Belges avaient soin de remontrer à l'occasion à leur souverain que « la réunion de plusieurs couronnes sur une même tête n'est pas un moyen légitime pour confondre les droits de

---

(1) Les convocations des États généraux furent fréquentes jusqu'en 1632 (environ 80 réunions); elles furent suspendues ensuite jusque vers la fin du régime autrichien; la préface de la Révolution brabançonne fut la réunion à Bruxelles, le 18 juillet 1787, des mandataires de toutes les provinces.

leurs différents habitants » (*Réclamations belgiques,*
7 novembre 1786).

Ce sont là assurément des attributs distinctifs
de l'état de communauté politique. Aussi, dans les
grandes manifestations officielles et aux époques
critiques, n'était-il pas tant question du Brabant,
de la Flandre, du Hainaut, etc., que, comme disaient
les princes eux-mêmes en se servant d'une expression collective, de « nos païs de par deçà » ou de
« nos païs d'en-bas ». Par ailleurs, Edm. Poullet
constate que, déjà alors, ces « pays d'en bas »
étaient considérés, en fait, comme « *une patrie
commune* ».

La personnalité des Pays-Bas catholiques s'accu-
sait avec une égale netteté dans le domaine du
droit public externe ou droit international.

En effet, le statut successoral de la maison de
Habsbourg, quant à l'hérédité monarchique dans
les Pays-Bas, statut placé sous la garantie des
puissances européennes (traités d'Utrecht, de
Rastadt et de Bade, des Barrières, de La Haye),
consacrait le principe, reconnu dans la Pragma-
tique Sanction de Charles-Quint, de l'indivisibilité des Pays-Bas : les provinces étaient et
devaient rester « tenues en une masse indivisible »
sous la souveraineté du chef de la maison d'Autriche qui les possédait à titre particulier et non
comme une dépendance de ses États héréditaires
d'Allemagne.

Les États étrangers reconnaissaient cette individualité internationale des « Pays-Bas catholiques »; ils entretenaient des envoyés diplomatiques

spéciaux à Bruxelles, près de la personne du gouverneur général; celui-ci avait, de son côté, le droit d'envoyer des ministres accrédités et même des ambassadeurs.

Il arrivait que le chef de la maison d'Autriche fût en guerre avec les puissances et que cependant on respectât sa neutralité comme souverain des Pays-Bas. La clairvoyance de la diplomatie autrichienne allait même jusqu'à pressentir comme possible dans l'avenir la neutralité perpétuelle des Pays-Bas catholiques. Enfin, les principes qui réglaient l'exercice de la souveraineté sur le territoire de ceux-ci leur étaient essentiellement propres (POULLET, *op. cit.*, chap. II, ıv).

Les traités et arrangements internationaux conclus par les maisons d'Espagne et d'Autriche, confirment cette appréciation de l'historien (1) : ils font presque tous un sort particulier ou distinct aux Pays-Bas catholiques. La chose se fût d'ailleurs produite de toute façon, à la longue, par le fait que ces provinces manquaient de contiguïté avec la monarchie à laquelle elles étaient rattachées; leur groupement en un emplacement excentrique par rapport au reste de l'Empire leur imposait naturellement, entre elles, des conditions communes de vie et, au dehors, spécialisait nécessairement les relations qu'elles avaient à soutenir

---

(1) Entre autres, les traités de 1733 conclus entre la Hollande et la France, et de 1756 entre l'Autriche et la France, contiennent, pour le cas de guerre, une clause spéciale de neutralisation du territoire des provinces des Pays-Bas.

ensemble, avec les autres États, dans l'ordre de l'équilibre européen occidental.

En résumé, le groupe politique des provinces qui devinrent, à la Révolution brabançonne, les « États belgiques unis », était déjà constitué de fait dès le seizième siècle, et, comme tel, possédait une réelle individualité; bien que les provinces gardassent l'autonomie administrative, leurs rapports de droit public interne étaient dominés, de fait, par les nécessités permanentes d'un régime d'administration politique commune; leurs rapports avec les autres possessions de la monarchie des Habsbourg étaient ceux d'une union dynastique purement personnelle; au point de vue international, les provinces du groupe belge subissaient une évolution commune et, sans être indépendante, cette évolution restait d'une certaine façon distincte de celle des autres apanages de la dynastie.

La modération relative des régimes espagnol et autrichien aux dix-septième et dix-huitième siècles vis-à-vis de ces provinces doit être rangée au nombre des circonstances qui expliquent la lenteur de la progression des Belges vers l'indépendance politique proprement dite. Pour obtenir celle-ci, il ne leur eût fallu faire rien moins qu'une révolution directement antidynastique. Or, en fait de révolution, les peuples ne risquent d'ordinaire que celles dont ils croient, à tort ou à raison, ne pouvoir économiser l'effort; quand ils jouissent de larges franchises, ils n'éprouvent guère l'envie de se faire massacrer pour un principe purement formel d'indépendance dynastique. . . . .

Ce n'est qu'à la longue, lorsque le régime autrichien eut révélé son impuissance à défendre les intérêts économiques essentiels du pays contre l'égoïsme hollandais, et que l'esprit centralisateur de Joseph II eut ajouté à cette cause de désaffection celles qui résultaient d'atteintes portées à l'autonomie administrative et aux libertés religieuses, que le pays se souleva et fit la Révolution brabançonne, à partir de laquelle la tradition réveillée de l'unité politique ne se rendormit plus.

Inversement, l'uniformité du régime législatif, judiciaire et administratif, que les Gouvernements français et hollandais imposèrent ensuite aux provinces belges, contribua, pour sa part, indirectement, à frayer les voies à l'évolution de celles-ci vers l'unité. Ce fut, pour ces provinces, l'école pratique préparatoire à l'exercice de la fonction d'État : le provincialisme médiéval y reçut le coup de grâce; lorsque éclatèrent les troubles de 1830, personne ne s'avisa plus d'inscrire sur la liste des solutions possibles pour l'organisation à venir, la reconstitution de l'ancien régime. Tout le monde, au contraire, se trouva d'accord pour réclamer une Constitution parlementaire unique, également applicable à tout le pays.

Ainsi le patriotisme belge, lentement, mais continûment mûri, put — enfin — donner son fruit : *l'unité politique dans l'indépendance internationale.* Comme devait le dire, peu d'années après, des dénominations ethnographiques de Flamand et Wallon, le poète montois Antoine Clesse, les appellations de Brabançon, de Liégeois, de Namurois, de Luxembourgeois, de Hennuyer, restèrent des prénoms, mais « *Belge* devint le nom de famille » (1).

Il importe, d'ailleurs, de ne pas exagérer l'effet qu'eut la constitution de la Belgique en État unitaire et indépendant, sur la vie politique interne de sa population.

En Belgique, le particularisme avait toujours été exceptionnellement vigoureux. La liberté y était née très tôt — plus tôt que partout ailleurs

---

(1) Les propagandistes allemands en quête de justifications historiques des ambitions pangermanistes se sont efforcés de représenter les termes de *Belge* et de *Belgique* comme des appellations toutes modernes. C'est le cas notamment pour le professeur von Schulze-Gaevernitz. Un publiciste allemand, mieux instruit des choses belges ou plus sincère, lui a répondu qu'il avait sous les yeux une carte géographique faite en 1641 et où le pays est figuré par un *Leo Belgicus* et appelé *Belgium*. L'historien belge Edmond Poullet, dans son ouvrage *Les Constitutions nationales belges de l'ancien régime* (1874), cite (chap. I, IV) ce passage d'Anselmo dans le *Tribonianus belgicus* (XXIV, nº 9), au sujet des habitants des Pays-Bas : « *Habent communem patriam, Belgium puta.* » La Révolution brabançonne n'inventa donc pas les termes de *Belge* et de *Belgique ;* elle les reprit simplement aux humanistes du seizième siècle, à Juste-Lipse, notamment. Celui-ci, qui avait de son temps popularisé le terme de *Belgium*, l'avait lui-même emprunté aux monuments de la littérature et de l'histoire antiques. Le vocable était courant au temps des guerres de religion ; on le retrouve sous la plume des chroniqueurs, comme Guicciardini, et dans les discours des « patriotes ». On désignait, au seizième siècle, par le terme de *Belgium*, l'ensemble des provinces des Pays-Bas, celles du Nord comprises.

L'Angleterre, chose curieuse, est le seul pays qui ait gardé au vocable sa forme latine et substantive originelle, *Belgium*, alors que les provinces du Nord l'abandonnaient petit à petit et que les provinces du Sud ne le conservaient plus elles-mêmes que sous sa forme adjective (*Gallia belgica, Provinces belgiques, Belgique*).

Cf. une communication intéressante de G. Kurth sur l'origine des dénominations de *Belgique* et de *Belge*, faite à l'Académie royale de Belgique, peu d'années avant la guerre (*Notre Nom national*, Bruxelles, Dewit, 1910), ainsi que sa conférence sur *La Nationalité belge* (Namur, Picard-Balon, 1913).

en Europe — sous la forme caractéristique de franchises communales et régionales, et celles-ci, nous l'avons dit, s'étaient conservées vivaces à travers tous les régimes dynastiques. Jamais, sauf de 1795 à 1814, la Belgique ne connut de centralisation comparable à celle qu'édifia la monarchie en France et qu'y portèrent à l'excès la Révolution, puis l'Empire napoléonien. Lorsque l'idée nationale s'épanouit en 1830, dans l'unité politique, cela se fit sans altération essentielle de ce caractère historique profond de la vie publique des populations belges. Si le provincialisme médiéval s'effaça constitutionnellement devant le principe de l'unité d'État, le communalisme, à peu près millénaire, demeura presque intact et l'esprit particulariste survécut dans la conception générale de l'organisme administratif.

La Constitution belge est peut-être celle des constitutions modernes qui fait la part la plus large au principe décentralisateur de l'autonomie provinciale et surtout communale, dans la pratique de la vie administrative. L'action du pouvoir exécutif central sur les communes belges n'est qu'indirecte et, en fait, presque nulle.

Les caractères les plus saillants du droit politique interne de la Belgique actuelle sont tout juste cette ampleur des libertés locales et cette énergie de l'esprit particulariste. Le Belge d'aujourd'hui est, sans doute, le citoyen de sa nation; mais il est en même temps le citoyen d'une communauté urbaine ou villageoise et même provinciale qui, dans ses affaires particulières, se gouverne presque

totalement elle-même. Le Belge aime aussi pas-
sionnément ses franchises administratives que la
liberté individuelle. Il a gardé, dans sa physionomie morale, quelques traits de celle des fiers
communiers de Bruges, de Gand et de Liége; ce
n'est point par pure rhétorique que Mirabeau disait
des Liégeois qu'ils jouissaient déjà de la liberté
quand les Français n'en balbutiaient encore que
le nom, et le dicton du temps de l'évêque Albert
de Cuyck (XIIIe siècle) : « A Liége, povre homme
en sa maison est roi », exprime toujours une réalité
dans la Belgique du vingtième siècle.

A ce propos, un point important à noter est que
le processus du développement politique fut analogue dans les régions flamande et wallonne du pays,
surtout à partir du treizième siècle; il aboutit
presque simultanément au quinzième à des institutions locales identiques, ou du moins du même
type, en deçà et au delà de la frontière linguistique. Il y avait d'ailleurs, comme à présent, des
fractions des deux groupes ethnographiques dans
les diverses circonscriptions féodales correspondant aux provinces bilingues d'aujourd'hui, ainsi
que dans les circonscriptions religieuses.

On conçoit aisément quelle action unificatrice
ce synchronisme de l'évolution politique dut
exercer progressivement sur la vie générale des
populations des deux régions : en dépit de leurs
différences originelles de caractère et de langue,
elles prirent insensiblement le pli d'une volonté
collective; leur conception de l'intérêt politique
se modela sur la similitude de leurs formes d'orga-

nisation administrative; enfin, le partage des mêmes épreuves et des mêmes prospérités leur donna petit à petit le sentiment des bienfaits de leur association et les éclaira sur l'identité de leur vocation internationale.

Toutefois, cette continuité et cette simultanéité du développement politique dans les diverses régions du pays ont elles-mêmes besoin d'être expliquées par l'action d'une cause plus profonde. Il est évident qu'un développement politique uniforme ne peut se produire en contrariété des caractères naturels des populations considérées. Or, c'est un fait que l'État belge, quoique parvenu à l'unité et à l'indépendance politiques, est demeuré hétérogène dans sa composition ethnographique; et même ses deux groupes intégrants ont actuellement leurs pôles respectifs de régulation linguistique et littéraire situés en dehors des frontières du pays, l'un en France, l'autre en Hollande.

Comment donc, et sur quel fondement réel, général et permanent, a pu s'opérer, entre les deux groupes belges, la fusion nationale des volontés nécessaire pour assurer à la constitution politique de l'État l'élément de fixité indispensable?

CHAPITRE VI

DU FONDEMENT RÉEL
DE LA NATIONALITÉ BELGE ET DE
SON ORIGINALITÉ

L'unité nationale et politique belge, c'est-à-dire
le fait que Flamands et Wallons se sont unis pour
vivre en communauté d'État, d'une si ferme résolution qu'actuellement comme hier, ni les Flamands ne *veulent* cesser d'être Belges pour se faire
Hollandais ou être faits Allemands, ni les Wallons
ne *veulent* non plus cesser d'être Belges pour devenir
Français, repose fondamentalement, d'après Henri
Pirenne, sur les données constantes, quoique
complexes, de la vie sociale belge :

Comme notre sol, formé des alluvions de fleuves
venant de France et d'Allemagne, notre culture nationale est, dit-il, une sorte de syncrétisme, où l'on
retrouve, mêlés l'un à l'autre et modifiés l'un par
l'autre, les génies des deux races. Sollicitée de toutes
parts, elle a été largement accueillante. Elle est ouverte
comme nos frontières, et l'on retrouve chez elle, à ses
belles époques, le riche et harmonieux assemblage
des meilleurs éléments de la civilisation franco-alle-
mande. C'est dans cette admirable réceptivité, dans
cette rare aptitude d'assimilation que réside l'origi-

nalité de la Belgique; c'est par quoi elle a rendu à l'Europe de signalés services et c'est à quoi elle doit d'avoir possédé, sans sacrifier l'individualité des deux races dont elle est faite, une vie nationale commune à chacune d'elles.

Et tandis que se développait sur notre sol cette civilisation nationale, nos provinces rompaient l'une après l'autre les liens qui les attachaient, soit à l'Allemagne, soit à la France, et tendaient insensiblement à se rapprocher les unes des autres et à former, entre les deux grandes puissances qui se les partageaient à l'origine, cet état intermédiaire de deux fragments d'États que les ducs de Bourgogne ont enfin réussi à créer au quinzième siècle et qui dure encore.

Pour le dire en passant, on remarquera dans ces extraits et dans les suivants qu'Henri Pirenne, écrivant plusieurs années avant la guerre (1), place l'Allemagne au même niveau cultural que la France. Comme tout le monde à cette époque, il vivait, en effet, dans l'illusion du caractère humaniste de la culture allemande contemporaine. Il la concevait *telle qu'elle devait ou eût dû être* pour répondre à l'opinion universelle, et il faisait de l Allemagne la plus haute expression du germanisme.

La guerre seule devait découvrir au monde que l'Allemagne d'aujourd'hui n'est plus que la figure politique du teutonisme prussien. H. Pirenne ne pouvait deviner, il y a dix-sept ans, qu'en 1914 cette

---

(1) Le premier tome de l'*Histoire de Belgique* a paru en 1900; le discours sur *La Nation belge* a été édité la même année.

vraie Allemagne, alors mal connue, envahirait son pays au mépris de la foi jurée et s'y comporterait avec la barbarie et la duplicité que l'on sait, au nom de la Culture même ! Il ne pouvait prévoir qu'elle se donnerait pour programme de diviser machiavéliquement cette même nation belge dont il démontrait si magnifiquement l'unification historique spontanée et le génie compréhensif ; moins encore pouvait-il s'imaginer que lui-même serait déporté sans jugement, le 18 mars 1916, dans un camp d'internés civils, par l'Administration allemande, pour avoir patriotiquement résisté à ces manœuvres.

Ces révélations de la guerre ne sauraient cependant infirmer la valeur des constatations de l'historien fondées sur l'étude impartiale des siècles passés. Il convient seulement de restituer ou de garder aux termes dont s'est servi H. Pirenne, le sens vrai qu'il y attachait, et là où il a écrit naguère : *Allemagne* et *Allemand* (ce qui, écrit aujourd'hui, signifierait *Teutonisme* et *Teuton*), il faut lire désormais, comme il pensait alors : *Germanisme* et *Germain.* Nous aurons l'occasion de développer plus loin cette distinction capitale.

Reprenons le fil de la démonstration interrompue.

L'unité de la vie sociale, la civilisation commune des deux groupes linguistiques de la Belgique, doivent donc, d'après le grand historien belge, se concevoir comme un composé organique qui n'aurait pas tout à fait combiné ses éléments premiers, mais leur aurait laissé leurs énergies propres en

partie à l'état pur, afin d'entretenir entre eux
une activité de réaction sans cesse en train d'assimiler les nouveaux apports de chacune des deux
cultures d'origine :

Européenne dans son fond, formée de la substance
de l'Allemagne et de celle de la France, mélangée de
romanisme et de germanisme, notre civilisation, continue H. Pirenne, est identique en partie à celle
des deux grands États qui nous entourent...

Et, étudiant cette civilisation commune, il
aperçoit tout d'abord « un fait bien rare et par là
même du plus haut intérêt » :

Dans ces bassins de la Meuse et de l'Escaut que
nous habitons, je ne relève, en effet, depuis les plus
hauts temps du Moyen Age, aucune lutte de race
entre les hommes d'origine différente qui les peuplent.
Les rapports qui se sont établis dans ce pays entre
les Wallons descendant des Gallo- et des Germano-
Romains latinisés, après la conquête de César, et les
Flamands, fils des Francs-Saliens et Ripuaires qui
ont pris possession de nos plaines au cinquième siècle,
ne rappellent en rien ceux qui ont existé dans les
autres régions d'Europe où des groupes ethniques de
mœurs et de langues opposées se sont trouvés en
contact. Il n'y a eu, chez nous, ni fusion de races
comme en Angleterre après l'invasion normande, ni
lutte d'extermination ou seulement de prépondérance
comme en Bohême ou en Prusse. Au contraire, les
deux nationalités dont la réunion forme notre patrie,
tout en conservant chacune son idiome, ont vécu
paisiblement côte à côte. Elles n'ont cherché ni à

s'agrandir au détriment l'une de l'autre ni à dominer l'une sur l'autre. Elles se sont contentées, comme il arrive le long de toutes les frontières linguistiques, de se lancer des quolibets plus ou moins aimables, de se larder de railleries plus ou moins justifiées. Mais jamais, sur notre terre, le sang n'a coulé pour des causes ethnographiques.

Et H. Pirenne en donne la raison, d'une évidence tout historique, c'est-à-dire la communauté des conditions politiques, de l'organisation religieuse et du droit :

Si cette calamité nous a été épargnée, dit-il, c'est tout d'abord, à mon avis, parce que jamais la frontière linguistique n'a coïncidé, en Belgique, avec une frontière politique ou même avec une frontière administrative. La limite des langues court chez nous de l'est à l'ouest. Or, depuis l'époque mérovingienne, les divisions politiques dont notre pays a été l'objet se sont effectuées du nord au sud, c'est-à-dire sans tenir compte, le moins du monde, de sa constitution ethnographique...

Chose remarquable! Cette étrange situation n'est pas l'œuvre de la violence. Nos principautés bilingues n'ont pas été créées par la force, elles ne doivent rien à la conquête. Les hommes de langue différente qui se sont trouvés réunis dans leurs frontières n'ont pas cherché à se séparer les uns des autres. Entre les comtés flamands et les comtés wallons, on ne constate aucune hostilité...

Si les conditions politiques ont puissamment contribué à faciliter entre Wallons et Flamands les bons rapports et l'harmonie, l'organisation religieuse n'a pas agi d'une manière moins efficace dans le même sens. Sous l'action de l'Église, les antipathies nationales s'atténuèrent et la frontière linguistique ne devint pas une barrière entre les hommes qu'elle séparait.

En même temps, d'ailleurs, que les Francs recevaient le christianisme, les Wallons adoptaient le droit des envahisseurs. Les coutumes du Hainaut, du Namurois, du pays de Liége sont aussi germaniques et apparentées d'aussi près à la loi salique que celles de la Flandre et du Brabant, et dans les tribunaux de nos provinces du Moyen Age, les juges, en langue différente, ont rendu pendant des siècles les mêmes sentences.

Ainsi la religion, le droit, la politique ont tendu au même but. Ils ont, sans détruire leur individualité, soudé l'une à l'autre deux races différentes. Ils ont fait d'elles, si l'on peut ainsi dire, des collaboratrices à une même œuvre. La différence des langues a subsisté; maintes particularités nationales se sont maintenues. Mais, par-dessus cette diversité, un esprit commun s'est créé, une civilisation commune s'est élaborée.

Or, cette civilisation, fusion de romanisme et de germanisme, n'est ni française ni allemande, mais elle tient de la civilisation de la France et de celle de l'Allemagne. Elle est indépendante d'elles, mais incomplète sans elles. Et l'on peut appliquer au peuple qui l'a produite ces paroles d'un illustre savant : « Sur les frontières des différentes nations de l'Europe, il a toujours existé des régions mixtes, où les mœurs, les habitudes, le langage tiennent à la fois des deux pays. Il y a là comme des lieux d'élection pour la fusion des races et l'échange des idées. Les populations qui bénéficient de cette position intermédiaire comptent parmi les plus intelligentes et les plus éclairées. » (M. Bréal.)

Rien, en effet, de plus varié, de plus fécond que la

civilisation de nos provinces pendant le Moyen Age
et jusqu'au seizième siècle. C'est vraiment chez elle
que se touchent et se combinent, pour ainsi dire, le
monde latin et le monde germanique. C'est là ce qui
fait d'elle quelque chose d'essentiellement européen.
Elle s'ouvre à toutes les idées nouvelles; elle vibre à
tous les vents de l'esprit. De l'Elbe aux Pyrénées, il
ne se produit en art, en littérature, dans la vie religieuse, aucun mouvement qui n'ait sur elle immédiatement le contre-coup. Par là, les Pays-Bas se sont
trouvés les intermédiaires naturels entre l'Europe
romane et l'Europe germanique...

Bref, la civilisation des Pays-Bas, en littérature et
en art, comme dans le domaine des institutions et
des mœurs, est bien, comme le pays même qui l'a
produite, une civilisation de frontière, d'entre-deux.
Mais il faudrait se garder de croire qu'elle ait été
purement réceptive, qu'elle se soit bornée à emprunter
et à traduire. Elle s'est assimilé ce qu'elle a absorbé,
elle a transformé les uns par les autres les germes qui
lui venaient de l'étranger. Elle a été aussi riche que
cette terre d'alluvions sur laquelle elle est née et dont
les terres charriées de loin par les eaux portent de si
belles moissons.

Nous arrêterons là cette longue, mais instruc-
tive citation.

Pour que la pensée de l'historien fût complètement rendue, nous devrions cependant y ajouter
sa démonstration de l'influence unificatrice due
aux phénomènes économiques dont les « Provinces
belgiques » furent le théâtre au cours des âges.
Cette influence renforça celle des facteurs sociaux.
H. Pirenne adopte, comme mesure de leur action,

a prospérité éclatante des villes belges du Moyen
Age, qui n'avaient rien de moins que le monde chré-
tien pour débouché. Le développement et la décadence de cette vie économique eurent à leur tour
des causes semblables qui agirent indistinctement,
dans le même sens, en toutes les parties du pays,
et, à partir du dix-septième siècle, une cause
extérieure unique (la politique hollandaise), de
sorte que les populations qui en éprouvèrent l'effet
furent amenées à prendre peu à peu conscience de
la connexité de leurs intérêts matériels, en même
temps que de leurs intérêts sociaux et politiques.

Si, à présent, on résume les divers éléments de
cette analyse, on aperçoit sans peine comment,
en dépit du dualisme linguistique, l'uniformité
de la vie sociale, et particulièrement l'identité de
la vie économique des cités et des provinces belges,
a pu fournir une solide assise au développement
politique des populations qui les habitaient, et
engendrer à la longue, parmi elles, avec le concours des événements historiques, une véritable
conscience nationale belge.

Sans doute, ce sentiment réfléchi de communauté ne se fixa pas tout de suite sur l'objectif
concret de l'indépendance internationale. Liége,
par exemple, mena, jusqu'à la fin du dix-huitième
siècle, une existence passablement orageuse et
un peu à part de celle des autres cités belges ;
son caractère de principauté épiscopale lui donnait,
d'ailleurs, une situation et une physionomie particulières ; mais elle n'en fut pas moins, comme les
villes du reste des Pays-Bas méridionaux, toujours

à l'avant-garde du progrès de la liberté municipale
et des innovations politiques; c'est elle qui inau-
gura, au treizième siècle, dans le droit international
public de l'Europe occidentale, la notion et la
pratique de la neutralité au sens moderne du
mot (1); c'est chez elle aussi que les idées de la
Révolution française trouvèrent en Belgique leur
premier écho et leur première application (2).

Que l'on ne nous prête pas non plus l'intention
de réduire toute l'évolution historique des cités
belges vers l'unité politique à un unique mouvement d'ensemble, organique et prémédité. Au contraire, elle fut presque entièrement le résultat d'une
coïncidence des spontanéités locales ou de la politique des princes.

Il y eut, au Moyen Age, entre les grandes cités
et principautés belges, de nombreuses guerres
civiles; plus tard, il subsista entre elles des dis-
cordes et des rivalités intestines. Mais ce phénomène n'empêcha pas la formation de l'unité sociale
et administrative que nous avons décrite et, en
tout cas, il resta parfaitement étranger à la division linguistique du pays. A preuve le fait qu'il y
eut beaucoup plus de conflits, et de plus sanglants,
de villes flamandes entre elles (Bruges contre

____

(1) Henry de Dinant fut surnommé le « maître de la neutra
lité » (1253).

(2) La meilleure et plus récente histoire de Liége est l'*Histoire
de la Cité de Liége,* publiée en deux forts volumes peu d'années
avant la guerre, par Godefroid KURTH. C'est la dernière œuvre
importante du grand historien, rénovateur des études historiques
en Belgique, professeur à l'Université de Liége, puis directeur de
l'Institut historique belge de Rome, mort à Assche (Belgique
occupée) en 1915.

Gand, Gand et Bruges contre Bruxelles) qu'entre des villes de Wallonie et des villes de Flandre.

Du reste, quelles qu'aient pu être, des unes aux autres, les différences et les oppositions, un trait caractéristique commun les rassembla toujours et les marqua toutes, à jamais, de son empreinte : je veux dire leur fierté civique, leur farouche passion de la liberté individuelle et des franchises communales, leur indomptable résistance à se laisser résorber dans aucune des grandes communautés politiques voisines, enfin leur ambition de mener sans entraves la vie distincte, exigée par leurs conditions de vie propres et leur tempérament personnel.

Ce fait est le fait décisif : il n'est en Occident aucune population qui ait manifesté avec plus d'entêtement et d'énergie que les habitants des anciennes Provinces belgiques, l'irréductible volonté de n'*être jamais ni autrui, ni à autrui*. Et c'est précisément parce que cette aspiration est, chez eux, tout à fait naturelle et qu'elle ne fut que très tard politiquement concertée, que l'on est autorisé ici à affirmer la réalité d'une conscience nationale belge, au moins implicite et latente, dès une époque où la conception d'un État belge unitaire et indépendant ne s'était pas encore fait jour dans l'âme populaire.

Cette conscience a été parfaitement définie dans une étude sur l'œuvre de Henri Pirenne, par M. Albert Counson, l'un de ses collègues de l'Université de Gand :

Quelques personnes, écrit-il, attribuent l'invention

de l' « âme belge » à M. Henri Pirenne. Elles fournissent ainsi la preuve éloquente qu'elles ignorent et l'*Histoire de Belgique* et la propriété des termes français; mais qu'au demeurant elles ont les meilleures intentions du monde.

Pirenne a trop de savoir et de lettres pour croire à l'âme belge. Mais il sent, il voit et il montre qu'il y a depuis longtemps une conscience belge. Un Français, ..., qui a disserté sur la Belgique, terre d'expériences, prétend que si les *pirennistes*... étaient logiques et résolus, ils demanderaient la rédaction du *Moniteur* en marollien. Ce Français plaisante hors de saison et sans grand discernement, car il confond le sentiment linguistique et la conscience nationale. La communion spirituelle des gens qui parlent la même langue est dénommée *âme* depuis le romantisme (1).

Il y a donc une âme française, une âme allemande, une âme flamande, une âme wallonne, puisque *âme* veut dire *syntaxe*, en style noble. Il n'y a pas d'âme belge pour quiconque écrit et parle le français de Michelet, de Renan et de Gaston Pâris. Mais il y a une conscience belge faite de la fidélité aux mêmes souvenirs, de la cohésion morale dans le temps et l'espace, de la mémoire des mêmes prouesses, de la libre acceptation des mêmes princes, de la même religion et des mêmes lois. Elle se manifeste par les arts et les institutions, par les statues, les peintures, la constitution, le drapeau, les monnaies, la devise nationale.

______

(1) Voir là-dessus A. Counson, *La Pensée romane. Essai sur l'esprit des littératures dans les nations latines* (Louvain, A. Uystpruyst, 1911, 371 p., in-12), p. 44 et suiv. — Comme les premiers historiens romantiques et nationalistes s'inspiraient de la philologie, la confusion s'est faite dès le temps de Grimm et de Michelet : Michelet prétend raconter l'*âme française*. (*Note de M. Counson.*)

L'Histoire en main, on doit donc conclure qu'en
fait il y a, de Wallons à Flamands, ceux d'aujourd'hui comme ceux d'hier, quelque chose de
commun et de permanent qui les distingue *tous
ensemble* de l'étranger et sur quoi repose leur volonté ferme de vivre politiquement associés, dans
la liberté et l'indépendance. Pour tout dire d'un
mot : *il y a réellement une patrie et un patriotisme
belges* (1).

Notons, en outre, que cette leçon de l'histoire
n'est pas restée lettre morte : en devenant conviction réfléchie dans l'esprit des lecteurs de Henri
Pirenne, elle a acquis, à son tour, une valeur édu-
cative dont l'effet sur l'esprit public belge ne peut
être négligé. Henri Pirenne avait voulu faire œuvre
de science, mais à la gloire de sa patrie et pour
en mieux faire comprendre la genèse à ses concitoyens. Son enseignement général sur l'origine
spontanée et la consistance de la nationalité belge,
qui confirmait celui de ses devanciers, fit école,
selon son désir; adopté immédiatement par le
monde universitaire, qui y reconnut l'expression
de la réalité dûment vérifiée, il gagna aussitôt
l'élite en Belgique; il y était déjà classique depuis
plusieurs années, lorsque la guerre éclata (2). Une
preuve frappante de sa valeur et de sa fécondité

---

(1) L'emploi même du vocable français de « patriote » (originellement *patriot*) pour désigner le partisan des intérêts de la nation
ou patrie, opposés à ceux du régime dynastique ou de l'orthodoxie
religieuse, est né dans les Provinces belgiques au seizième siècle.

(2) Le tome I de l'*Histoire de Belgique* en était à sa troisième
édition en 1909; le tome II à sa deuxième en 1908; le tome III
à sa deuxième en 1912, au moment où parut le tome IV.

est qu'on en retrouve les conclusions principales, notamment celles qui concernent l'existence d'une conscience belge, sous la plume des leaders du mouvement flamand, dans plusieurs de leurs articles-programmes écrits depuis la guerre.

L'un d'eux, M. Camille Huysmans, député socialiste de Bruxelles, signataire avec MM. L. Franck et Frans Van Cauwelaert de la première proposition de loi sur la flamandisation de l'Université de Gand (1911), définissant en 1916 les revendications flamingantes, insistait sur leur caractère authentiquement belge, à l'encontre des prétentions des jeunes historiens conservateurs allemands qui ont rêvé d'une réunion ethnique de la Flandre à l'Allemagne :

Leur erreur fondamentale, écrivait-il (*L'Humanité*, du 31 mai 1916), a été de se laisser tromper par des apparences. Si la langue néerlandaise est germanique, l'art flamand l'est fort médiocrement. Depuis le Moyen Age et à toutes les périodes, notre littérature a subi l'influence des courants de la pensée française et latine. Nos romans de chevalerie viennent de la Gaule. Notre épopée du Renard est empruntée à l'une des branches françaises.

La prose de Ruysbroeck a des parfums méridionaux. Le sarcasme de Marnix, la poésie amoureuse de Hooft, la conception dramatique de Vondel, ne nous viennent ni du Nord ni de l'Est. Et si l'on passe en revue les écrivains modernes, leur filiation est encore plus facile à établir.

On pourrait dire sans trop d'exagération que, si la littérature néerlandaise est d'expression teutonne ou

thioise, elle est romane par la pensée. On pourrait dire
encore que l'art flamand est le poste avancé germanique de la pensée latine.

Si mon affirmation vous paraît paradoxale, donnez-
vous la peine de comparer les chefs-d'œuvre de notre
école de peinture aux tableaux des maîtres allemands.
Nous ne leur avons quasi rien emprunté. Je ne regrette
pas ce manque d'intimité qui provient peut-être de
la différence de nos sensibilités. Je ne l'exalte pas non
plus. Je me borne à constater ce qui est, et l'erreur
de tactique du Gouvernement allemand a été de s'imaginer, avec ses jeunes et vieux universitaires, avec ses
marchands chrétiens et juifs, que nous étions autre
chose que nous sommes.

Il ne serait pas malaisé, en poursuivant cette
réflexion de M. C. Huysmans, de montrer qu'elle
s'applique à tout le reste du domaine des beaux-
arts.

Les primitifs flamands et wallons et les Van
Eyck et leur école sont des maîtres d'une originalité bien tranchée, d'une antériorité certaine,
voire d'une influence directe sur la peinture allemande du bas Moyen Age. Le fait est plus patent
encore pour Rubens et sa pléiade de peintres et
de graveurs. Les architectes brabançons, flamands et mosans, qui ont laissé tant de chefs-
d'œuvre incomparables de la construction religieuse, municipale et bourgeoise, n'eurent jamais
rien à emprunter à l'art d'outre-Rhin, ni même
— ou presque rien — à l'art rhénan.

La sculpture sur bois du Moyen Age eut aux
Pays-Bas une efflorescence bien supérieure à celle

de l'Allemagne : les retables brabançons et flamands sont placés, par tous les critiques, au-dessus des productions similaires, pleines d'affectation et de surcharge, des imagiers allemands

Les Pays-Bas furent aussi un foyer sans pareil de création, de progrès et d'initiative en ce qui concerne les arts appliqués et décoratifs : céramique, travail du cuivre (dinanderies), du fer forgé et du cuir, tapisserie, broderie, dentelles, imprimerie, etc.

Quant à la musique, un critique averti, M. Pierre Lalo, faisait récemment, devant nous, cette remarque que la musique polyphonique a eu ses premiers maîtres dans l'ordre du temps et du mérite, non en Allemagne ni même en Italie, mais aux Pays-Bas flamands et wallons; l'école allemande, qui devait avoir ensuite tant d'éclat, ne remonte guère au delà du début du dix-huitième siècle ou de la fin du dix-septième.

D'une manière générale, dans l'histoire des arts, les Pays-Bas méridionaux ont donc été pour l'Allemagne des précurseurs et des initiateurs.

Ils furent aussi le truchement naturel des échanges entre les deux foyers artistiques de France et d'Allemagne. La vallée de la Meuse fut l'un des grands couloirs d'expansion de l'influence artistique française vers les pays du Rhin ainsi que du retour d'influence des œuvres germaniques; elle devint très tôt l'une des grandes voies régulières de la circulation intellectuelle de l'Occident.

Même aujourd'hui le rôle d'initiateur si brillamment tenu par les Pays-Bas, s'il a décru dans la suite des temps, se poursuit toujours : la renaissance allemande moderne des arts décoratifs qui a produit, à côté de beaucoup d'œuvres discutables, quelques œuvres de véritable style, a eu pour prophète, en Allemagne, l'architecte belge Vandeveld.

Il n'est pas indifférent non plus d'observer que le développement économique, social et même linguistique de la Flandre précéda notablement celui de l'ensemble de l'Allemagne. La Flandre paraît bien avoir été riche, au point de vue industriel, commercial et agricole, avant l'Allemagne. Peu de personnes, en dehors des historiens, savent que le haut Moyen Age allemand connut, à l'époque des premières croisades, une période remarquable de colonisation flamande en Allemagne, dont les traces matérielles et morales se retrouvent encore aujourd'hui dans les régions qui en bénéficièrent (1).

_____

(1) Les premiers paysans flamands arrivèrent dans la région de Brême en 1106, probablement appelés par l'archevêque Friedrich. Ils s'établirent dans le pays marécageux appelé le Hollerland qu'ils défrichèrent. On connaît les stipulations de leur contrat de colonisation : les colons imposèrent leurs coutumes de Flandre. L'afflux de colons se poursuivit durant deux générations. Des villages flamands se fondèrent sur les deux rives du Weser. Il s'établit aussi des colonies flamandes de défricheurs dans le Holstein occidental, entre l'Elbe et le Stör. Pendant ce temps, une émigration flamande d'une autre nature, celle des religieux cisterciens, se fit dans l'Allemagne centrale (couvents d'Altencamp, de Walkenried dans le Harz et de Pforta près Naumburg). Ces couvents cisterciens à leur tour attirèrent des paysans flamands qui réussirent à drainer et cultiver des terres dont la stérilité avait rebuté les Wendes. C'est aux Flamands que l'Allemagne doit le drainage des terres humides du Rietland, entre la Helme et la Unstrut, de la rive droite de la Saale, de la vallée de la Géra (près d'Erfurt). Le succès de ces colons amena divers princes allemands à appeler des colons de la même race tenace et industrieuse pour coloniser les forêts et marais des Marches de l'Est (Holstein oriental et Po-

Dans une intéressante étude sur cet incident trop ignoré de l'histoire sociale de la Flandre (Voir la revue allemande *Der Belfried*, n° 4, octobre 1916), un Allemand, le professeur Dr Georg Brodnitz, rappelle, après l'historien belge de Borchgrave, une foule de faits qui témoignent de l'importance et des résultats de cette émigration.

Le *jus flamingicum* devint, dit-il, dans tout le Nord-Est de l'Allemagne la désignation technique du droit privilégié des villages flamands colonisateurs. Quant à l'influence sociale sérieuse exercée autour d'eux par l'introduction de leurs coutumes juridiques, plus avancées que celles de l'Allemagne contemporaine, l'auteur dit :

Quelques axiomes du droit flamand se sont conservés avec une ténacité étonnante dans le droit conjugal et la transmission héréditaire du sol. Dans la *Goldene Aue* (prairie d'or) ils ne furent abolis qu'en 1850, et la commune des propriétaires ruraux du droit flamand exista à Bitterfeld jusqu'en 1873. Plus importants encore et plus durables ont été les avantages que les colons flamands nous ont apportés sous le rapport politique et économique. La large bande de leurs colonies dans le bassin de l'Elbe est devenue un soutien solide du germanisme contre les Slaves, et a contribué à assurer pour toujours la domination des princes territoriaux de la Marche orientale.

Des marais et fondrières les Flamands ont créé de

---

méranie), avec des Saxons et des Westphaliens. Toute une région de la rive droite de l'Elbe porte encore aujourd'hui le nom de **Fläming** et l'on trouve à cette époque des colonies flamandes jusque dans le pays de Meissen et en Silésie.

vastes espaces de champs fertiles. L'art de la construction des digues était, il est vrai, déjà pratiqué
,avant leur arrivée, mais les colons flamands ont certainement développé notre technique dans ce domaine.
Pour le drainage, l'horticulture et la culture des prai-
ries, ils sont devenus des modèles pour tout le Nord-
Est. Ils ont transplanté les méthodes économiques
plus avancées de leur pays d'origine dans les territoires où la charrue primitive du Slave et la population allemande clairsemée et non protégée avaient
défailli. Le drainage de la *Goldene Aue*, les digues
de l'Elbe moyen sont des monuments impérissables
du travail colonisateur flamand.

Les rendements plus grands du pays neuf fortifiè-
rent les finances du souverain et favorisèrent le trafic
économique. Indirectement les villes en tirèrent profit
également. Dans notre territoire, les Flamands n'ont
pas été fondateurs et constructeurs de villes, mais
plus d'un artisan flamand, certes, sera venu chez nous
à la suite des colons campagnards. Le fait que dans
quelques endroits on a désigné les membres de la
gilde des tisserands de laine comme « Flamands »
n'est pas à lui seul une preuve suffisante, vu l'im-
précision de ce nom. Mais le fait de la prospérité,
au treizième siècle déjà, de l'industrie textile des
villes de la Vieille Marche, donc certainement au
centre des colonies flamandes, ne peut être expliqué
sans le concours des colons.

Le plus curieux est que l'Allemagne, qui affecte
aujourd'hui d'ignorer la conclusion historique de
H. Pirenne sur la nationalité belge, la connaît
parfaitement. *Connaît* est même trop peu dire :
cette conclusion y était *reconnue* et admise sans

contestation sérieuse, dans les sphères scientifiques et littéraires, avant la déclaration de guerre.

Même pendant la guerre, il est parfois échappé des aveux précieux à certains savants allemands.

Par exemple, le professeur von Wilamowitz-Moellendorff, l'une des autorités les plus considérables de la philologie en Allemagne, dans un discours prononcé en l'*Aula* de l'Université de Berlin, le 15 octobre 1915, a rappelé l'importance déterminante du facteur de l'histoire dans la constitution des nationalités modernes indépendamment des dissemblances ou analogies ethnographiques et linguistiques qui se peuvent remarquer entre les populations qui les composent :

Il est nécessaire, dit-il, que nous nous débarrassions de l'erreur fort répandue d'après laquelle *Germanique* (*Germanisch*) serait à peu près la même chose qu'*Allemand* (*Deutsch*). Cette erreur aboutit, par exemple, à faire tenir pour allemands les dieux des hymnes islandais, parce que nous ne savons autant dire rien des dieux allemands.

L'Histoire a été cause que Hauts-Allemands et Bas-Allemands sont devenus un seul peuple et aussi que le bas-allemand, qui a originellement des droits égaux à ceux du haut-allemand, est devenu en Allemagne rien de plus qu'un dialecte. Mais c'est aussi l'Histoire qui a fait que le Hollandais est indépendant.

C'est encore elle qui a séparé les Flamands des Hollandais, en dépit de la communauté de langue. Les Van Eyck déjà n'ont pas été des Allemands, Rubens et Van Dijck encore moins. Une souche populaire qui

a produit de tels hommes a le droit de prétendre
qu'on la reconnaisse indépendante (1).

Il ne nous serait pas difficile de multiplier les
citations de cette sorte. Le caractère original de
la nation belge en dépit de ses points de contact
avec les peuples voisins était si peu contesté en
Allemagne avant la guerre qu'il y servait couram-
ment de truisme dans la critique littéraire et artistique.

Une étude pénétrante sur Émile Verhaeren, la
plus complète, sans doute, qui ait été écrite sur
ce poète belge d'expression française resté Flamand de sensibilité et même d'inspiration, et qui
a pour auteur un Autrichien, M. Stefan Zweig,
repose tout entière sur la thèse de l'originalité de
la culture nationale belge. L'auteur s'exprime en ces
termes (*Émile Verhaeren, sa vie, son œuvre*, traduit
de l'allemand, sur le manuscrit, par Paul Morisse
et Henri Chervet. Paris, *Mercure de France*, 1910) :

La Belgique est un des carrefours de l'Europe.
Bruxelles, cœur d'un immense système artériel de
voies ferrées, est éloignée de quelques heures à peine
de l'Allemagne, de la France, de la Hollande, de
l'Angleterre. Dès qu'on quitte les côtes belges, les
plaines sans chemin de la mer s'ouvrent vers tous les
pays et vers toutes les races. Ce territoire n'est pas
grand, mais *c'est un miroir à mille facettes qui présente
en raccourci comme un abrégé du multiple univers.*

---

(1) *Reden aus der Kriegszeit* von Ulrich VON WILAMOWITZ-
MOELLENDORFF, viertes Heft : IX. *Beim Antritt des Rektorates
der Berliner Universität*, pages 14-15 (Berlin. Weidmann, 1915).

Tous les contraires s'y dressent face à face, avec des contours aigus (p. 22).

... Par la droite pénètre, flot germanique, la foi protestante; par la gauche, le catholicisme romain, orthodoxe et magnifique. La race elle-même est le produit de la lutte perpétuelle de deux races : Flamands et Wallons. Ici, les contrastes se défient en toute franchise, clairement et directement : d'un seul coup d'œil on voit toute la bataille.

Mais la pression inexorable des deux races voisines est si violente et si continue, que *ce mélange, sous l'action d'un ferment nouveau, est devenu une race nouvelle. Les éléments autrefois contraires se sont mêlés :* on ne saurait les reconnaître dans le produit de leur évolution. Les Germains parlent en français et les Français sentent en flamand. Malgré son patronyme, Pol de Mont est un poète flamand. Verhaeren, Maeterlinck, Van Lerberghe, dont aucun Français n'est capable de prononcer le nom correctement, sont des poètes français. *Cette race neuve — la race belge — est forte et l'une des plus capables qui soit en Europe. Le voisinage de tant de cultures étrangères, le contact avec tant de nations si diverses l'ont fécondée.* Le travail sain des champs a fait les corps robustes; la proximité de la mer a ouvert les regards sur l'horizon. Il y a peu de temps que cette race a pris conscience d'elle-même, un siècle à peine, depuis qu'elle a proclamé l'indépendance de sa patrie. Aussi jeune que l'Amérique, cette nation est encore adolescente, joyeuse de sa force neuve. Comme en Amérique, le mélange des peuples et la fertilité d'une terre saine ont ici engendré une belle et puissante race. *En Belgique la vitalité est magnifique.* Nulle part ailleurs, en Europe, la vie n'est aussi intensément, aussi allégrement vécue (pages 25 et 26).

... Nulle part la vie n'est aussi aimée, ni vécue avec plus de surabondance et d'ardeur. Ah! certes, *la Belgique demeure le ·pays d'intensive vitalité qu'elle fut toujours. Toujours elle a combattu pour sauvegarder son sens de la vie,* pour jouir de l'existence pleinement et jusqu'à la satiété (p. 27).

... *L'activité de cette race semble dévorante.* Le sentiment le plus profond en a été buriné par Verhaeren en quelques fières strophes qui, en même temps, glorifient toute la race indo-européenne.

> Je suis le fils de cette race
> Dont les cerveaux plus que les dents
> Sont solides et sont ardents
>   Et sont voraces.
>
> Je suis le fils de cette race
>   Tenace,
> Qui veut, après avoir voulu
> Encore, encore et encore plus (1) !

Cet effort énorme et continu n'a pas été vain. La Belgique est relativement le pays le plus riche de l'Europe. La colonie du Congo est dix fois plus grande que la Métropole. Les Belges ne savent que faire de leurs capitaux. Leur argent inonde la Russie, la Chine et le Japon. Ils participent à toutes les entreprises, et ils sont les maîtres dans les sociétés financières des grandes nations. La classe moyenne ne le cède en rien aux autres pour la santé, la vigueur et la joie de vivre (pages 28 et 29).

Puis, après avoir noté le caractère essentielle-

______

(1) « *Ma Race* » (*Les Forces tumultueuses*).

ment belge du poète, l'auteur germanique conclut :

Seul, il représente tous les contrastes de la race
belge, seul il en possède tous les avantages. Lui-même
il n'est que contrastes, que forces nouvelles qui diver-
gent et qui sont volontairement ramenées à l'unité.
Du Français il a la langue et la forme; de l'Allemand,
la recherche du divin, la gravité et une certaine lour-
deur, le besoin d'une métaphysique et l'aspiration
panthéiste. En lui ont lutté les passions politiques
avec les religions, le catholicisme avec le socialisme. Il
est à la fois l'enfant des grandes villes et l'habitant
de la glèbe natale. L'instinct le plus profond de sa
race, c'est-à-dire la soif immodérée de vivre et l'ardeur fiévreuse de la volonté, fait le fond de sa doctrine
et de son art poétiques. Mais, chez lui, la joie de
l'ivresse s'ennoblit : c'est la volupté de l'extase. La
joie de la chair épanouie n'est plus que la fête de la
couleur; la joie du bruit et du vacarme est devenue
celle du rythme qui sonne, éclate, déborde. Cette vitalité insatiable, propre à cette race que ni crise ni catastrophe ne sauraient réduire, s'est ici muée en une loi
universelle, une joie de vivre consciente et plus grande.
*Quand un pays est devenu fort, il se réjouit de cette
force, il a besoin d'en manifester violemment la certitude par un cri de victoire.* Walt Whitman fut le cri
de l'Amérique enfin puissante. *Verhaeren proclame le
triomphe de la race belge, de la race européenne.* Cette
profession de foi en la vie est si joyeuse, si ardente,
si mâle qu'elle ne saurait sortir de la poitrine d'un
seul homme. *Ici c'est tout un peuple jeune qui s'enor-
gueillit de sa force.*

L'étude de Stefan Zweig a paru en traduction

française quatre ans avant la guerre; elle était connue en Allemagne, où, d'ailleurs, une partie de l'œuvre de Verhaeren a été traduite : on chercherait vainement quelle protestation la juste interprétation du critique autrichien y a soulevée; il n'y en a pas eu (1).

Le lecteur fera de lui-même le rapprochement entre l'opinion exprimée par S. Zweig sur la Belgique d'à présent et les conclusions historiques tirées par M. H. Pirenne des circonstances de sa formation.

Un dernier fait permettra d'ailleurs de mesurer l'estime dans laquelle l'œuvre et la science de l'historien belge furent tenues en Allemagne jusqu'à la veille de la guerre : l'*Histoire de Belgique* de H. Pirenne parut d'abord en traduction allemande à Leipzig avant de paraître en français à Bruxelles (2); à l'occasion de sa publication, son auteur fut nommé docteur *honoris causa* par plusieurs universités allemandes. Plus récemment, MM. J. Bengel et G. Lüdtke, éditeurs allemands du célèbre annuaire universitaire mondial *Mi-*

____

(1) Elle n'était d'ailleurs que l'application à un cas littéraire de la thèse universellement admise par les sommités de la critique historique allemande avant la guerre.

Le grand historien allemand Karl Lamprecht, mort en 1915, admet dans sa *Deutsche Geschichte*, tome III, page 190, que la Belgique doit être considérée par l'historien comme un « microcosme » de l'Europe occidentale.

(2) Cette traduction allemande, due au Dr Fritz ARNHEIM, a paru dans la collection célèbre : *Geschichte der Europäischen Staaten herausgegeben von A. H. L. Heeren, F. A. Ukert, W. von Giesebrecht und K. Lamprecht,* sous le titre *Geschichte Belgiens. Uebersetzung des franzözischen Manuskripts* (Gotha, F. A. Perthes).

nerva, se sont fait un honneur d'orner leur publication (édition de 1912-1913) du portrait et de la signature du « célèbre historien » belge (*der berühmte Geschichtsschreiber seines Landes*). C'est seulement depuis la guerre que ses conclusions sont ouvertement révoquées en doute par les universitaires allemands.

Encore s'ils s'en tenaient à les controverser pour des raisons d'histoire ! Mais ils dénoncent l'*Histoire de Belgique* comme « un fruit malsain de la politique *nationaliste* du Gouvernement belge »...

On ne peut s'empêcher de sourire (de crainte d'être obligé d'en pleurer) de cette palinodie, dictée à des hommes de science, par l'intérêt de la politique *nationaliste* du Gouvernement allemand.

CHAPITRE VII

LA CONSTITUTION DE LA BELGIQUE EN ÉTAT INDÉPENDANT

Un peuple qui suit sa vocation avec une telle constance, qui supporte sans fléchir tant de coups du sort et qui parvient à réaliser son idéal par un effort si persévérant, démontre à coup sûr, par l'événement, la viabilité de l'État qu'il a fondé, mieux que ne le démontreraient, pour lui, tous les raisonnements du monde. Ainsi le philosophe grec prouvait la réalité du mouvement en faisant un pas vers ses contradicteurs.

L'Europe ne fit que s'incliner devant cette évidence, lorsqu'elle fut invitée, par le roi de Hollande lui-même, impuissant devant ses sujets soulevés, à intervenir comme arbitre dans le conflit ouvert par la Révolution de 1830. Elle trouva alors l'indépendance belge *toute faite*, la Constitution déjà arrêtée en principe et les anciennes « Provinces belgiques » *spontanément constituées en État*. Il ne lui restait plus qu'à prendre acte du *fait accompli* et à l'enregistrer, en ouvrant à l'État nouveau le cercle diplomatique de la société des nations. Elle le fit, tout en lui imposant la neutralisation dans l'intérêt de l'équilibre occidental.

La science officieuse allemande, en quête d'arguties pour justifier ses propres sophismes juridiques et les actes injustes du Gouvernement allemand, a prétendu faire de l'œuvre de la Conférence de Londres une « erreur » et un « expédient », nécessairement éphémères, de la diplomatie européenne aux abois.

Le bon billet !...

Il n'y eut certainement pas plus d'*erreur* de la part des diplomates européens dans la *constatation* de la volonté des Belges de vivre en communauté politique nationale et indépendante, qu'il n'y eut de leur part *création* de l'État belge dans leurs protocoles.

Les Belges s'étaient révoltés contre le régime hollandais; ils avaient institué un Gouvernement provisoire avec lequel le roi de Hollande voulut tout de suite conclure un armistice et ils défendaient, les armes à la main, et avec chance de succès, grâce à l'assistance de la France, leur liberté nouvelle, chèrement conquise. La Conférence de Londres avait de sérieuses raisons de douter que, dans ces conditions, le roi de Hollande vînt à bout, seul, de rétablir son autorité sur ses anciens sujets. Elle avait de très sérieuses raisons de craindre que la tentative de répression pure et simple ne coûtât des torrents de sang. Elle avait les plus sérieuses raisons de redouter, comme conséquence d'une intervention de sa part à cette fin, une conflagration générale renouvelant les bouleversements de l'époque napoléonienne. Dût-on réussir de quelque façon à mater les Belges, elle les connaissait assez comme « les têtes les plus dures de l'Europe » pour prévoir que la révolution recommencerait bientôt; elle en avait pour garants les actes du Congrès national réuni à Bruxelles et l'attitude de ses envoyés à Londres : jamais peut-être délégués d'un petit peuple révolté ne parlèrent plus mâle langage et ne tinrent si opiniâtrément tête à un aréopage composé des délégués des premières Puissances du monde, et des sommités de la diplomatie. En vérité, une seule solution pratique s'offrait à la Conférence, celle qui lui était imposée bon gré mal gré par l'énergie des Belges et leur indomptable esprit d'autonomie, à savoir : *reconnaître le fait de l'indépendance que les Belges s'étaient octroyée.*

Cette solution n'était pas un *expédient*, mais le fruit d'une conception réfléchie des multiples difficultés à résoudre ensemble, au premier rang desquelles figuraient la préservation de la paix et la préoccupation de fermer les voies à toute ambition hégémonique sur le continent occidental, de quelque part qu'elle pût s'élever.

Constater de telles réalités et s'incliner devant elles, n'était pas commettre une *erreur* ni recourir à un *expédient*, mais rendre hommage à la vérité et faire acte de sagesse (1).

S'il y avait eu *erreur* et *expédient* dans les affaires belges, de la part de la diplomatie européenne, ç'avait été, au contraire, quinze ans auparavant, lorsque, sans tenir compte des leçons de l'Histoire,

---

(1) Voir l'excellente étude publiée par M. F. Van Langenhove sous le titre : *La Volonté nationale belge en 1830* dans la collection des « Cahiers belges » (Van Oest, éditeur, 1917).

ni consulter les aspirations populaires, l'Europe avait imaginé de réunir sous un même sceptre autoritaire les provinces septentrionales et méridionales des Pays-Bas, séparées violemment depuis le seizième siècle.

Quand on lit les dissertations de la propagande allemande sur les origines de l'indépendance belge, on se défend mal de l'impression que leurs auteurs appliquent sans discernement, à l'œuvre de la Conférence de Londres de 1830-1831, les réflexions des historiens et publicistes belges sur l'œuvre anachronique du Congrès de Vienne de 1814. Confusion n'est pas raison...

Il est digne de remarque que la Conférence de Londres se soit séparée avec la prétention d'avoir accompli une œuvre stable. Elle en laissa une preuve protocolaire on ne peut plus nette dans le fait que, neutralisant le nouvel État, elle se trouva d'accord pour attribuer à cette neutralisation un caractère juridiquement *perpétuel* (1). Les plénipotentiaires de la Conférence de Londres et les souverains de la Pentarchie témoignèrent par là qu'ils entendaient faire œuvre pour le moins sérieuse et durable; leur but était d'asseoir l'équilibre européen sur la base la plus solide possible; il est clair qu'ils n'eussent pas accordé leur garantie collective et « perpétuelle » à la neutralisation de l'État belge s'ils avaient considéré leur œuvre comme un simple expédient devant parer à une situation transitoire.

---

(1) Sur le sens juridique et la portée obligatoire de ce terme, voir *Considérations sur l'avenir de la neutralité belge*, par X... (Payot, Lausanne, 1916), pages 50 et 51.

L'Allemagne, en particulier, qui conteste aujourd'hui le droit et la possibilité de vivre à l'État belge, n'était pas de cet avis en 1831. La conception première de la neutralisation de la Belgique appartient-elle au plénipotentiaire prussien von Bülow, ou faut-il en attribuer la paternité à Talleyrand qui la revendique? Les historiens disputent entre eux de ce point secondaire. Mais il y a un fait incontesté, c'est que la Prusse sanctionna, elle aussi, de sa garantie, l'indépendance du nouvel État perpétuellement neutralisé et qu'ensuite elle ne cessa de considérer officiellement cette indépendance et cette neutralité comme l'un des axiomes de sa politique et l'un des fondements de l'ordre européen.

C'est au point qu'en 1870, Bismarck souleva l'opinion publique de la Grande-Bretagne contre la France en lui dénonçant les visées secrètes de Napoléon III sur la Belgique.

Dix ans après, en 1880, à l'occasion du cinquantenaire de l'indépendance de la Belgique, l'historien allemand Karl Hillebrand consacrait l'un de ses meilleurs essais à l'étude de l' « Expérience belge » (*Das belgische Experiment*, publié dans le grand ouvrage de Hillebrand : *Zeiten, Völker und Menschen*, 6e vol. Strasbourg, Trubner, 1886, p. 249 à 332).

Dans son introduction (p. 249-251), il déclare qu'après comparaison de la Belgique avec les autres États formés au dix-neuvième siècle, il doit conclure à la parfaite réussite de l'expérience belge; son étude a pour objet de fournir la démonstration de ce jugement.

Un premier succès, dit-il, a été l'excellente adaptation de la Constitution belge aux particularités du pays. Un deuxième : la neutralité, que le Gouvernement belge a observée avec une loyauté, et cultivée avec une habileté également dignes d'éloges, pour le plus grand profit du pays et de l'équilibre européen.

Examinant l'avenir de la Belgique dans ses rapports avec ses voisins du sud et de l'est, Hillebrand n'hésite pas à écrire ces lignes qui respirent la droiture de sa pensée d'historien :

L'annexion de la Belgique procurerait certainement à la France un accroissement de puissance, et lui permettrait de contourner Metz et de diriger l'attaque contre l'Allemagne sur le Rhin inférieur, relativement sans défense. Mais elle lui attirerait sans aucun doute l'inimitié de l'Angleterre, et d'autre part, ce privilège de l'offensive est compensé largement par le privilège de la défensive dont elle jouit actuellement : car la neutralité belge couvre une partie de la frontière française six fois plus étendue que celle de la frontière belgo-allemande.

Mais, bien plus évident et plus grand est l'intérêt qu'a l'Allemagne au maintien de l'État belge et de sa neutralité. Pour elle, la Belgique a la valeur d'une armée et d'une chaîne de forteresses, sans compter l'intérêt qu'a l'Allemagne, aussi longtemps que l'inimitié de la France est à craindre, à ne pas voir son adversaire probable renforcé par un accroissement de territoire de 30.000 kilomètres carrés de pays productif, de 6 millions et demi d'habitants d'un peuple dans l'aisance et appliqué, d'un port fortifié comme Anvers, et d'un réseau de chemins de fer comme celui de la

Belgique. A l'Allemagne même, un tel accroissement
de territoire (si jamais une telle idée pouvait venir à
l'esprit et être le souhait d'un Allemand) apporte-
rait plus de tracas et de dangers qne **davantages** :
une frontière étendue échappant à toute prise, le
souci résultant de la difficulté de tenir en bride une
nation étrangère récalcitrante, la coalition certaine
de l'Europe contre la formation menaçante d'une
domination mondiale de l'Allemagne.

Mais, en fait, c'est l'Europe, la civilisation, qui
tirent le plus grand avantage de l'existence de la Belgique et de sa neutralité. C'est à cette neutralité qu'on
est redevable du fait que la guerre de 1870 n'a pas
dégénéré en une guerre mondiale, et si — ce dont
Dieu nous préserve ! — la déplorable guerre devait
encore éclater, la même chose se répéterait sans aucun
doute. En eût-il été de même si le royaume des Pays-
Bas réunis existait encore et avait pris parti pour ou
contre la France ?

En résumé, d'après Hillebrand, la Belgique,
dans son demi-siècle d'existence indépendante,
avait justifié admirablement toutes les espérances
mises en elle par l'Europe ; Hillebrand allait jusqu'à représenter la fondation de l'État belge indépendant et neutre comme l'une des œuvres les
plus sages de la politique européenne ; il y voyait
le type accompli du petit État moderne, pacifique,
libéral et progressif autant que prospère.

Ce jugement, qui représentait alors l'opinion de
la science historique allemande unanime, Treitske
et ses disciples exceptés, n'a été officiellement
abandonné en Allemagne qu'une fois la présente

guerre déclarée et sous les exigences de la politique impériale d'annexion ou de protectorat.

Quinze mois avant la guerre, le 26 avril 1913, à la Commission du budget du Reichstag, le secrétaire d'État von Jagow déclarait encore :

La neutralité de la Belgique repose sur des conventions internationales, et l'Allemagne est résolue à se tenir fermement à ces conventions.

Et jusque dans l'ultimatum du 2 août 1914, le Chancelier de l'Empire affirmait officiellement qu'au cas où la Belgique garderait, dans la guerre, une neutralité bienveillante vis-à-vis de l'Allemagne :

... le Gouvernement allemand garantirait complètement, à la conclusion de la paix, l'*intégrité* et l'*indépendance du royaume.*

Il ajoutait même qu'en ce cas :

... les relations amicales qui unissent les deux États voisins en recevraient *une nouvelle et durable consolidation.*

Ces actes, ces écrits et les termes de ces déclarations officielles de l'Allemagne, sont inconciliables avec la soi-disant conviction, aujourd'hui bruyamment affichée, de la non-viabilité de l'État belge, à moins qu'on ne doive supposer chez leurs auteurs la mauvaise foi la plus extraordinaire : chose dont, certainement, aucun Allemand, ni aucun germanophile, ne voudrait convenir...

CHAPITRE VIII

LE DILEMME ALLEMAND :

« FLANDRE OU BELGIQUE ?... »

La situation aurait-elle, par hasard, brusquement changé pour l'État belge, à la suite de l'explosion de la guerre ?

Tous les liens historiques de la nationalité belge se seraient-ils soudain relâchés et dénoués comme si les deux groupes linguistiques n'eussent attendu que cette occasion pour se séparer et retourner chacun à ses affinités ethnographiques ?

La violence même de l'effort que l'Empire croit nécessaire de déployer actuellement pour susciter la discorde entre Flamands et Wallons, contredit absolument cette hypothèse et, à elle seule, elle serait déjà de nature à faire soupçonner que l'unité nationale belge doit être autre chose, même aux yeux des Allemands, qu'une abstraction sans consistance. Comment admettre, en effet, que des politiques sérieux s'attaqueraient avec une pareille énergie et tant de ténacité à un État voué déjà dans leur esprit à la désagrégation spontanée ?

Nous avons relaté ailleurs (1) la préparation et les premières péripéties de la vaste machination, savamment ourdie et patiemment exécutée par l'Allemagne, en vue de capter les sympathies de la population flamande et de la détourner des voies du loyalisme belge.

Le thème du caractère factice de l'État belge fut exploité avec ensemble et précision très peu de temps après l'entrée en fonctions de l'Administration allemande en Belgique. A partir d'octobre 1914, les études « scientifiques » qui le développent se succèdent dans la « littérature de guerre » allemande ; non seulement des historiens, des philologues et des ethnographes s'en mêlent, mais encore toutes sortes d'autres « spécialistes » : des géographes, des juristes, des moralistes, des littérateurs, des théologiens, voire des géologues, et enfin, nécessairement, des fonctionnaires.

Les publicistes de la presse quotidienne s'emparent, au fur et à mesure, du résultat de leurs travaux et les vulgarisent, dès le début de l'année 1915, en les débitant en milliers d'articles de journaux. C'est une action méthodique et concertante qui se déploie, selon un scénario minutieusement réglé.

Une puissante organisation de presse a été créée à Bruxelles, au siège du Gouvernement général allemand de la Belgique occupée. Un bureau fla-

---

(1) Voir notre étude *Pour teutoniser la Belgique : l'effort allemand pour diviser la Belgique par la querelle des races et des langues* (Bloud et Gay, Paris, 1916).

mand (*Vlamen Ausschuss*) y a été installé et fonctionne sous l'inspiration directe du Gouvernement général (*Politische Abteilung* : section politique) (1). Ce bureau entretient, alimente et surveille quelques journaux allemands publiés en langue flamande et se présentant au public comme organes « flamands », pendant qu'un autre bureau spécial analogue contrôle des journaux similaires publiés en langue française. Ces deux bureaux de presse ont, comme personnel, entre autres, d'anciens représentants à Bruxelles des grands journaux allemands. L'Administration supérieure tient ces journalistes bien en main; elle les fait travailler à la mode mécanique allemande : chaque jour, elle leur donne ses instructions et leur fait en quelque sorte la classe, leur dictant les informations à transmettre et leur communiquant les thèmes des « correspondances de Bruxelles » qu'elle désire voir paraître; la production ainsi obtenue sur canevas administratif est envoyée, par le groupe, simultanément à tous les journaux d'Allemagne et aux organes germanophiles des pays neutres, de telle manière que, le même jour, ou à un jour d'intervalle, la même question se retrouve traitée partout dans les mêmes termes ou presque, et avec les mêmes arguments, généralement alignés dans le même ordre.

De mars 1915 à juin 1916 inclus, soit en seize

----

(1) Voir la réitération de l'aveu de cette organisation dans un article du publiciste lubeckois Franz FROMME, *Münchner Neueste Nachrichten*, n° 281, du 6 juin 1917, édition du matin.

mois, le « Bureau documentaire belge » a relevé, dans les principaux journaux de la presse allemande qu'il dépouille, un total de 541 articles importants sur la question flamande; il s'agit d'articles différents, dont la plupart furent répétés simultanément par l'ensemble des organes de cette presse et de la grande presse autrichienne. Ce chiffre représente une moyenne d'un article par jour au moins.

Voici le détail de cette statistique :

1915 : *mars*, 61 articles; *avril*, 16; *mai*, 17; *juin*, 29; *juillet*, 55; *août*, 58; *septembre*, 38; *octobre*, 22; *novembre*, 33; *décembre*, 21.

1916 : *janvier*, 39 articles; *février*, 21; *mars*, 45; *avril*, 48; *mai*, 22; *juin*, 16.

La moyenne n'a pas baissé de juillet 1916 à juin 1917, au contraire (1).

Dans ce flot incessant de « correspondances »,

----

(1) Le 8 février 1917 encore, la revue illustrée *Illustrirte Zeitung*, de Vienne, publiait un numéro luxueux (n° 3841) entièrement consacré à la Flandre et à la question flamande et contenant entre autres sept articles importants dont voici les titres traduits :

« Le Développement du mouvement flamand », par Gustaaf VERMEERSCH, de Bruxelles;

« L'Ethnologie flamande », par Antoon THIRY;

« La Situation économique de la Flandre depuis 1914 », par SNYDERS;

« La Lutte pour l'Université flamande », par D. BUYSSE;

« L'Essor populaire », par DE KNEEF junior;

« L'Attitude du pouvoir occupant entre Flamands et Wallons», par VAN BEVERE;

« Les Représentations allemandes d'art flamand en Flandre pendant la guerre », par Jean VERMEULEN.

Voir aussi la note du chapitre XIII sur la revue allemande *Der Belfried*, entièrement consacrée à la Belgique et qui s'attache spécialement à faire connaître à fond aux Allemands toutes les manifestations de la vie propre de la Flandre.

tous les faits susceptibles de développer parmi les
Belges des germes de discorde sont habilement
exploités, spécialement les anciennes polémiques
du temps de paix sur l'emploi des langues dans la
vie administrative et judiciaire. De ces dissen-
sions, on s'efforce de ranimer les cendres non encore
toutes refroidies par la guerre. On fouille les journaux belges d'avant 1914, les brochures, les livres;
on réédite des pamphlets oubliés, en mettant ces
rééditions anonymes alternativement au compte
d'une initiative wallonne ou d'une entreprise
flamande. On ressuscite aussi des controverses
d'histoire entièrement abandonnées, en s'efforçant
d'y remettre à vif certains points sensibles de l'évolution politique belge.

Il faut avoir suivi patiemment, au jour le jour,
la presse allemande, comme nous l'avons fait
depuis plus de deux ans, pour se former une idée
de l'ampleur de cette entreprise souterraine, vrai
travail de taupes et de termites s'attaquant systématiquement aux racines de la vie nationale
belge, rongeant, creusant, poussant en tous les
sens mines et galeries avec l'espoir de provoquer
à la longue un écroulement au moins partiel de
l'édifice.

Un moment, vers juillet 1915, l'Allemagne crut
toucher au but et sa presse commençait déjà à
crier : « Ville gagnée!... » L'illusion dura peu : les
chefs du mouvement flamand réfugiés en Hollande,
résolus à dissiper les équivoques accumulées par
la propagande allemande, publièrent (21 juillet
1915) un manifeste où ils renouvelaient solennelle-

ment l'affirmation du patriotisme belge des Flamands; leurs collègues restés en Belgique occupée signèrent une déclaration collective analogue.

L'Allemagne cependant ne se tint pas pour battue : elle se remit à l'œuvre, choisissant de nouveaux points d'attaque, variant les sollicitations et multipliant les avances. Relevant une à une toutes les revendications linguistiques du mouvement flamand, elle se déclara prête à y donner satisfaction, et le gouverneur général von Bissing édicta, dans ce dessein, divers décrets, dont certains excédaient formellement les limites du pouvoir reconnu à l'occupant par la Convention de La Haye (Voir plus loin les chapitres IX et X). L'Administration allemande se flattait ouvertement de susciter par ces mesures, dans l'esprit des Flamands, des comparaisons entre elle et le Gouvernement belge, au désavantage de ce dernier.

A chaque nouveau décret, les journaux allemands remontraient aux Flamands qu'ils étaient mieux traités en temps de guerre par l'envahisseur qu'ils ne l'avaient été par leur propre gouvernement, en temps de paix.

Certains de ces arrêtés et ordres de service prétendent « appliquer » simplement les principes posés par les lois belges en matière de classification linguistique des circonscriptions administratives : l'autorité allemande déclare les décréter « en exécution de ces lois ». Il ne nous a pas toujours été possible de vérifier jusqu'à quel point cette allégation serait fondée. Leur tendance générale est d'aboutir à faire substituer, dans les

circonscriptions visées, le flamand (ou l'allemand)
au français comme langue principale pour les relations administratives (1), ou comme langue véhiculaire pour l'enseignement (2).

L'effort de déclassement a surtout porté sur
l'arrondissement de Bruxelles et spécialement sur
l'agglomération bruxelloise qui ont toujours été
traités comme circonscriptions mixtes par les lois
belges; diverses mesures furent prises (notamment
les ordonnances du 25 février 1915) pour les ranger
dorénavant au nombre des circonscriptions flamandes. En ceci, toutefois, l'Administration allemande dépassait les intentions des leaders flamingants : M. C. Huysmans, l'un des principaux
d'entre eux, conseiller communal de Bruxelles,
a déclaré tout récemment encore (mars 1917),
qu'il serait des premiers à démolir de sa main
l'œuvre allemande de transformation administrative de la capitale en « ville flamande ».

Les tentatives allemandes en ce domaine sont

____

(1) Le principe de la législation belge en cette matière est le
suivant (Loi du 22 mai 1878) :

Dans les provinces (flamandes) d'Anvers, Flandre Occidentale,
Flandre Orientale et Limbourg et dans l'arrondissement (flamand)
de Louvain (province de Brabant), les avis et communications des
fonctionnaires au public sont rédigés en flamand ou en flamand et
en français. La correspondance administrative avec les communes
ou les particuliers est rédigée en flamand, sauf si les communes
ou particuliers ont demandé l'usage du français ou se sont eux-
mêmes servis du français.

Dans l'arrondissement de Bruxelles, regardé comme mixte, les
avis et communications officiels au public se font suivant la même
règle; mais la correspondance officielle est rédigée en français,
sauf si les communes ou particuliers ont demandé l'emploi du
flamand ou s'en sont eux-mêmes servis.

(2) Voir les ordonnances citées au chapitre X.

particulièrement significatives en raison de leur répercussion automatique dans le domaine de l'enseignement : en effet, la langue maternelle de l'élève est imposée comme langue véhiculaire d'enseignement, dans les dispositions de la loi belge du 15 juin 1914 sur l'instruction primaire obligatoire (dont un arrêté allemand du 8 mars 1915 a anticipé la date d'entrée en vigueur) et, d'autre part, le Gouverneur allemand a prescrit de considérer comme langue maternelle, en principe, non pas celle que déclare le chef de famille, mais celle qui est parlée dans la région (1).

Il est possible que telle ou telle des mesures décrétées par le Gouvernement général, figure — non sans modalités — au programme des revendications flamingantes. Mais les Allemands ont bien tort d'en triompher comme d'un gage de la reconnaissance qu'ils en pourraient attendre des Flamands. Ceux-ci accepteraient volontiers, de la main de l'autorité légitime, telle réforme que, de la part de l'envahisseur, ils ne font que subir. Vivant bâillonnée et sous la menace permanente de l'amende, de la prison ou de la déportation, la population flamande est impuissante à manifester publiquement ce qu'elle pense de ce régime de cadeaux forcés (2).

----

(1) Sur le mécanisme d'application de ce principe : *Cujus regio, ejus lingua*, voir le chapitre X.

(2) Néanmoins, le peuple belge, qui a plus d'un tour dans son sac, trouve presque toujours quelque moyen détourné de traduire ses vrais sentiments. Rappelons à ce propos un petit fait assez peu connu, mais caractéristique :

Lorsque, au début de 1915, l'Administration allemande ordonna

D'autres mesures du général von Bissing ont fait plus de bruit à l'étranger, parmi lesquelles, au premier rang, son décret du 31 décembre 1915, transformant d'autorité l'Université de l'État à Gand en université exclusivement flamande.

Cette transformation était, avant la guerre, et est toujours, l'une des réclamations les plus chères et les plus énergiquement maintenues du programme flamingant.

Rappelons à ce propos qu'il y a en Belgique, pays d'enseignement libre, quatre Universités dont les diplômes ont valeur légale; deux Universités de l'État, l'une à Liége, l'autre à Gand, et deux Universités libres, l'une à Louvain (catholique), l'autre à Bruxelles (attachée au libre examen).

Lors de la déclaration de guerre, l'enseignement, dans ces quatre Universités, était donné presque exclusivement en langue française; seules les Universités de Louvain, d'abord, de Gand, ensuite, avaient commencé de dédoubler certains de leurs cours en cours français et cours flamands (1).

---

en Flandre l'enlèvement des enseignes commerciales rédigées en français ou en anglais, en ayant soin de faire valoir qu'elle voulait par là restituer d'office la prééminence, sinon même le monopole, au flamand dans tous les départements de la vie publique belge, la population flamande fit docilement disparaître les enseignes condamnées, mais, en plusieurs endroits, elle les remplaça par des enseignes rédigées en... allemand. Peut-être l'Administration allemande ne comprit-elle pas le silencieux et ironique mépris que décelait cette façon d'accueillir la munificence teutonne.

(1) D'après le correspondant liégeois du *Nieuwe Rotterdamsche Courant* (numéro du 22 mai 1917, édition du soir), les évêques belges auraient décidé le dédoublement de *tous* les cours de l'Université de Louvain en cours flamands et cours français. L'Université de Louvain serait donc, après la guerre, divisée en deux

Le 31 mars 1911, les trois principaux leaders politiques du mouvement flamand, appartenant aux trois partis belges, MM. Frans van Cauwelaert, député catholique d'Anvers, Louis Franck, député libéral du même arrondissement, et Camille Huysmans, député socialiste de Bruxelles, avec leurs collègues MM. E. Anseele (socialiste), Dr J. Persoons (libéral), Julien Delbeke et A. Huyshouwer (catholiques), avaient déposé une proposition de loi tendant à la transformation graduelle de l'Université de Gand en université complètement flamande. Cette proposition, renouvelée le 19 novembre 1912, était discutée par les sections de la Chambre des Représentants et celles-ci avaient adopté déjà le principe de la création d'une université flamande, lorsque leur délibération fut interrompue par la guerre.

On aperçoit le sens et l'importance de la manœuvre administrative exécutée le 31 décembre 1915 par le gouverneur général von Bissing.

En réalisant brusquement, par décret dictatorial, cette réforme encore pendante devant le Parlement belge, et dont les leaders flamingants eux-mêmes avaient préféré obtenir la solution de la souveraineté nationale plutôt que du pouvoir exécutif, précisément pour lui assurer plus de valeur et de garanties, le dessein et l'espérance de

---

universités complètes, l'une flamande, l'autre française. Le fait aurait été annoncé par Mgr Rutten, évêque de Liége, lors de la réception le 27 avril 1917 de la délégation flamande du « Davids fonds », venue pour le féliciter à l'occasion de son jubilé de cinquante ans de prêtrise.

l'Allemagne étaient de rallier les sympathies du
mouvement flamand et de détourner la population flamande des voies du loyalisme belge.
Supposez qu'il eût réussi à se concilier au moins
l'élite du mouvement flamand, l'Empire se fût
créé dans le pays un foyer permanent d'influence,
conformément au programme d'action allemande
de l'après-guerre, en Belgique, que le Chancelier
allait définir expressément, quelques mois après
(5 avril 1916), au Reichstag.

La manœuvre n'avait pas moins d'importance
au regard de la Belgique, car le décret visait à
jeter la suspicion parmi les Belges, à compromettre
les Flamands aux yeux de leurs compatriotes wallons, et à placer les Flamingants dans l'alternative de sacrifier apparemment leur programme ou
d'aliéner à l'envahisseur leur indépendance et de
lui sacrifier l'intérêt national.

La presse allemande et germanophile se chargea
de développer la formule du tragique dilemme :
« Flandre ou Belgique? », où elle tentait, déjà
depuis un an, d'enfermer progressivement les Flamands. Ceux-ci étaient, cette fois, mis de force sur
la sellette et interpellés publiquement sur leurs
sentiments les plus intimes : qu'est-ce qui allait
l'emporter dans leurs âmes, de la voix de l'intérêt
particulier immédiat ou de celle de l'intérêt général
et permanent de la patrie?

L'habileté insidieuse de cette tactique peut se
mesurer au fait que même certains organes de la
presse belge paraissant hors du pays, semblent en
avoir été dupes en ce qu'ils parurent accepter la

position allemande du dilemme et admettre comme
une chose acquise sans discussion que l'intégrité
du patriotisme des Flamands ne serait sauvegardée
qu'au prix d'un renoncement immédiat et *définitif*
à leur mouvement linguistique. Quelques-uns de
ces journaux se crurent en droit de sommer les
Flamands d'opter pour l'abandon, sur l'heure, de
leur programme, sous peine d'encourir le soupçon
de germanophilie, voire de trahison. C'était là,
nous semble-t-il, faire malencontreusement le jeu
de l'ennemi.

Celui-ci s'évertuait tout juste à représenter le
mouvement flamand comme « un mouvement
essentiellement pro-allemand, en train de se dégager petit à petit des lisières du patriotisme
belge ». Or, la raison, de même que le principe constitutionnel de la liberté des langues, sont d'accord
pour imposer, comme base à la politique belge
en matière linguistique, un axiome dont elle ne
pourrait se départir sans blesser l'intérêt national
et que, par conséquent, on ne devrait jamais
laisser s'obscurcir dans les débats publics : c'est
qu'en Belgique, les citoyens puissent toujours
jouir du droit effectif de cultiver ensemble l'amour
de leur langue maternelle et l'amour de leur patrie
sans avoir à craindre d'entrer par là, à aucun moment, en contradiction avec eux-mêmes ni en
conflit avec leur conscience.

Dans le cas présent, l'hypothèse d'une opposition
entre ces deux sentiments également primitifs et
indéracinables, devait d'autant moins être acceptée,
dans la polémique avec la presse allemande ou

germanophile, qu'à bien y regarder, l'alternative posée par elle était tout artificielle, et le dilemme pratique qu'on en déduisait, absolument fallacieux.

Il était faux, en effet, que le mouvement flamand eût assumé, dans l'esprit de ses leaders, le caractère d'une agitation dirigée contre l'existence politique de la Belgique ou tendant à assumer ce caractère; faux aussi que les Flamands en fussent réduits avant la guerre à une « option de désespoir » entre la Flandre et la Belgique; faux enfin que l'État belge fût un organisme politique fermé à tout espoir de relèvement populaire pour la Flandre et d'épanouissement pour la culture flamande. Les Allemands bien informés et sincères doivent le reconnaître (1). La démonstration en sera d'ailleurs faite plus loin; qu'il suffise pour l'instant de noter ce simple fait : que la question de la transformation de l'Université de Gand en université flamande était, avant la guerre, en voie de solution légale.

Toutefois, ces vérités de fait s'étaient peut-être

---

(1) Voir, par exemple, *Frankfurter Zeitung,* n° 65 du 7 mars 1917, soir (passage cité au chapitre XV).

Les *Neue Zürcher Nachrichten,* journal très germanophile de Zurich, ont publié, le 11 avril 1916, un article venant d' « un auteur germanophile jusqu'à la moelle des os et de confession protestante », disant parmi d'autres choses moins exactes :

« Dans le discours du Chancelier se trouve un passage remarquable, savoir : que l'Allemagne ne peut pas abandonner à la latinisation le peuple flamand si longtemps opprimé. D'autres orateurs, à la même séance du Reichstag, se sont exprimés dans le même sens. Nous reconnaissons formellement ici la bonne intention des orateurs. Mais celui qui connaît réellement la Belgique et veut respecter la vérité, est obligé de déclarer qu'on ne peut pas sérieusement parler d'un « asservissement du peuple flamand » avant la guerre par le Gouvernement belge. »

plus ou moins oblitérées dans les esprits, à la faveur de la perturbation générale causée par l'état de guerre et l'occupation du pays. De là vient que certains se demandèrent si le patriotisme belge des Flamands, malgré la confiance que l'on devait faire à leurs chefs et à leur bon sens, ne sortirait pas amoindri de l'épreuve.

Ce fut le contraire qui se produisit : les leaders flamands éventèrent tout de suite la manœuvre d'enveloppement moral dont leur mouvement linguistique était menacé.

CHAPITRE IX

LA « FLAMANDISATION » ALLEMANDE
DE L'UNIVERSITÉ DE GAND

C'est le 2 décembre 1915 que fut connue avec
certitude la résolution arrêtée de l'Administration
allemande de procéder à la flamandisation de l'Université de Gand : un arrêté de cette date du Gouverneur général ordonna de porter au budget de
1916 une somme importante destinée à couvrir les
frais du travail préparatoire de la transformation.

Aussitôt, les leaders du mouvement flamand,
présents au pays occupé, décidèrent de ne pas
attendre la promulgation du décret de flamandisation pour faire connaître au Gouverneur allemand
et au public belge que la population flamande
était résolue, de son côté, à refuser catégoriquement et définitivement n'importe quelle espèce
de présent de la main de l'ennemi.

Au nombre de trente-six, appartenant au monde
de la politique, des sciences, des arts, du clergé,
des professions libérales, ils signèrent, sur l'initiative, affirme-t-on, du député anversois Louis
Franck, l'un des auteurs de la proposition de loi
de 1912, une lettre collective adressée au gouverneur général von Bissing, dans laquelle, tout en

affirmant la persistance de leurs convictions flamingantes, ils s'élevaient avec force contre l'usurpation, par l'envahisseur même de la patrie, d'un programme purement flamand, c'est-à-dire belge, et qu'ils entendaient réaliser eux-mêmes, en toute indépendance, avec l'unique concours de leurs compatriotes et l'assistance légitime du pays.

Comment l'histoire nous jugerait-elle, nous autres Flamands, écrivaient-ils, si, à un moment où nos soldats luttent encore contre les vôtres dans les tranchées, nous devions accepter des mains du conquérant un avantage quelconque, même si cet avantage devait apparaître comme ne faisant que réparer des injustices passées? Nous sommes d'une race qui, toujours dans le passé, a tenu à régler elle-même ses propres affaires sur son propre sol.

Nous nous permettons, Excellence, de vous demander de soumettre ces considérations à un examen sérieux et attentif, et nous espérons que, si le projet dont nous parlons a réellement été conçu, nos arguments vous paraîtront tels qu'il n'y sera donné aucune suite, et nous exprimons cet espoir dans l'intérêt même de la cause flamande.

Quelque difficiles que puissent être les circonstances, il vaut mieux que le pouvoir occupant ne conserve aucun doute au sujet de notre opinion et ne soit pas sous l'impression qu'il existe, quant à la situation internationale, la moindre divergence de vues entre les Flamands et les Wallons.

Ainsi que l'un des nôtres l'a dit récemment dans une séance publique du Conseil communal d'Anvers, le seul point de vue auquel nous autres, Flamands et Flamingants, nous puissions nous placer, c'est celui de l'indépendance de la nation belge.

Le Gouverneur général passa outre à cette protestation (1).

Le décret de flamandisation avait été promulgué dès le 31 décembre 1915. L'on déchaîna tout de suite les fanfares du grand orchestre de la presse officieuse de Belgique et d'Allemagne pour saluer l'octroi de ces somptueuses étrennes de l'Empire allemand à la parente pauvre des Flandres.

L'on entama en même temps les mesures d'exécution.

Un « savant » allemand, le *Geheimrat* von Dyck, professeur à l'Université de Munich, fut chargé des travaux préliminaires, spécialement des démarches à faire pour le recrutement du corps professoral et des élèves. En mars 1916, le Gouverneur général institua, pour l'assister, une « Commission d'études pour la préparation des questions techniques de l'enseignement à l'Université de Gand » (*Studien-Kommission zur Vorbereitung unterrichtstechnischer Fragen an der Universität Gent*, ou abréviativement, *S. K. G.*). Cette Commission, exclusivement allemande, comprenait, à côté du professeur von Dyck, secrétaire, comme présidents : les professeurs Spannagel et le baron von Bissing (fils du Gouverneur général), et comme représentant du département politique du Gouvernement général,

____

(1) Elle est datée du 8 janvier 1916, mais elle doit avoir été rédigée en décembre 1915. Le Gouverneur la reçut donc après la promulgation du décret. Il n'y répondit que le 3 février 1916 par une lettre que publièrent les journaux officieux allemands (Cf. *De Toekomst,* revue germanophile paraissant en Hollande, numéro du 18 mars 1916).

le conseiller d'archives, Dr Pius Dirr, alors archiviste de la ville d'Augsbourg et député national-libéral au Landtag, actuellement archiviste de la ville de Munich. La Commission avait le droit de s'adjoindre d'autres professeurs allemands spécialistes pour certaines questions techniques, relatives à la création projetée d'une école supérieure d'agriculture et de médecine vétérinaire. Une double tâche lui était assignée : démolir l'Université existante et édifier à sa place l'Université flamande nouvelle, autant que possible avec le personnel de l'ancienne. Elle commença son travail en mai 1916 (1).

L'obstination du Gouverneur général, en dépit de la protestation des leaders flamingants, eut un

---

(1) La promulgation des arrêtés des 2 et 31 décembre 1915, la désignation du professeur von Dyck et l'institution de la Commission « S. K. G. » *précédèrent* toutes démarches auprès des membres du corps professoral et les autres actes d'exécution. Il est donc certain que le décret de flamandisation de l'Université de Gand sous l'occupation, est d'*initiative exclusivement allemande*.

Ces dessous de la manœuvre allemande étaient peu connus, en dehors de la Belgique, jusqu'à la fin de 1916. On les tient du professeur von Dyck lui-même qui les a révélés dans un « Rapport lu le 20 octobre 1916, en la salle du Sénat de Belgique, en présence du gouverneur général von Bissing, devant l'assemblée des hauts fonctionnaires et officiers du Gouvernement général », et publié par la *Deutsche Revue* (janvier 1917, p. 77 à 89) puis en brochure.

La prudence politique eût dû, semble-t-il, conseiller au rapporteur plus de réserve qu'il n'en a montré. Mais la vanité naïve de l'effort accompli et de la difficulté apparemment vaincue l'a emporté en lui sur la circonspection. Elle lui tient lieu de franchise. Son rapport, écrit à la louange de l'esprit d'entreprise de l'Administration allemande, est, en réalité, un hommage indirect rendu à l'intégrité et à la constance du sentiment patriotique des Belges au cours de cette épreuve particulièrement pénible.

Les *Münchner Neueste Nachrichten*, n° 15, du 10 janvier 1917 (édition du soir), ont publié une interview du professeur von Dyck, obtenue à son retour de Belgique après plus d'un an de « travail allemand » accompli dans ce pays.

résultat immédiat : celui de mettre en lumière le véritable dessein — tout politique — que nourrissait l'Administration allemande.

En effet, depuis le début de la guerre, les conseils rectoraux des quatre Universités belges, les deux Universités de l'État de Liége et de Gand, et les deux Universités libres de Louvain (catholique) et de Bruxelles (rationaliste), avaient unanimement maintenu leur décision de ne pas rouvrir leurs cours, bien qu'il en fût autrement pour l'enseignement moyen et primaire. Les motifs de cette abstention ne doivent pas être cherchés seulement dans les difficultés matérielles de communication et de ravitaillement et dans la préoccupation de ne pas faciliter l'exécution du plan des Allemands concernant l'Université de Gand, mais aussi et surtout dans le souci patriotique de laisser la jeunesse belge entièrement libre d'apporter à la patrie en danger le secours de ses bras (1).

Si les Allemands, de leur côté, avaient été sincèrement animés du désir d'épargner le préjudice de l'interruption des études à la jeunesse universi-

___

(1) La Belgique, surprise par la soudaineté de la guerre, n'a pu décréter l'appel général des hommes valides qu'après l'occupation de la plus grande partie du territoire national. Bien que les Allemands aient tendu à la frontière des fils de fer électrocuteurs, les jeunes Belges n'ont cessé de s'en évader pour rejoindre l'armée nationale. Plus de 20.000 jeunes gens ont passé ainsi en Hollande au péril de leur vie pour faire leur devoir militaire. L'ouverture des universités eût consacré une sorte de privilège pour les jeunes Belges qui se seraient soustraits à l'appel de leur conscience et une inégalité odieuse au détriment de ceux qui offraient leur vie au pays. Voir l'historique des démarches vaines faites auprès du corps professoral de l'Université de Liége pour obtenir son consentement à la réouverture des cours, dans la *Kölnische Volkszeitung*, n° 87, du 1er février 1917 (édition du matin).

taire belge, ils eussent *ordonné* la réouverture, non d'une seule, mais également des deux Universités de l'État. Or, ils se gardèrent de décréter la réouverture de l'Université de Liége et n'instituèrent d'enseignement universitaire qu'à Gand, ville qui, pourtant, faisait partie de la zone des opérations ou « zone d'étapes ». Preuve qu'il s'agissait dans leur intention de servir les intérêts de la politique allemande et non de pourvoir à une nécessité de l'administration du pays.

Il semble que le Gouverneur général se soit flatté de trouver toutes les complicités nécessaires dans le corps professoral de l'Université, ou du moins de rallier à son projet tous ceux des professeurs que leur connaissance du flamand rendait capables d'enseigner en cette langue. L'événement déçut, une fois de plus, son attente (1).

----

(1) Déjà en 1915, avant de déclarer son dessein de flamandiser l'Université, le Gouvernement général allemand avait tenté de circonvenir l'autorité rectorale et le corps professoral.

Le professeur von Dyck raconte que, par deux fois, au printemps, puis à l'automne de 1915, l'autorité rectorale et le corps professoral de l'Université de Gand avaient été sollicités de reprendre les cours tels qu'ils étaient organisés avant la guerre, c'est-à-dire sans altération du régime français. Ils s'y refusèrent. Après la seconde invite et pour couper court à toute instance nouvelle, ils exposèrent, dans une pétition adressée à l'Administration provinciale, les motifs qui s'opposaient à la reprise de l'enseignement supérieur en Belgique sous le régime d'occupation.

Il nous paraît évident que ces tentatives allemandes cachaient un piège : les Allemands cherchaient à lier l'autorité rectorale par une déclaration de principe sur l'opportunité de la reprise des cours, qui leur eût, ensuite, fourni un semblant de titre pour intervenir dans l'organisation du régime d'enseignement. Mis définitivement en échec par la perspicacité des Belges, le Gouverneur général allemand se vit forcé de démasquer ses batteries. C'est alors que fut pris l'arrêté du 2 décembre 1915, cité ci-dessus, décrétant les mesures préparatoires à la flamandisation directe, totale et immédiate de l'Université de Gand.

Le professeur von Dyck écrit dans son rapport :

Afin de me rendre compte de l'état d'esprit des cercles universitaires, j'ai tâché de me mettre en rapport avec une série de membres français et flamands du corps professoral.

Il ne paraît pas leur avoir tout de suite demandé ou fait demander leur concours, mais simplement leur opinion sur le principe de la flamandisation de l'Université, indépendamment de l'époque et du mode de sa réalisation. Il trouva, dit-il, les uns « résolus », c'est-à-dire « voyant en cela le bien de l'avenir »; les autres « hésitants », c'est-à-dire « déclarant nuisible à l'esprit scientifique l'adoption du flamand comme langue véhiculaire de l'enseignement ».

En février 1916, le chef de l'administration civile en personne, D^r von Sandt, entre officiellement en scène pour poser aux professeurs une question plus pratique, mais qui ne touche pas encore au principe de leur coopération éventuelle, à savoir, « s'ils sont ou non en état d'enseigner en flamand ». C'est ce qu'on peut appeler le « coup de sonde » (*als ein Art Fühler*, comme dit le professeur von Dyck). Huit professeurs seulement répondirent affirmativement : il y en avait certainement un plus grand nombre qui eussent pu faire la même réponse; mais « la majorité prit le parti de répondre évasivement en se référant à l'exposé, fait à l'automne précédent, des difficultés qui s'opposaient à la reprise de l'enseignement ».

Cette résistance passive, mais ferme, que rencontraient, dans le corps professoral, les avances de l'Administration, toutes circonspectes qu'elles fussent, était le présage certain d'un échec pour les propositions fermes de collaboration que l'on allait devoir faire.

Dès lors, dans la logique du système de terrorisation allemand, un exemple devenait nécessaire. L'Administration allemande, selon son habitude, frappa à la tête : les deux membres les plus illustres du corps professoral de l'Université, les éminents historiens belges Henri Pirenne, Wallon d'origine, et Paul Frédéricq, l'une des autorités intellectuelles du mouvement flamand, furent brusquement arrêtés, le 18 mars 1916 et, sans jugement, sous prétexte qu'ils auraient failli à leur promesse de loyauté vis-à-vis du pouvoir occupant on les déporta dans des camps de prisonniers et d'internés civils en Allemagne (1).

---

(1) M. H. Pirenne fut interné d'abord au camp d'officiers de Crefeld, puis transféré, malgré des protestations, au camp d'internés civils de Holzminden (baraquement 73), pendant que l'Agence Wolff annonçait qu'il était « transféré dans une ville universitaire où il aurait toute facilité pour poursuivre ses travaux scientifiques » ; or Holzminden est distant de 70 kilomètres environ de la plus proche ville universitaire (Goettingen). M. P. Frédéricq fut transféré au camp d'officiers de Gutersloh (Westphalie). Les protestations du monde savant finirent par exercer quelque effet, car, après cinq mois de cette détention arbitraire et pénible, les deux professeurs furent consignés ensemble à l'hôtel « Zum Bären », à Iéna, en régime de liberté surveillée (fin août 1916).

Mais l'on était bien décidé, semble-t-il, à saisir la première occasion pour rétracter cette mesure d'adoucissement. Le patriotisme étant érigé en délit à la charge des Belges, l'autorité allemande ne fut pas longtemps sans trouver le prétexte qu'elle cherchait : au début de mars 1917, un radio-télégramme allemand annonça que le professeur P. Frédéricq ayant abusé de la confiance et de la

Cette double déportation dont, pour le dire en passant, le professeur von Dyck ne souffle pas mot dans son rapport, fit dans les sphères scientifiques du monde entier une impression considérable qui se traduisit dans la presse de tous les pays neutres, particulièrement en Hollande, dans les pays scandinaves, en Suisse, en Espagne et aux États-Unis, par des protestations véhémentes.

En Belgique, elle détermina une réaction immédiate : les collègues des professeurs Pirenne et Frédéricq, loin de se laisser ébranler par le traitement brutal qui avait été infligé à ceux-ci pour servir d'avertissement à tous, se solidarisèrent avec eux dans une protestation ferme et digne, envoyée le 31 mars 1916, au Gouverneur général. Ils s'y exprimaient comme suit :

Les soussignés, professeurs et chargés de cours de l'Université de Gand, se trouvant actuellement en cette ville, prennent la liberté de venir vous exposer

---

mansuétude de l'autorité allemande pour « continuer à se livrer à des machinations germanophobes » (à Iéna, au cœur de l'Allemagne !), on avait assigné aux deux professeurs des résidences séparées : à l'un, P. Frédéricq, Burgen; à l'autre, H. Pirenne, Kreuzbourg, près d'Eisenach. En même temps, des restrictions sévères étaient apportées à leur correspondance.

Voir des renseignements détaillés sur l'arrestation des deux professeurs, dans l'excellente étude du professeur Kr. NYROP, de l'Université de Copenhague : *De arresterede Professorer og Universitetet i Gent* (Copenhague et Christiania, Gyldendalske Boghandel, 1916, traduction française de M. E. PHILIPOT, Payot, 1917). On y trouvera l'exposé et la réfutation de la thèse officielle allemande sur les causes de la déportation des deux professeurs, exposée dans une lettre du gouverneur général von Bissing à la Légation allemande de Stockholm (*Berlingske Tidende* du 11 septembre 1916) et dans un mémorandum de cette Légation (même journal, numéro du 12 septembre 1916).

combien ils ont été émus par la mesure prise à l'égard de deux de leurs collègues les plus éminents et les plus justement estimés, MM. Frédéricq et Pirenne.

Votre Excellence sait que ces deux honorables professeurs ont été arrêtés et déportés en Allemagne, et leurs collègues se demandent vainement ce qui peut leur avoir attiré un traitement aussi sévère. Elle n'ignore pas que MM. Frédéricq et Pirenne sont des savants d'un mérite hautement reconnu et dont la renommée a franchi nos frontières.

M. Frédéricq, dont les grands travaux historiques sont connus dans toute l'Europe, est particulièrement apprécié en Hollande, et les services qu'il a rendus à la science et aux lettres néerlandaises lui ont valu le titre de membre associé de l'Académie royale d'Amsterdam et celui de membre d'honneur des principales sociétés des Pays-Bas. Il est en outre docteur *honoris causa* des Universités de Marbourg et de Genève.

M. Pirenne est un des maîtres de l'historiographie du Moyen Age; il a fait paraître sa remarquable *Histoire de Belgique* simultanément en allemand et en français et, à la suite de cette publication, il a recueilli dans toute l'Allemagne de nombreuses marques de sympathie et d'admiration. Il a été élu correspondant de l'Académie impériale de Vienne, de l'Académie royale de Bavière, de la Société des Sciences de Goettingue, etc., et il a reçu le diplôme de docteur *honoris causa* des Universités de Leipzig et de Tubingue.

Tous deux sont des hommes adonnés à la science, des professeurs dévoués à leurs fonctions et des citoyens d'une honorabilité incontestée.

En ce qui concerne les obligations du corps professoral envers le pouvoir occupant et la conciliation de ces obligations avec les devoirs du patriotisme, l'idée que s'en font les deux membres frappés ne diffère en rien de celle de leurs collègues.

Votre Excellence appréciera, à n'en pas douter, les sentiments de solidarité qui unissent en cette occurrence les membres de la famille universitaire. Elle comprendra que tous se sentent frappés par la mesure qui atteint si durement deux d'entre eux. Il ne lui échappera pas que l'émotion éprouvée par l'Université de Gand sera, dans tous les pays, partagée par le monde scientifique, au sein duquel MM. Frédéricq et Pirenne jouissent d'une si grande autorité.

Nous ignorons s'il fut fait une réponse à cette protestation : le professeur von Dyck ne fait même pas une simple allusion à celle-ci dans son rapport officiel, non plus, d'ailleurs, qu'à la double arrestation !

Il en résultait clairement, en tout cas, que le gouverneur général von Bissing, pas plus en usant de la manière forte qu'en employant la diplomatie, ne pouvait compter sur le corps professoral de l'Université de Gand pour la réalisation de son projet.

Pour comble, c'est à ce moment qu'éclata, comme un trait de lumière déchirant les nuées amassées par la propagande germanophile en Flandre, le discours-programme du Chancelier impérial, à la séance du Reichstag du 5 avril 1916.

La définition si nette des ambitions et de la manœuvre allemandes, contenue dans les phrases de ce discours citées en tête de cet ouvrage, souleva chez les Flamands qui avaient, hors de Belgique, la liberté de parler, une clameur de colère indignée. La fierté flamande fut révoltée de voir le Chancelier annoncer en public, avec une telle désinvolture, l'intention de faire main basse sur le mouvement flamand.

Tous les organes flamingants libres paraissant en Hollande, en Angleterre et en France, rejetèrent unanimement les présents de l'Empire; à leur refus, ils ajoutèrent, sans ménagement, l'expression de leur mépris pour les offres de l'Allemagne et s'étonnèrent de ce que le Chancelier eût pu se bercer de l'espoir d'attirer les sympathies des populations flamandes, en insultant, par de si indignes avances, à la sincérité de leur loyalisme belge (1).

A cette époque, les Allemands durent craindre de ne pouvoir ouvrir leur Université, faute de professeurs et aussi faute d'élèves (2).

Le professeur von Dyck rapporte ce détail pré-

------

(1) Voir une analyse, avec extraits, des articles de la presse flamande libre au sujet du discours du Chancelier dans les *Cahiers documentaires* du Havre (livraisons 45 et 50 : notes n°⁸ 168 et 177 du Bureau Documentaire belge). Cf. aussi le discours de M. STAN-DAERT, député de Bruges, à l'Albert Hall de Londres, lors de l'assemblée solennelle du 21 juillet 1916. — Les journaux flamingants libres sont, du reste, remplis de protestations de patriotisme belge en même temps que de déclarations de fidélité à la cause linguistique flamande.

(2) L'auteur de l'article déjà cité des *Neue Zürcher Nachrichten* (11 avril 1916) écrivait vers cette époque :

« Les efforts du Gouverneur général allemand en vue de créer une Université flamande à Gand devaient rencontrer de la résistance, d'autant plus que la division entre Wallons et Flamands a disparu depuis la guerre. Cela a été écrit à von Bissing par l'avocat Franck, d'Anvers, qui est bien le chef flamand le plus important au point de vue intellectuel. On ne sait pourquoi le Gouverneur général allemand a persisté dans son attitude antérieure relative à l'Université de Gand. En tout cas, l'argent dépensé par le Gouvernement allemand pour l'Université flamande sera de l'argent jeté par la fenêtre. »

cieux : quand, quelques mois après la démarche
de février 1916 du D^r von Sandt, une deuxième
question fut posée au corps académique de l'Université, « en forme d'invitation en flamand, lui
demandant si l'on était disposé à commencer à
l'automne l'enseignement en langue flamande, le
nombre des adhésions recueillies ne s'éleva qu'à
six », auxquelles vint se joindre ensuite, « après
quelques réflexions », une septième (De Vreese).
Cela pouvait donner « un, ou tout au plus deux
professeurs présents dans ohacune des quatre
Facultés ». Tel était le piteux résultat de tant de
mois d'efforts.

Et encore, quelle était la qualité de ces sept
recrues !

Au point de vue de la nationalité : cinq Belges
seulement et deux étrangers, dont un Allemand.

Au point de vue de la valeur scientifique : aucune
« illustration », ni même aucune « autorité »; des
pédagogues de force moyenne, sans plus **(1)**.

D'autre part, des démarches tentées, en dehors
du corps professoral, auprès de savants flamands
de premier ordre, étaient restées également vaines.
Il fallut bien, pour éviter un échec, renoncer à

---

(1) Leurs noms : MM. *Hoffmann,* originaire du Grand-Duché
de Luxembourg, germanophile avéré, professeur de philosophie
(les Allemands l'ont intronisé recteur); — *Haerens,* Belge, dont
les Allemands ont fait l'économe de leur Université; — *Lahousse,*
Belge, physiologiste; — *Obrie,* professeur à la Faculté de Droit; —
Van den Berghe, Belge, chimiste, auquel le professeur von Dyck
décerne l'épithète de « politicien belliqueux »; — *Stober,* Allemand,
minéralogiste; — enfin *De Vreese,* Belge, bibliothécaire. Ils formèrent, dit von Dyck, la « Bannière des sept Francs Compagnons »
(allusion au roman suisse de G. Keller : *Das Fähnlein der Sieben
Aufrechten*).

l'idée d'embrigader des Belges en possession déjà d'une réputation scientifique bien assise, et se rabattre sur le personnel de l'enseignement moyen ou de l'Administration et les praticiens des professions libérales et de l'industrie.

Restait, en outre, la ressource de puiser, en Hollande et en Allemagne, dans le peuple nombreux et souvent besogneux des « privat-docenten », c'est-à-dire dans des milieux où l'appât des places et de l'avancement d'une part, le défaut de tout scrupule patriotique, d'autre part, devaient concourir à faciliter le recrutement.

Le professeur von Dyck lui-même paraît peu fier du produit de ce racolage. Il note que « ce fut sans doute la capacité qui décida en première ligne des nominations, mais non la capacité seule ». On obéit, dit-il, à la préoccupation d'asseoir le nouvel édifice sur « trois piliers » faits de matériaux, en vérité, nullement scientifiques. On chercha des recrues : en premier lieu *dans le parti libéral*, « où l'on ne rencontra, dit-il, qu'une seule résistance, bien que n'agissant pas ouvertement, l'influence de la Loge franc-maçonnique, de tendances françaises »; — en second lieu, *dans le parti catholique*, dont « il fut beaucoup plus difficile de gagner des membres; naturellement, la puissante influence du parti gouvernemental du Havre, l'hostilité du clergé wallon et l'abstention du clergé flamand s'employèrent pour empêcher un chacun de prendre une libre résolution (1) ».

____

(1) Le Dr Contzen (*Kölnische Volkszeitung,* nº 132 du 16 février 1917) essaie d'attribuer les échecs éprouvés de ce côté, surtout à

A ce double élément flamand, mais purement politique, « il était nécessaire, dit candidement le professeur von Dyck, d'y en ajouter un troisième. Pourquoi et lequel? Ceci est fort intéressant :

Il ne pouvait être question d'admettre exclusivement les Flamands comme organisateurs de l'Université, étant donné qu'ils n'avaient que rarement occupé des places où leur responsabilité était engagée. Ils

---

une autre cause, la composition exclusivement protestante de la Commission allemande :

« C'est un fait, écrit-il, que les commissions préparatoires (la Commission universitaire allemande et le Comité universitaire flamand) ont fait des propositions à une série de professeurs catholiques et ont malheureusement essuyé un refus dans plusieurs cas. La Commission allemande ne comptait *aucun* membre catholique parce qu'on croyait peut-être, vu la présence de plusieurs catholiques dans le Comité universitaire flamand, pouvoir se passer de catholiques dans la Commission allemande. Si la parité avait été appliquée aussi dans la Commission allemande, mainte critique aurait pu être évitée...

« La situation à ce moment spéciale du pays a eu une grande importance dans beaucoup de cas, c'est-à-dire qu'elle a amené plusieurs savants à ne pas donner suite à la requête qui leur avait été adressée. C'est ainsi que la nomination d'un catholique fort estimé dans le monde scientifique fut impossible, malgré les bonnes dispositions personnelles de celui-ci. La situation fut analogue dans un second cas, ce qui est d'autant plus à déplorer que justement la nomination de cet homme aurait été tout particulièrement agréable aux catholiques. D'autre part, ce n'est pas le Gouvernement allemand qui porte la responsabilité de ce qu'un savant de réputation universelle et en même temps catholique hautement estimé des étudiants a refusé. Il est à espérer que, dans un avenir prochain, beaucoup de choses pourront encore être améliorées. »

Cette explication ne tient pas debout; le Dr Contzen reconnaît lui-même que le Comité flamand comprenait plusieurs catholiques : ce n'est donc pas l'absence de membres catholiques dans la Commission allemande qui pouvait déterminer le refus de savants catholiques. Ils refusèrent, en réalité, par scrupule de patriotisme. Un écrivain catholique flamand, le Dr Persijn, qui avait d'abord été sur le point d'assumer une chaire, se ressaisit ensuite de sa défaillance et retira son adhésion lorsque se révéla quels collègues « hollandais » on réservait aux professeurs « flamands ».

n'étaient pas à eux seuls suffisamment forts ni instruits (*Kulturell gebildet*) pour fournir un corps professoral universitaire (1).

Un nouvel élément devait s'y ajouter. Ce furent les Hollandais. Leur ancienne culture, qui ressemble beaucoup à celle des Flamands, offrait la garantie que son influence compléterait d'une manière heureuse la force ingénue, mais engourdie des Flamands.

Pendant les dernières décades, les Hollandais ont produit de grandes choses dans le domaine des sciences et de la médecine, tandis que les Flamands ne se sont que peu occupés de mathématiques et de sciences.

Cet aveu du professeur von Dyck est confirmé par un autre spécialiste allemand de la question flamande, le Dr Contzen, qui écrit dans la *Kölnische Volkszeitung*, n° 132 du 16 février 1917 :

La raison pour laquelle des Hollandais ont été nommés est que, pour beaucoup de branches, on ne disposait point de candidats flamands.

On s'adressa donc à la Hollande.

Mais ici se dressèrent de nouveaux obstacles auxquels l'Allemand n'avait pas davantage pensé : le sentiment d'honneur et de dignité, qui anime à

____

(1) Ce n'est pas le seul passage du rapport von Dyck où se décèle la méfiance de l'Administration allemande vis-à-vis des Flamands, et son mépris pour les individus qui se sont faits ses complices.

M. Fritz Bley, publiciste pangermaniste qui était déjà spécialisé dans la question flamande avant la guerre, raconte dans la *Deutsche Tageszeitung*, dont il est actif collaborateur (n° 2 des *Zeitfragen*, supplément à la *Deutsche Tageszeitung* du 23 janvier 1917), qu'un diplomate allemand éminent aurait dit à un chef flamingant (activiste) : « Monsieur, nous autres, Allemands, nous n'aimons pas les gens qui renient leur patrie. »

un haut degré le monde scientifique hollandais, et
aussi les scrupules nationaux d'une élite intellectuelle profondément imbue du respect de la neutralité. Il parut aux intellectuels hollandais, — si
bien disposés qu'ils fussent naturellement envers la
cause flamingante, — qu'il y aurait quelque chose
de bas et d'ignoble, de la part d'un universitaire
hollandais, à prêter son concours aux envahisseurs
et occupants d'un petit État voisin et ami de la
Hollande, pour leur permettre de réaliser, à la
faveur de l'éviction momentanée de l'autorité
légitime de cet État, un plan politique dirigé
contre son unité nationale.

Aussi, le nombre des refus — quelques-uns
conçus en termes cinglants — ne fut-il pas médiocre.
Aucune des illustrations de la science hollandaise
ne put être gagnée. Là aussi, force fut aux Allemands de se contenter du médiocre et du douteux,
et même de le prendre exclusivement dans des
milieux germanophiles jouissant en Hollande de
très peu de considération.

Le professeur von Dyck relève avec aigreur
cette résistance qui l'étonne en son matérialisme de
Teuton peu accessible aux intuitions du tact et de
la délicatesse intellectuelle. Il est intéressant de
noter qu'il l'attribue, pour une bonne part, à l'influence du ministre belge des Sciences et des Arts,
M. P. Poullet, et des leaders belges flamands réfugiés
aux Pays-Bas, entre autres M. F. Van Cauwelaert.

Il ne fut pas facile, écrit-il, de trouver en Hollande
des éléments de collaboration intelligente qui vou-

lussent coopérer au but poursuivi par [la flamandisation de] l'Université de Gand.

La Hollande a des intérêts matériels en Angleterre, et sa culture à l'étranger n'a pas toujours échappé à l'influence française. En outre, c'est précisément chez les représentants de la science qui nous intéressaient, avant tout, que nous avons trouvé une résistance énergique à tous nos efforts. C'est là ce qu'on peut appeler de l'hyperneutralité.

Bien que nous, Allemands, soyons toujours, depuis de nombreuses années, en rapport avec des Hollandais, et précisément avec des cercles scientifiques, la formule par laquelle on nous répondait presque toujours, avec politesse, était celle-ci : la transformation de l'Université de Gand est une question personnelle des Flamands, dans laquelle ne peut s'immiscer un neutre hollandais.

C'est, en plus grande partie, par suite de l'influence des Belges qu'un tel état d'esprit put être suscité et fortifié en Hollande. Ce ne furent pas tant les réfugiés de la guerre qui le suscitèrent, car ceux-ci commencent à être insupportables aux Hollandais; ce fut surtout l'influence du ministre belge de l'Enseignement, M. Poullet, en Hollande, et avant tout celle de Van Cauwelaert, le propugnateur de l'ancienne proposition de flamandisation. Van Cauwelaert est grandement adversaire de la flamandisation pendant l'occupation allemande. Il a su étendre efficacement son influence par ses paroles et ses écrits; il trouva pour cela un terrain fort bien préparé. Ce n'est que petit à petit que les hommes du « *Toekomst* » en trouvèrent d'autres sympathisant avec les cercles allemands et avec leur manière de voir. Ce n'est que petit à petit que nous avons réussi à gagner à l'Université de Gand un groupe de Hollandais partageant nos vues.

Quels furent finalement les individus qui se laissèrent embaucher? Nous citons encore le professeur von Dyck (en soulignant) :

Ce furent naturellement (*sic*) de ceux *qui avaient déjà été en relations scientifiques avec l'Allemagne.* Le zoologiste Versluys *qui, pendant huit ans, étudia à Giessen ;* un jeune chimiste *travaillant à Leipzig ;* un philologue, qui remporta *à Berlin* des diplômes de sciences; un quatrième, membre d'une vieille famille hollandaise et *qui professe à Berlin,* à l'Institut d'éducation et d'enseignement... Je mentionnerai encore le Hollandais Labberton, *l'apologiste bien connu de l'invasion allemande en Belgique* et que nous avons pu gagner, non sans nous être butés à toutes espèces de scrupules; ensuite le distingué *germaniste* Kossmann, qui abandonna la belle place qu'il occupait à La Haye pour servir la cause flamande.

L'équipe soi-disant « hollandaise » était, on le voit, passablement teutonne ou teutonisée.

L'annonce de l'acceptation des offres allemandes par ces « représentants de la science hollandaise » fut accueillie avec une froideur et un mépris marqués, dans l'Université et dans toute la presse de Hollande. Le scandale et la réprobation y montèrent au comble quand on apprit que, parmi ces mercenaires de l'intelligence entrés au service de la politique allemande, il s'en trouvait (entre autres, le Dr Jolles, Hollandais naturalisé Allemand) *qui avaient fait leur service militaire en Allemagne et même combattu au cours de la présente guerre, probablement sur le front occidental, c'est-à-dire*

contre les frères de race et compatriotes de leurs
futurs collègues et élèves.

Et toujours le professeur von Dyck de s'étonner du
sentiment de répulsion provoqué par ce contraste :

Tels furent, dit-il, les premiers pionniers qui attirèrent les Hollandais. Le fait qu'ils étaient sous l'influence allemande et *que quelques-uns même avaient
servi dans notre armée*, ne facilita pas la chose pour
eux : dès le début, ils déchaînèrent en Hollande une
opposition *pseudo-patriotique* (*sic*) qui — ajoute l'auteur avec sa cuistrerie insultante pour la sincérité
hollandaise — se dissipera sans aucun doute.

Il faut croire que même ces recrues de fortune
avaient la foi encore bien hésitante et que les Allemands eux-mêmes ont bien peu d'assurance dans
le triomphe de leurs armes (dont ils se disent, depuis
deux ans et demi, si certains), car l'Administration
allemande a cru devoir mettre ses affidés à l'abri
du souci de la perte de leur place et de leur spor-
tule en cas de retour au pays de l'autorité belge.
Elle imagina pour eux, à cette fin, une sorte d' « assurance contre les accidents du travail allemand
en Belgique occupée » — si l'on peut ainsi dire —
en versant à une société d'assurances *allemande*
le capital nécessaire pour assurer une pension à
chacun des professeurs. Nous n'inventons rien :
la presse hollandaise de l'époque a annoncé le fait
avec toute la précision désirable (Cf. *Nieuwe Rotterdamsche Courant*, 22 septembre 1916) et le professeur von Dyck le confirme officiellement dans
son rapport.

Il est un point, pourtant, sur lequel il s'abstient de donner aucun éclaircissement, c'est de savoir si le capital versé provient de fonds prélevés sur le budget belge ou sur le budget allemand. Tout porte à croire que le budget belge est ici seul en cause; mais, prenant même le fait pour non encore démontré, on en sait déjà assez pour apprécier ce que le procédé a d'odieux et d'abject dans la première hypothèse; et, dans la seconde, ce qu'il aurait d'infamant pour les bénéficiaires.

En même temps qu'au recrutement des professeurs, il fallait pourvoir aussi au recrutement des étudiants. Opération plus laborieuse encore, à ce qu'il paraît :

Il était dans l'ordre des choses, écrit le professeur von Dyck, que l'on parvînt plus lentement encore à gagner (*die Gewinnung*) des étudiants que les professeurs. Depuis plus de deux ans, tout l'enseignement supérieur est suspendu; de plus, les cercles académiques, animés d'intentions hostiles, ont réussi, en faisant appel à un faux patriotisme, à jeter un voile odieux sur ceux d'entre les jeunes gens qui étaient disposés à travailler, comme si « ceux qui sont réclamés par le front » cherchaient par là à s'assurer une avance déshonorante sur leurs camarades combattants.

De plus, le Gouvernement belge a fait publier qu'il déclarerait non valables au regard de la loi les examens passés dans les circonstances actuelles. A cela enfin s'ajoute le fait que les étudiants peuvent toujours différer leur inscription. Chez nous aussi, l'étudiant ne s'inscrit que dans les derniers jours avant le commencement du semestre. Combien plus ici, où les mères s'alarment d'envoyer leur fils dans la zone d'étapes, où, maintes fois, peuvent surgir, dans les circonstances présentes, des difficultés impossibles à éviter. Aussi, au moment où nous allons débuter, le nombre des étudiants est-il encore peu élevé.

Ces explications embarrassées montrent que le recrutement ne donna pas de brillants résultats. Une chose en ressort avec évidence : les recruteurs se heurtèrent au patriotisme de toute la famille universitaire, professeurs et étudiants, soutenus du dehors par l'énergique attitude du Gouvernement belge qui frappa de nullité les examens.

Ce fiasco mérite d'autant plus de retenir l'attention que l'autorité allemande — le professeur von Dyck omet de le dire — n'épargna aucune tentation à la jeunesse universitaire flamande pour amollir sa résistance : avantages divers accordés aux étudiants qui s'inscriraient; — propagande parmi les jeunes soldats flamands prisonniers de guerre en Allemagne, auxquels la libération immédiate était, assure-t-on, offerte; — création de bourses (1); — ouverture de bureaux d'inscription en diverses villes, telles que Bruxelles, Ostende, Bruges, Anvers et Lierre; — etc.

Enfin, il y avait à faire, en quelque sorte, le

______

(1) Chaque année, seront mises à la disposition d'étudiants peu fortunés 240 bourses de l'État de 400 francs chacune; elles seront accordées pour l'année 1916 entière aux étudiants qui auront repris leurs cours de cette année. Les bourses non distribuées en 1914 et 1915 augmenteront le nombre ou le montant de ces bourses (*Nieuwe Rotterdamsche Courant,* 18 octobre 1916, édition du matin, d'après le journal d'Anvers *Eendracht,* soumis à la censure allemande).

siège de l'opinion publique en Flandre pour obtenir qu'elle accordât son appui moral à l'entreprise.

Ce point était particulièrement important par rapport à l'objectif de la politique allemande. En effet, si l'on avait entrepris la transformation de l'Université en pleine occupation, ce n'était que dans le dessein et l'espoir de capter les sympathies de la population flamande en réalisant le vœu le plus cher des Flamingants.

A lire les dithyrambes de la presse allemande, on voit sans peine que le Gouvernement allemand comptait que le pays flamand tout entier se lèverait comme un seul homme, en exultant de joie et en acclamant ses « libérateurs », à la seule annonce de la flamandisation de l'Université de Gand.

Tant s'en est fallu !

A part l'exultation de quelques énergumènes et les vivats de commande de la presse stipendiée ou privilégiée, il n'y eut en Flandre, parmi le peuple, d'autre manifestation que celui d'un méprisant silence : les leaders flamingants avaient répondu d'avance pour la masse dans leur protestation fort nette de décembre 1915. Des lettres reçues à cette époque de Flamands influents restés en territoire occupé disent que la partie instruite du peuple avait accueilli le décret du 31 décembre 1915 par un haussement d'épaules accompagné d'un sourire sardonique, équivalant à la réflexion bien belge, bien flamande en particulier, qui fut faite unanimement en Hollande, dans les cercles des Flamingants patriotes : « De quoi se mêlent ces intrus? Et pour qui nous prennent-ils?... Nous sommes certes assez grands pour gérer nos affaires nous-mêmes ! »

Alors les Allemands recoururent aux manifestations artificielles qu'il ne leur était guère difficile de susciter, disposant de tous les pouvoirs. Ils organisèrent une campagne de presse et d'assemblées avec l'aide d'un petit nombre de brouillons, Flamingants extrêmes, dits « activistes ». Cette petite faction était seule en Belgique à jouir encore, au bénéfice politique de l'occupant, des libertés d'association et de réunion (1). Ils savaient fort bien que le Gouvernement belge était momentanément impuissant à réprimer leurs menées et que la protection de la police allemande les mettait provisoirement à l'abri des représailles spontanées du peuple flamand.

Affectant — à cette époque — de « ne rien demander à l'ennemi », prétendant même que « celui-ci ne leur avait rien offert », mais acceptant de « coopérer à la même tâche » que lui, afin de lier plus tard le Gouvernement belge par le fait accompli (2), ils s'employèrent à créer, dans la

---

(1) Le correspondant de Bruxelles de *Die Post* (Berlin, numéro du 13 septembre 1916) reconnaît le caractère artificiel des manifestations du groupe activiste : il révèle que l'on a accordé, par privilège, sur leur demande, aux meneurs du *Nationaal Vlaamsch Ve·bond* (recréé à la Pentecôte de 1916), l'autorisation de s'occuper, par une organisation systématique, de la propagation de l'idée flamingante dans le peuple. Les activistes sont donc seuls à jouir, en Belgique, de la liberté de parole et de réunion ; les Flamingants patriotes sont calomniés, persécutés et bâillonnés.

(2) A présent (Cf. *Het Vlaamsche Nieuws*, n° 67 du 8 mars 1917, article du professeur Borms), ils se sont démasqués tout à fait et avouent que le sort de leur action est lié à la victoire de l'Allemagne et à la défaite finale de la Belgique.

Belgique flamande, un mouvement d'opinion en faveur du décret allemand du 31 décembre 1915. Successivement, on vit s'agiter une soi-disant Association nationale flamande (*Nationaal Vlaamsch Verbond*) peu connue avant la guerre, et qui vota des ordres de jour d'approbation célébrés par la presse allemande comme démontrant « l'éveil de la nation flamande à la conscience d'elle-même » et au sentiment de son prétendu antagonisme avec l'État belge; puis deux associations spéciales, le *Vlaamsche Hoogeschoolbond* (Ligue universitaire flamande) et le *Vlaamsche katholieke Oud-Hooge-studentenbond* (Ligue catholique d'anciens étudiants d'université), lancèrent des manifestes approuvant l'acte du Gouverneur allemand, blâmant les Flamingants qui refusaient leur concours à la transformation flamande immédiate de l'Université de Gand et félicitant ceux qui y avaient accepté une chaire d'enseignement ou une inscription d'étudiant.

Ces deux manifestes virent le jour le 1er septembre 1916 : l'un avait recueilli, d'avril à juin 1916, 106 signatures de diplômés d'université; l'autre, 65. Un assez bon nombre de ces signatures étant communes, on peut considérer que cette initiative publique de défection a pour auteurs et adhérents au total une bonne centaine d'individus.

Avant la guerre, la proposition Franck—Huysmans—Van Cauwelaert avait été appuyée par 2.000 diplômés flamands !

Le mouvement se prolongea dans la petite presse paraissant avec privilège de la censure. On y

adressa appels sur appels à la population flamande
en général, pour qu'elle fît une démonstration im-
posante de ses sentiments. Au total, on recueillit
quelque 500 signatures, alors qu'avant la guerre,
le littérateur flamand Alphonse Sevens, aujour-
d'hui emprisonné en Allemagne pour crime de
patriotisme, en avait réuni sans peine plus de
100.000 !

A la tête des promoteurs des manifestes du
1ᵉʳ septembre 1916, figuraient deux députés
d'Anvers, MM. Henderickx (catholique) et Augus-
teyns (libéral), le premier connu comme l'un des
« enfants terribles » du mouvement flamingant, le
second sans autorité particulière dans ce mouvement. Parmi ceux qui les suivirent, il se trouva
peut-être un certain nombre de gens égarés par
l'excès de leur tempérament individualiste ou
emportés par le vertige de la « politique de désespoir » que leur prêchaient les Allemands, plutôt
que mus par le dessein délibéré ou intéressé de
passer à l'ennemi. Mais quelle que fût la nature du
mobile qui les détermina, qu'ils fussent dupes
plutôt que complices, leur acte n'en était pas moins
un acte coupable en raison de sa correspondance
évidente aux desseins de l'ennemi et de sa connexité avec les intrigues des véritables traîtres.
Aussi restèrent-ils isolés et en posture de réprouvés
au milieu de la population flamande indéfectible-
ment loyaliste; dans la presse et les cercles flamingants libres, hors de Belgique, et dans la presse
hollandaise indépendante, il y eut quelques voix
pour plaindre de leur aberration certains d'entre

eux, gens supposés sincères; il n'y en eut aucune pour les absoudre.

Le 14 octobre 1916, dans un meeting belge socialiste tenu à Amsterdam, M. Camille Huysmans les fustigea, eux et leurs mauvais bergers, avec une extrême rigueur. La presse hollandaise résuma ainsi ses paroles :

« Les Allemands ont commencé par vouloir séduire le Parti ouvrier. Ils ont envoyé d'abord une députation à la Maison du Peuple de Bruxelles, en offrant leur aide au mouvement ouvrier. L'on a refusé et répondu : « Nous ne le faisons pas. » Ce n'était pas de l'héroïsme, c'était la politique prudente qui s'imposait au mouvement ouvrier. On s'en fut alors de l'autre côté, mais là aussi on essuya un refus. Et, parmi les Flamingants, on a trouvé des imbéciles qui acceptèrent l'offre ! »

L'orateur qualifie âprement cette reddition aux Allemands :

« Je refuse de monter à la tribune en compagnie d'un de ces hommes qui ont été assez bêtes pour se laisser prendre à la politique de Bethmann-Hollweg. »

L'orateur blâme ensuite violemment ces Flamingants de tendre la main à ceux qui ont incendié et assassiné dans le pays où, en ce moment, celui qui parle de rapprochement avec les Allemands est considéré comme un traître et comme une des créatures les plus basses de la société. Ces Flamingants se sont laissé aveugler par leur Université flamande.

« Il est évident qu'elle est légale... aussi longtemps que von Bissing est là. Mais le premier soin des Belges au retour sera de détruire tout ce que les Allemands auront fait. Il se peut qu'on détruise ainsi quelque chose de bon, c'est possible, mais nous ne voulons pas de leur légalité. » (*Telegraaf*, 15 octobre, édition du matin.)

Ces déclarations énergiques sont d'autant plus remarquables qu'elles émanent d'un des leaders du mouvement flamingant qui affirme, néanmoins, qu'il reste partisan de la transformation de l'Université de Gand en université flamande, mais à réaliser par les Belges eux-mêmes après la guerre (1).

Au moment où le professeur von Dyck lut son rapport (20 octobre 1916), à moins que ce ne soit au moment où il le publia (début de janvier 1917), le corps professoral de l'Université flamandisée « se composait de 43 chargés de cours, dont 14 appartenaient à la Faculté de Philosophie et 8 à celle de Droit, 10 à celle de Sciences naturelles et 11 à celle de Médecine ». « Ce qui permit d'organiser complètement les cours préparatoires des deux premières années d'études (2). »

----

(1) Voir aussi, à titre d'exemples confirmatifs :

Un remarquable article paru dans la revue hollandaise *De Gids* : *Het Keerpunt der Vlaamsche Beweging* (Le tournant du mouvement flamand), par M. Leo Van Puyvelde, professeur d'histoire de l'art à l'Université de Gand, publiciste flamingant apprécié parmi ses compatriotes ;

Deux articles des 12 et 13 octobre 1916 du *Nieuwe Rotterdamsche Courant* ;

Une réponse vigoureuse de la rédaction de l'*Algemeen Handelsblad* d'Amsterdam au professeur germanophile Bodenstein (numéro du 5 octobre 1916, éd. du soir);

Une série d'articles des *Nieuws van den Dag* parus sous le titre *La Flandre, la Belgique et nous* (numéros des 12, 15 et 17 octobre 1916); etc.

(2) Nous avons, de notre côté, relevé plus tard (mars 1917) dans les informations de la presse officieuse d'Allemagne et de Belgique occupée les chiffres suivants pour le corps professoral :

Quant au nombre d'élèves, le professeur von Dyck s'exprimait comme suit :

Le nombre des étudiants est encore fort restreint au moment de l'ouverture de l'Université. Nous comptons aujourd'hui quarante étudiants inscrits et trente environ qui se sont annoncés. Le nombre s'élèvera certainement et atteindra la centaine (1).

Si l'on compare le nombre des membres du corps professoral à celui des étudiants, on aboutit à la proportion d'un maître pour deux ou trois élèves. Ce fait restitue à l'Université pseudo-flamande créée par les Allemands sa vraie physionomie. Elle

---

35 professeurs de nationalité belge, 13 de nationalité allemande ou hollandaise et 1 de nationalité luxembourgeoise, au total 49 membres.

La *Kölnische Volkszeitung* (no 132, du 16 février 1917, article cité du Dr CONTZEN) donne la répartition ci-après du corps professoral au point de vue religieux (Situation au 1er janvier 1917) : 31 professeurs catholiques et 12 protestants, dont 2 Belges et 10 Hollandais. Il semble cependant que le journal allemand compte là, comme Belge, le recteur Hoffmann (qu'elle dit d'autre part être protestant) alors qu'il est citoyen du grand-duché de Luxembourg).

(1) Il y avait à Gand, au commencement de janvier 1917, d'après le professeur baron VON BISSING, fils du Gouverneur général (*Die Post*, 27 février 1917), moins de 120 étudiants inscrits. D'après la *Kölnische Volkszeitung* du 1er février 1917, l'Association des étudiants comptait vers cette date environ 60 membres. Nous ignorons si ces indications sont exactes. Quoi qu'il en soit, la presse allemande s'efforce d'en grossir l'importance par des moyens artificiels, comme, par exemple, les *Münchner Neueste Nachrichten* (no 15 du 10 janvier 1917, édition du soir) qui les trouvent « satisfaisantes » eu égard au chiffre des étudiants belges de l'Université de Gand avant la guerre, chiffre qui était, d'après cette feuille, de 400, Wallons compris. Il y a là une erreur grossière; la vérité est que les statistiques accusaient, en 1914, au total, pour l'Université de Gand, un millier d'étudiants, dont environ 900 Belges. Il y avait environ 400 étudiants belges dans les seules Facultés (Philosophie, Droit, Médecine et Sciences).

n'est qu'une institution de circonstance, fondée au profit de la politique allemande et aux dépens du budget belge, et sans autre utilité que d'assurer de coûteuses « leçons particulières » à une centaine de jeunes protégés de l'Administration occupante, dont la place normale serait aux tranchées de l'Yser à côté de tant d'autres jeunes Belges, leurs condisciples d'hier, aujourd'hui l'honneur de la Flandre, demain ses justiciers.

C'est dans ces conditions que la nouvelle Université fut inaugurée.

Afin que nul ne pût se tromper sur son caractère essentiellement allemand, le professeur von Dyck tint à l'attester dans son rapport officiel lu à Bruxelles, la veille de l'inauguration. Après avoir rappelé que le corps professoral de l'institution nouvelle était « un édifice reposant sur trois piliers fondamentaux » : l'élément catholique, l'élément libéral et l'élément hollandais, il dit, dans un style lyrique dont le pathos se laisse difficilement traduire :

Ce sont là les trois piliers dont deux sont dirigés vers l'Ouest contre la France, tandis que le pilier hollandais pénètre par sa base dans le domaine bas-allemand. L'édifice doit s'élever sur ces trois piliers : ils ne doivent plus qu'être réunis. Mais, depuis longtemps, on est revenu de cette idée de vouloir, pour une chose devenue historique, rétablir une unification superficielle du style des différentes parties de la construction, par des changements barbares apportés à leur architecture. Au contraire, il faut réunir en un tout les différentes parties, tout en leur conservant leur caractère propre; il faut pouvoir répartir la pesée également sur les différentes assises et agencer soigneusement les éléments de jonction et les pierres finales. Alors l'édifice pourra s'élever sur une base ainsi ordonnée. Il ne sera ni une église, ni un palais de joyeuses réjouissances dans le style des maisons de corporation de la grande ville, ni une importante habitation frivole. *Mais il sera un poste de vigie et un observatoire dirigé contre l'assaut de l'envie dominatrice de la Wallonie et de la France, un poste avancé pour l'organisation de la culture flamande en pays flamand.*

Et, en même temps aussi, une forteresse solide, une bonne défense et une bonne arme pour nous, Allemands; et la pensée même d'avoir exécuté, en pleine guerre mondiale, une telle œuvre, est bien allemande :

Allemande, parce qu'elle est née de notre croyance inébranlable en notre avenir; Allemande en son esprit et en sa vérité; Allemande, parce que par là se créera un sanctuaire de consciencieux et modeste travail.

Ainsi fasse Dieu (1) !

Ce caractère d'œuvre de politique pangermaniste s'affirma du reste, aussi, avec un éclat particulier dans les circonstances de la remise solennelle de l'institution par l'Autorité allemande au nouveau corps professoral (21 octobre 1916).

Le Gouverneur général allemand tint à y procéder en personne.

A la cérémonie avaient été invités et assistaient le ministre de l'Enseignement de Bavière et des

---

(1) Tous ces passages sont soulignés par le professeur von Dyck lui-même.

représentants officiels du Chancelier et des États fédéraux d'Allemagne.

Le général von Bissing s'était réservé le discours d'ouverture.

Ce discours fut publié *in extenso* par les journaux teutonisés de Bruxelles; certains passages en sont particulièrement significatifs (nous les reproduisons en soulignant) :

Pour pouvoir accomplir ces nombreux travaux, s'est écrié le gouverneur général du territoire occupé, pour assurer la réouverture, j'ai fait appel *en Allemagne* à une commission destinée à aider mon administration civile. Travaillant la main dans la main avec les Flamands et *bien conseillée par des amis allemands et hollandais, cette commission a négocié les nominations et créé l'organisation* du nouvel établissement d'instruction, tout en suivant de très près l'ancienne organisation belge. Cette organisation, et particulièrement celle des écoles spéciales, seront complétées l'année prochaine.

C'est ainsi qu'Allemands et Flamands se sont trouvés à l'œuvre ensemble, dans une mutuelle confiance et dans une parfaite entente.

De Raet avait choisi pour épigraphe de sa première publication relative à l'Université flamande ces mots : « Deux Walkyries, sœurs épiques, dominent le monde : la Pensée et l'Épée. »

Un décret admirable de la Providence a voulu que cette pensée écrite en 1822 se soit vérifiée d'une façon singulière à l'Université de Gand. Celle-ci est née de la pensée de tant d'hommes inquiets du sort de la Flandre, à travers des années de luttes et de peines. *Le Dieu de la guerre l'a tenue sur les fonts baptismaux, l'épée au clair.* Puisse le Dieu de la paix lui être clément pendant de longs siècles.

L'homme qui a prononcé ces paroles est, ne l'oublions pas, celui qui avait approuvé, peu auparavant, la déportation des professeurs Frédéricq et Pirenne et essuyé le refus de collaboration de nombreux savants flamands et hollandais.

Quand cet homme affirme que l'Allemagne a obtenu, pour son œuvre pangermaniste à Gand, la collaboration du peuple flamand, il avance une contre-vérité outrageante pour la population qu'il opprime. Les quelques complicités individuelles qu'il a trouvées dans le pays sont impuissantes à modifier le caractère teuton de son entreprise et à la muer en une initiative flamande. Cette remarque est de la presse hollandaise, bien placée pour connaître exactement ce qui se passe en Belgique et, au demeurant, sympathique aux revendications flamingantes :

Nous ne croyons pas trop dire, écrivaient par exemple, le 13 octobre 1916, les *Nieuws van den Dag*, en maintenant qu'une flamandisation pareille, favorisée par les autorités allemandes, réunit tous les torts d'une mesure *de contrainte* (mot souligné dans le texte) destinée à créer à la longue en Belgique la discorde la plus véhémente, au préjudice du pays même et du pays voisin. Nous préférons l'attitude de Julius Hoste (l'un des jeunes leaders flamands) à celle de ces agitateurs.

Hoste dit : « Je suis profondément convaincu que l'érection d'une université flamande pendant l'occu-

pation des Allemands va à l'encontre de l'idéal flamand, qui demande pour sa libre expansion la liberté
du territoire, comme la plante réclame la terre nourricière. »

Coïncidence digne de mémoire : presque le
même jour où le Gouverneur général allemand
procédait à l'inauguration de son entreprise de
teutonisation intellectuelle de la Flandre, dans
cette même ville de Gand, l'Administration allemande faisait procéder, comme elle l'avait fait
précédemment à Lille et Roubaix, à l'enlèvement
et à la déportation en Allemagne de plusieurs milliers d'habitants, contraints par décret au travail
forcé, dans les chantiers de l'ennemi, pour y suppléer à la main-d'œuvre allemande insuffisante.

Tout le régime allemand tient symboliquement
dans le contraste de ces deux actes simultanés : dans
l'un, on cherche à domestiquer par astuce la
pensée flamande au service de la politique teutonne, et dans l'autre, on emploie la force teutonne
pour réduire corporellement les patriotes flamands
à l'esclavage.

En résumé : au sein du corps professoral de la
nouvelle université, aucune illustration scientifique ;
à peine trois noms empruntés à l'élite flamingante ;
deux tiers de Belges obscurs, un tiers de *privatdocenten* plus Allemands que Hollandais ; — des
étudiants en petit nombre et racolés par toutes
sortes de moyens, pour la plupart peu avouables ;
— les uns et les autres, attirés et maintenus dans
la nouvelle institution par des faveurs pécuniaires

déshonorantes; — enfin, l'entreprise même, publiquement proclamée allemande par ses auteurs, et publiquement réprouvée par les parrains de la proposition de loi belge, par tous les leaders influents du mouvement flamingant en Belgique occupée et au dehors, ainsi que par l'opinion hollandaise.

Appellera-t-on une telle réalisation un succès? Ou n'est-elle pas plutôt un échec dûment caractérisé?

CHAPITRE X

LE MORCELLEMENT ADMINISTRATIF
DE LA BELGIQUE

L'encerclement moral de la Flandre par la pseudo-flamandisation de l'Université de Gand n'était cependant que l'un des points du programme allemand. L'Administration allemande méditait, depuis longtemps (Voir le discours du professeur C. Borchling du 9 octobre 1914, chap. II), de porter une atteinte directe à l'organisation politique interne de la Belgique et de l'altérer si profondément que l'empreinte de la main allemande dans sa constitution en restât ineffaçable. Telles étaient, du moins, les illusions nourries à Berlin.

Nous avons noté plus haut le fait si caractéristique que, au cours des âges, en dépit de nombreux changements dynastiques et de plusieurs révolutions, non seulement la frontière linguistique en Belgique est demeurée invariable, mais que les grandes divisions administratives y sont restées sans rapport de coïncidence avec cette frontière.

L'autorité allemande entreprit de modifier par décret cet état de choses millénaire et de faire désormais reposer toutes les institutions administratives du pays sur la base de la répartition géographique des langues parlées. Il y aurait ainsi deux et peut-être même trois Belgiques : la *Flandre* ou région de langue flamande; la *Wallonie,* région de dialectes romans; la *Belgique allemande,* étroite bande de territoire au nord-est de la province de Liége et au sud-est de la province du Luxembourg, dont les habitants usent d'un patois allemand. Chacune de ces régions, ou tout au moins des deux premières, serait autonome; elles n'auraient de commun entre elles que la force publique et les relations extérieures sous un régime d'union personnelle et, bien entendu, d'inféodation allemande, tant économique que politique. Tel est le plan allemand de *séparation administrative.*

Pas plus sur ce nouveau terrain que sur celui de la manœuvre précédente, l'autorité allemande ne commit la faute de trop inventer; elle s'efforça de reprendre à son compte des idées et projets qui avaient déjà été agités dans l'opinion belge avant la guerre. C'est la méthode classique de tout artisan de désunion : exploiter les sujets existants de discorde plutôt que d'en susciter de nouveaux.

Nous avons indiqué ci-dessus que l'idée de la *séparation administrative* des deux régions de langue différente, Flandre et Wallonie, avait été lancée en Belgique, peu de temps avant la guerre, dans un dessein surtout politique, par quelques éléments de l'opposition radicale et socialiste du Hainaut et de la province de Liége, et qu'elle n'avait point rallié beaucoup d'adhérents dans le reste du parti de ses initiateurs, presque aucun dans l'élément

wallon catholique, moins encore dans l'élément flamingant dont tous les leaders politiques l'avaient
catégoriquement rejetée. La guerre était venue
lui porter un coup sérieux : car, en suspendant les
compétitions politiques et en scellant l'union patriotique de tous les partis contre l'ennemi commun, elle avait discrédité du même coup toutes les
thèses pouvant avoir pour conséquence un affaiblissement international de l'État belge. La réaction
sur ce point a même été si forte et si complète
que les anciens protagonistes de la séparation tels,
par exemple, que le député socialiste Jules Destrée, l'ont publiquement désavouée (1).

L'Autorité allemande néanmoins, restée sous
l'impression des disputes de la politique belge du
temps de paix, crut possible de relever cette conception, et habile de la proposer aux Flamingants
comme le moyen pratique de réaliser leur programme sans dépendre du concours de leurs adversaires et des Wallons. C'était d'ailleurs, pour elle,
en quelque sorte une nécessité de recourir à cet
expédient, du moment que la tournure prise par
les événements de la guerre lui faisait craindre
que l'Empire n'eût pas, lors du traité de paix,
la force d'annexer purement et simplement le
royaume; il fallait alors se rejeter sur le pis-aller
d'une Belgique nominalement indépendante, mais

---

(1) Telle est, du moins, notre interprétation de l'article : « Bravo
les Flamands ! » publié par M. J. DESTRÉE dans le *Petit Parisien*
du 15 juin 1916, reproduit aux Annexes, et de l'article du même
auteur : « Le principe des nationalités et la Belgique » (*Grande
Revue*, mai 1916), déjà cité.

divisée et, à la faveur d'une occupation prolongée, faire de la *séparation administrative* la base du protectorat futur de l'Empire en Belgique occupée (1).

Par les mille voix de sa propagande, l'autorité allemande flatta la population flamande, alternativement de la perspective de l'érection de la Flandre en royaume distinct, ou en duché, ou en terre d'Empire, au cas du triomphe de l'Allemagne, et de la perspective d'un affranchissement de la « sujétion wallonne » en cas de « guerre blanche » ou de « partie nulle ».

Son principal instrument dans ce travail de préparation de l'opinion publique fut la poignée d'individus qu'elle était parvenue, en 1915, à enrôler en Flandre au service de ses desseins, et à associer à la campagne pour la flamandisation de l'Université de Gand : gens encore jeunes pour la plupart, sans passé, ni autorité, ni clientèle, inconnus presque tous avant la guerre, brouillons ceux-ci, casse-cou ceux-là, quelques-uns probablement achetés par places, faveurs ou deniers; dans l'ensemble, vrais « enfants perdus » de l'agitation flamingante,

---

(1) « Le principe suivant lequel travaille M. von Bissing peut s'énoncer comme suit : Il ne s'agit pas seulement de créer un état de choses qui donne naissance à des espoirs, mais qui prépare à tout jamais la *durabilité des conditions de politique intérieure de la Belgique,* pour autant qu'il ne la procure pas déjà. » (*Münchner Neueste Nachrichten,* n° 644, du 2 décembre 1916, édition du matin : « Deux années de la politique de von Bissing. » — Les passages soulignés le sont par le journal allemand.

Voir plus loin, en extraits, le « Testament politique » du gouverneur von Bissing et sa lettre du 14 janvier 1917 au Dr Stresemann, documents où se révèlent de la manière la plus nette les véritables desseins de la politique allemande sur la Belgique.

éléments indisciplinés comme tout mouvement populaire en entraîne inévitablement après soi. Des publicistes allemands les appelleraient « les francs-tireurs du mouvement flamand ».

Ils n'étaient d'accord entre eux sur presque rien de positif. Mais sans vouloir, au début, le reconnaître, ils avaient tous semblablement misé, au jeu de la guerre, sur la chance de victoire de l'Allemagne, ils s'étaient tous moralement liés à sa fortune militaire et, dès lors, une même idée les tenait rassemblés : mener, à la faveur de l'occupation, une agitation flamingante constamment parallèle aux desseins de l'Administration allemande. Ils s'intitulaient les représentants et porte-parole de la « Jeune Flandre » et se qualifiaient « activistes » par opposition aux Flamands patriotes appelés par eux « passivistes ».

Avec leur aide et celle de quelques Hollandais (dont le pasteur pangermaniste Domela Nieuwenhuys Nyegaard et son fils) avait été publié pendant quelque temps, en 1915, à Gand, un journal officiellement recommandé par les « Kommandanturen » allemandes, la *Vlaamsche Post* : il n'avait pas tardé à succomber (1915), étouffé sous l'indifférence générale et le mépris public, comme avait disparu avant lui, un journal flamand, *Vlaamsche Stem*, paraissant à Amsterdam, d'abord loyaliste, et qui avait perdu presque tous ses lecteurs le jour où il était tombé par surprise (août 1915) entre les mains d'un groupe d'actionnaires hollandais germanophiles, dirigés par un certain Gerretson.

Quelques membres de la soi-disant « Jeune Flandre » étaient et sont encore fixés en Hollande; ils y écrivent des articles contre l'unité belge dans des revues et journaux pro-allemands tels que *De Toekomst* (1), ou pan-néerlandais, tels que *De Toorts*. En Belgique, ils disposent actuellement, eux et leurs congénères, de deux ou trois journaux sans crédit, rédigés sous le patronage ou la censure des « Kommandanturen »; ils se livrent à des démonstrations oratoires ou lancent des manifestes, ou forment des groupes de circonstance, qui se réunissent pour voter des ordres du jour d'accusation contre ce qu'ils appellent « le Gouvernement du Havre », ou pour lui lancer des sommations.

Cette agitation a fait parfois quelque bruit, au dehors, mais au dedans peu d'effet. Tous les témoignages certains reçus de la Belgique occupée s'accordent pour le reconnaître.

Le premier acte public qui révéla où voulait exactement en venir ce petit groupe d'exaltés et de traîtres remonte à une époque de très peu postérieure au discours du Chancelier impérial sur les

____

(1) *De Toekomst,* qui paraît à Amsterdam, n'a de hollandais que la livrée. Le professeur VAN HAMEL a révélé, en avril-mai 1916, dans la revue *De Nieuwe Amsterdammer,* par la publication de documents irréfutables, que *De Toekomst* était une entreprise déguisée de propagande allemande, soutenue financièrement par l'Allemagne et en rapports directs avec le bureau créé à Berlin, sous la direction du député Erzberger, « pour influencer les neutres ».

La vie de ces périodiques de circonstance est nécessairement instable et leurs attaches apparentes peuvent se modifier pour dépister les méfiances de l'opinion publique. Le décor change, mais la comédie continue.

« garanties réelles » que l'Allemagne comptait prendre en Belgique. L'un de ces agitateurs sans influence ni mandat, l'ingénieur Raymond Kimpe, de Lierre, fonctionnaire subalterne des Ponts et Chaussées de Belgique, alla à Berlin prêter son concours à un débat, prétendument scientifique, organisé le 29 mai 1916, dans une des salles du Reichstag par quelques parlementaires allemands au sujet de la question flamande.

Cette réunion, convoquée par un député du Centre, le baron D^r von Rechenberg, et qui comprenait des membres de divers groupes du Reichstag, était, en réalité, une petite « manœuvre de couloirs » dirigée par les conservateurs et leurs alliés contre le Chancelier : en invitant Kimpe, ce groupe de parlementaires conspirateurs ne se proposaient pas seulement d'en imposer aux Flamands par la démarche d'un de leurs concitoyens au Parlement allemand, ils voulaient aussi se procurer un Belge comme « argument vivant » contre la politique du Chancelier devenue à cette époque trop peu « annexionniste » à leur gré (1).

La félonie de Kimpe, il est à peine besoin de le dire, a soulevé le dégoût des Flamands; la presse hollandaise aussi, d'ordinaire très réservée, n'a pu contenir l'expression de son mépris; le journal *Het Volk* l'appela crûment « un traître ».

La démarche de Kimpe n'avait donc eu que la

____

(1) Avant Kimpe, parla le professeur von Schultze-Gaevernitz, qui fit une conférence sur le « caractère artificiel de l'État belge ». — Voir le compte rendu de la séance dans la *Vossische Zeitung*, n° 275, du 30 mai 1915 (édition du matin, 1er supplément).

portée d'un acte individuel et ne correspondait, semble-t-il, à rien de précis dans l'esprit du groupe de la « Jeune Flandre »; ce n'était qu'un geste ostentatoire.

Petit à petit, à mesure que s'avançaient les travaux de la flamandisation de l'Université de Gand, la presse officieuse allemande paraissant en flamand se mit à prôner l'idée de la « séparation administrative » comme solution radicale de la question des langues.

Les observateurs au courant des procédés de l'Administration allemande pressentirent, en voyant cette insistance des batteurs d'estrade ordinaires de la politique allemande, que le gouverneur général de la Belgique occupée préparait des décrets administratifs tendant à réaliser, dès le temps de l'occupation, la séparation effective de la Flandre et de la Wallonie. On savait d'ailleurs, par les études, publiées en 1914 et 1915, de divers professeurs allemands (Voir chap. I), que le plan en avait été longuement médité, le Gouvernement allemand ayant, du reste, pour habitude de ne rien livrer à l'improvisation. Le fils du Gouverneur général, le professeur baron von Bissing dans l'avant-propos, daté du 10 avril 1916, de son étude : « L'Université de Gand, la Flandre et l'Empire allemand (1) », disait cauteleusement : « D'une allure calme, l'on approche aussi du but qui est la séparation administrative par laquelle les Wallons et les Flamands, sans oublier leurs

---

(1) Édition des *Süddeutsche Monatshefte*, 1916.

in'érêts communs, régleront chacun leurs affaires particulières. »

Le 25 avril 1916, en effet, parurent une série d'ordonnances dont la première modifiait la loi belge du 15 juin 1914 sur l'enseignement primaire en son article 20 sur la détermination de la langue maternelle de l'élève comme langue véhiculaire de l'enseignement : tandis que la loi belge avait admis le principe de la détermination de la langue par la déclaration du chef de famille, ces ordonnances établissaient comme présomption légale que la langue maternelle de l'élève était la langue de la région; elles répartissaient le pays en trois zones linguistiques homogènes (pays flamand, pays wallon, pays allemand) et un district mixte ou « zone frontière ». Par « zone frontière », on entendait l'ensemble des communes dont la minorité de langue hétérogène comptait au moins 15 % des habitants.

Pour les communes de cette « zone frontière » était prévu un régime spécial d'exceptions quant à la détermination de la langue maternelle véhiculaire.

Par l'effet de ces mesures, la division linguistique devenait la base de toute la législation sur l'enseignement primaire : la conception *individualiste* du droit à la langue (« usage facultatif », dit la Constitution) se transformait ainsi en conception *territoriale* à peu près exclusive. Comme conséquence, il devenait indispensable de définir administrativement les régions linguistiques entre lesquelles le pays devait être réparti pour l'application du

principe nouveau. La loi belge a fixé comme règle
de répartition linguistique, pour l'application de
diverses lois sur l'emploi des langues, le principe
que : doivent être considérées comme communes
flamandes celles où la majorité des habitants parle
le flamand, l'arrondissement de Bruxelles étant
réservé comme mixte. Cette dernière exception
avait déjà été annulée par des ordonnances allemandes du 25 février 1915 rangeant l'agglomléra-
tion bruxelloise ou « Grand-Bruxelles » (sauf
Ixelles) au nombre des communes flamandes. Les
trois ordonnances du 22 avril 1916, l'une pour les
régions flamande et allemande, la seconde pour
la « zone frontière », la troisième pour la région
wallonne, se basèrent sur cette délimitation du
25 février 1915, en comprenant toutefois l'agglomération bruxelloise dans la « zone frontière »
pour laquelle était prévu un régime spécial.

C'était un premier pas, timide encore, dans la
voie de la séparation administrative (1).

Un second pas, plus franc, fut fait quelques
mois après : le 25 octobre 1916, un arrêté scinda
l'organisation et le budget du ministère des Sciences et des Arts; les directions de l'enseignement
supérieur, moyen et primaire, ainsi que le budget
de l'enseignement furent dédoublés de manière que
ce ministère comprit dorénavant une direction de
langue flamande et une direction de langue fran-

---

(1) Le même principe de détermination de la langue maternelle
véhiculaire fut appliqué, par une ordonnance du 4 octobre 1916,
aux écoles d'adultes de l'agglomération bruxelloise.

çaise, indépendantes l'une de l'autre. Tôt après, l'application du même principe de division allait être faite sur une plus vaste échelle (1).

Mais comme il convenait que, pour une réforme de l'envergure de la division de l'administration du pays lui-même, on pût se targuer d'un vœu populaire, le 4 février 1917 se réunirent à Bruxelles un certain nombre d'individus — deux cent cinquante, disent les journaux allemands — en un soi-disant « Congrès national (*Landdag*) flamand » chargé de jeter les bases du nouvel état de choses politiques projeté par l'Allemagne.

Pour survenir soudainement et sans avoir été annoncée, cette soi-disant « initiative flamande » n'en avait pas moins été mûrement étudiée par les Allemands (2). Aussi les délibérations de ce Congrès d'un seul jour furent-elles ce qu'en attendait le pouvoir occupant qui avait réglé le programme de la représentation. Les congressistes rédigèrent un manifeste adressé à la population flamande et

------

(1) Une ordonnance du 14 février 1917 a divisé de même l'Administration des Beaux-Arts. D'autres ordonnances ont suivi (13 avril, 5, 6 et 12 mai et 9 juin 1917), qui ont opéré la division de tous les autres ministères belges, dont la division était réalisable; il ne pouvait naturellement être question de diviser au moins, sous l'occupation, le ministère des Chemins de fer, ni, par définition, ceux des Affaires étrangères, des Colonies et de la Guerre.

(2) Voir l'aveu explicite de la *Frankfurter Zeitung* du 7 mars 1917 cité au chapitre I. Du reste, dès le 26 janvier 1917, M. Scho-walter, correspondant à Bruxelles de la *Tägliche Rundschau* (édition du soir), annonçait comme imminente la séparation administrative, alors que rien encore n'avait pu faire prévoir en Belgique la réunion du 4 février et l'institution du « Conseil de Flandres » : ce correspondant était évidemment au courant du travail préparatoire auquel se livrait l'Administration allemande à Bruxelles.

exposant un programme de réformes établi sur la base de l'autonomie de la Flandre. Ils désignèrent dans leur sein, en la dénommant *Conseil de Flandres*, une commission exécutive permanente de 30 membres d'après certains journaux, de 36 d'après d'autres (*Schlesische Zeitung*, 18 février 1917) et chargèrent une députation de sept d'entre eux de se rendre à Berlin et de s'y aboucher avec les autorités supérieures de l'Empire pour arrêter les détails de réalisation du programme.

C'est au cours de la réception de cette députation, le 3 mars 1917, que le Chancelier prononça le discours traduit en tête de cet ouvrage (chap. I).

Nanti de ce simulacre d'investiture populaire, le gouverneur général de la Belgique occupée décréta, par une ordonnance du 21 mars 1917, la division administrative du pays, donnant à celui-ci deux capitales, Bruxelles pour la Flandre, Namur pour la Wallonie. Nous avons reproduit au chapitre I le texte de cette ordonnance.

La réaction du patriotisme belge contre la nouvelle atteinte portée à la souveraineté de l'État et à l'unité de la nation fut instantanée et générale.

Le 10 mars 1917, une protestation fut adressée au Chancelier impérial par soixante-dix-sept personnages politiques, leaders et notables, tant de langue flamande que de langue française, s'élevant avec énergie contre le principe même du déchirement de la patrie et l'abus de pouvoir commis par l'Autorité allemande au mépris des conventions internationales qui limitent strictement les droits de l'occupant à la simple administration des régions occupées.

Il faut lire ce document en entier pour se faire une idée de l'indomptable énergie et de l'extraordinaire vitalité nationale qui animent l'esprit public parmi les Belges des deux langues, en pleine occupation allemande. Jamais, certes, un représentant de l'Empire allemand n'a entendu si viril langage de la part d'un peuple momentanément vaincu : les Flamands de 1917 parlent au Chancelier impérial exactement avec la même indépendance d'âme et la même franchise que les parlementaires belges à la Conférence de Londres en 1830-1831 et les représentants des communes et provinces à leurs princes au cours des conflits du Moyen Age.

Voici le texte de cette protestation historique (*soulignements originaux du texte flamand*) :

Anvers, le 10 mars 1917.

A la date du 3 mars, vous avez reçu à Berlin une députation d'un organisme qui s'intitule : *Conseil de Flandres*, mais qui, dans notre pays même, est complètement ignoré.

Des communications qui ont été faites à la presse l'impression se dégage que cette députation aurait exprimé les revendications du peuple flamand ou d'une partie notable de ce peuple et qu'elle-même était composée de personnalités ayant dans ce pays du prestige et de l'autorité.

Rien ne serait plus dangereux que de laisser, sans la contredire, s'accréditer pareille opinion.

Les personnalités qui, en pleine guerre, ont pris sur elles

d'offrir au Gouvernement allemand leur concours pour diviser leur pays et pour modifier radicalement son organisation interne n'ont aucun droit de parler au nom du peuple flamand et ne représentent d'aucune façon ses désirs ni ses aspirations.

En pleine indépendance, nos populations flamandes ont, avant la guerre, désigné leurs représentants à la Chambre et au Sénat, au nombre de 113 représentants et de 57 sénateurs. De ces 170 élus, il n'y en a que deux qui se soient ralliés à ce qu'on appelle le mouvement activiste.

La pétition adressée au Gouvernement belge au sujet de la transformation de l'Université de Gand en université flamande a été, jadis, signée par 2.000 porteurs de diplômes universitaires. On n'a pu en trouver qu'une centaine pour approuver la politique nouvelle et, de ce petit nombre, il y en a plusieurs déjà qui, ouvertement, ont retiré leur signature, tandis que d'autres ne cachent point qu'ils ont été induits en erreur ou qu'ils se sont trompés et qu'ils regrettent leur acte.

Le pays flamand et le mouvement flamand sont, depuis des années, représentés par de grandes et puissantes associations d'ordre littéraire et politique telles que le *Willemsfonds*, le *Davidsfonds*, le *Nederlandsche Bond* et le *Liberale Vlaamsche Bond* d'Anvers, le *Liberale Volksbond* de Bruxelles, les groupements ouvriers affiliés à nos trois partis politiques, l' « Association des Juristes flamands », les « Congrès des Médecins et Naturalistes flamands » et bien d'autres.

On n'a pu obtenir l'adhésion d'aucun de ces grands groupements à cette politique antipatriotique; au contraire, leurs chefs et représentants ont trouvé l'occasion de s'élever énergiquement contre elle dans la protestation qu'ils ont adressée au gouverneur général von Bissing, à la date du 8 janvier 1916, au sujet de l'Université de Gand.

Dans les dernières années, aucune réforme flamande n'a été réclamée par les populations flamandes avec une unanimité pareille à celle qui s'est manifestée quand elles ont demandé le respect de leurs droits dans cette question universitaire. Un projet de loi sur la transformation de l'Uni-

versité de Gand a été déposé à la Chambre par les députés
flamands auxquels, dans des centaines de réunions, le pays
flamand tout entier avait donné ce mandat. Des six signataires de ce projet, cinq sont encore en vie, *tous* ont protesté
contre cette immixtion du pouvoir allemand dans cette
question de politique exclusivement intérieure ; tous sont
opposés à la séparation administrative.

On connaît, d'autre part, les sentiments des directeurs
et rédacteurs en chef de la presse flamande, qui, avant la
guerre, constituaient l'une des grandes forces du mouvement
flamand : tous, unanimement, *s'opposent* à cette politique.

Enfin et par-dessus tout, notre Roi, auquel tous nous
sommes ardemment attachés, notre Gouvernement, qui
continue à maintenir haut notre drapeau sous la protection de notre vaillante armée, ont, sans réserves, condamné
les tendances du petit groupe des soi-disant activistes.

Ces faits sont acquis et ils suffisent pour réduire à sa
juste valeur cette députation d'inconnus représentant un
Conseil sans mandat. Les circonstances mêmes dans lesquelles ce Conseil a vu le jour suffisent d'ailleurs pour lui
enlever toute autorité ; vous n'ignorez pas sans doute
qu'en Belgique, toutes les associations qui s'occupent
d'intérêts politiques ont été dissoutes par le pouvoir occupant ; que le droit de réunion est supprimé ; que la liberté
d'exprimer sa pensée est vinculée sous peine de bannisse-
ment ou de prison ; que des flamingants notoires comme
M. le professeur Paul Frédéricq, M. le professeur de Bruyne,
M. Alfons Sevens, ont été emmenés en Allemagne ; que de
tous les anciens journaux flamands, porte-parole de l'opinion publique de notre pays, il n'y en a plus un seul qui
paraisse dans le pays occupé. Quelle valeur, dans ces conditions, un observateur impartial peut-il attacher à l'opinion de ceux pour lesquels, par la grâce de l'ennemi, toutes
ces restrictions ont été supprimées et qui tiennent un langage et commettent des actes qui servent la politique de cet
ennemi, en opposition avec leur propre Roi ?

La division de notre pays en une région d'administration
flamande et une région d'administration wallonne est le
but que poursuivent ces messieurs. Comme le dit votre

déclaration, « la frontière linguistique doit devenir le plus rapidement possible la limite de deux régions réunies sous l'autorité de M. le gouverneur général, mais qui, pour le reste, *soient séparées au point de vue administratif* ».

Notre réponse à cette politique sera brève : *La séparation administrative ne fait pas partie du programme flamand.*

Quand, il y a quelques années, certains Wallons, sans trouver d'ailleurs d'écho chez eux, en une heure d'oubli, ont parlé de la séparation administrative, c'est avec l'assentiment de tous les Flamingants que l'un des plus radicaux d'entre eux fit aux séparatistes la réponse catégorique que voici :

« Je tiens à pouvoir dire ici clairement et catégoriquement, en cette occasion solennelle et en présence d'un aussi grand nombre de Flamingants et de chefs du mouvement flamand appartenant à toutes les confessions et à tous les partis politiques : *Jamais* encore, pas même dans les jours les plus sombres de l'histoire de Flandre après 1830, *une seule voix ne s'est élevée de nos rangs exigeant quelque chose qui puisse ressembler à la séparation administrative.* » (COMPTE RENDU, p. 47.)

Puis, après avoir rappelé que ni la crainte ni l'intérêt ne le faisaient parler ainsi, mais l'amour de notre commune patrie, l'orateur, parlant de la Belgique, continua en ces termes (p. 49) :

« Ce petit pays, nous pensons qu'il n'est ni trop grand ni trop puissant; nous ne considérons pas que son indépendance et sa neutralité soient suffisamment assurées contre tous les dangers pour, témérairement, vouloir diminuer ou laisser briser la force de résistance qu'il doit à l'union et à la concorde qui régnent au sein de sa population faite de deux nationalités, et cela *sous n'importe quel prétexte,* pas même pour les raisons dont il a été ci-dessus question, qui semblent être d'ordre national, mais derrière lesquelles se cachent en réalité des préoccupations politiques. »

Et il termine par cette déclaration catégorique :

« Je le déclare ici hautement, et ici encore je suis certain d'exprimer le fond de la pensée de tous les Flamands : même si les conceptions des séparatistes n'étaient pas si erronées, *même alors nous ne voudrions à aucun prix entendre parler d'une séparation.*

« Pour remédier aux situations qu'ils envisagent, il importe de prendre des mesures législatives, de reviser par exemple les lois électorales, mais non point de prendre des mesures *qui pourraient encore affaiblir à l'égard de l'étranger* notre pays qui, intérieurement, est déjà assez divisé. »

C'est ainsi que s'exprima, le 12 août 1912, M. Pol de Mont, parlant comme président du Congrès néerlandais de langue et de littérature tenu à Anvers, et dans cette réunion, la plus autorisée qu'il y ait au point de vue du mouvement flamand, il rencontra une adhésion unanime.

Qui donc pourrait, dans ces conditions, soutenir que la séparation administrative fasse partie du programme flamand?

Votre Excellence pense-t-elle au surplus que les raisons qui, en 1912, ont été si clairement exprimées, au nom du mouvement flamand tout entier, aient perdu de leur force en 1917, après tout ce qui s'est passé dans notre pays? Pense-t-elle que, nous autres Flamands, nous soyons aveugles au point que, lorsque nos populations avec un héroïsme admirable ont sacrifié leur sang et leurs biens pour la défense de notre drapeau et de notre honneur, nous accepterions comme résultat de cet effort la division de la patrie, le morcellement de notre nationalité, pour, ensuite, après une restauration temporaire et apparente, devenir la proie facile de voisins ambitieux et conquérants?

Ces considérations doivent être de nature à faire comprendre à Votre Excellence que la population flamande ne veut d'aucune séparation administrative.

Certes, cette population est fermement convaincue qu'après la paix, justice lui sera rendue au point de vue de **ses droits linguistiques.** Et il faut blâmer ceux qui s'en

vont, disant qu'après la guerre, c'en sera fait de ces justes
revendications. C'est là un langage mauvais et nuisible à
la patrie. Mais autant nous le blâmons, autant nous sommes
persuadés qu'il est de notre devoir, en notre qualité de mandataires publics, de vous notifier que ce qui vous a été
déclaré à Berlin ne correspond pas aux aspirations et à la
volonté de nos populations flamandes.

Est-il d'ailleurs de la compétence du pouvoir occupant
d'inspirer des mesures de ce genre?

Le droit des gens ne permet pas à l'occupant de modifier les institutions existantes, si ce n'est dans des cas
d'absolue nécessité inspirés par des raisons militaires. Les
Conventions de La Haye sont claires à cet égard et vos
propres jurisconsultes disent à ce sujet : « Avant tout, il
faut tenir compte ici de ce principe qu'il n'appartient pas
à l'occupant de modifier ou encore moins de supprimer l'organisation juridique telle qu'elle a été créée par l'administration et la législation du pays, ni d'interrompre le fonctionnement de l'organisme administratif. » (Professeur von
Ullmann, de l'Université de Munich, *Völkerrecht*, para-
graphe 183, page 445.)

Or, la séparation administrative est en contradiction
avec toutes nos lois et ne peut être défendue par personne
comme étant un acte inspiré par la nécessité militaire ;
vous-même ne lui avez pas donné ce fondement.

Votre Excellence semble d'ailleurs se faire une idée
inexacte du mouvement flamand. Son objet est non pas
de combattre les Wallons ou la France, mais de relever, dans
notre propre milieu flamand, notre belle et vieille langue,
injustement méconnue. Les Belges flamands ne sont point
une race incorporée de force dans quelque grand pays.
Ce sont de libres associés dans une libre démocratie. Ils
sont, d'une manière générale, maîtres de leurs propres destinées, et ils n'ont point attendu l'intervention de l'étranger
pour faire valoir les griefs qu'ils pouvaient invoquer en
matière linguistique. C'est ce que démontrent :

La loi flamande de 1873 sur l'organisation judiciaire;

La loi du 22 mai 1878 sur l'organisation administrative;

La loi de 1883 sur l'enseignement moyen officiel;

La loi du 3 mai 1889 sur l'organisation judiciaire;

La loi du 4 septembre 1891 et du 22 février 1908 sur les mêmes matières;

La loi du 18 avril 1898 sur la publication des lois, par laquelle officiellement fut sanctionnée l'égalité des deux langues nationales;

La loi du 12 mai 1910 sur l'enseignement moyen libre;

La loi du 2 juillet 1913 sur l'armée;

La loi de 1914 sur l'enseignement primaire.

Votre Excellence est elle-même juge de la question de savoir si, dans le même espace de temps, les peuples qui habitent l'Allemagne, sans parler la langue allemande, ont obtenu des réformes de même portée.

Certes, l'œuvre de réforme et de justice en pays flamand n'est ni parfaite ni achevée, mais les mesures qui manquent encore et celles surtout qui sont relatives à l'enseignement supérieur — nous désirons qu'elles soient prises, comme toutes les mesures précédentes, dans les termes de notre Constitution et en toute indépendance — et nous sommes convaincus profondément de ce que les luttes et les souffrances communes n'ont fait que resserrer encore les liens séculaires qui unissent les Flamands à leurs frères wallons.

Ce qui sera fait dans l'intervalle par le pouvoir occupant, pour nous et en vertu du droit international, est inexistant dès le jour où cessera l'occupation.

Il est vrai que vous avez déclaré à Berlin « que l'Empire allemand va faire, *au moment des négociations de paix et aussitôt après la négociation de la paix,* tout ce qu'il pourra pour faciliter et assurer le libre développement de la race flamande ».

Nous comprenons que *votre* politique vous amène à tenir ce langage; mais, de votre côté, vous comprendrez que l'honneur, la dignité et le patriotisme de *nos* populations ne nous permettent qu'une seule réponse :

Jamais nous n'accepterons une paix par laquelle serait permis à votre Gouvernement ou *à n'importe quel État étranger* de s'immiscer dans nos affaires intérieures.

La guerre durera tant qu'il le faudra, mais il faut que l'indépendance de notre pays soit après la guerre ce qu'elle était avant; *aussi nette, aussi franche, tant vers l'Est et vers le Nord que vers le Sud ; à aucun point de vue, ni économique ni politique, nous ne voulons d'aucun assujettissement à l'égard de n'importe qui.*

Excellence,

Il ne rentre point dans nos intentions, et il n'est point d'ailleurs en notre pouvoir de commencer, en temps de guerre, une agitation au sujet du projet que nous discutons; mais comme mandataires publics, comme chefs d'importantes associations et institutions flamandes, nous devons à la vérité et à nous-mêmes de ne point vous laisser dans l'ignorance au sujet de la réalité des faits et au sujet de nos sentiments.

En temps ordinaire, des milliers de signatures se joindraient aux nôtres. En ce moment, il ne nous est pas possible d'atteindre tous les signataires de la protestation contre l'intervention de l'autorité allemande dans l'organisation de l'Université flamande de Gand.

Mais tous ceux qui connaissent nos populations flamandes savent que nous avons rendu d'une façon fidèle et modérée l'opinion générale. Si Votre Excellence pouvait en douter, qu'elle lève alors les restrictions qui limitent actuellement l'exercice du droit de la parole et de la presse, et, depuis les Ardennes jusqu'à la mer, l'attitude des séparatistes sera profondément désapprouvée et notre peuple tout entier vous dira :

Tous, Flamands et Wallons, nous n'avons en ces temps qu'un seul souhait, un seul désir, une seule pensée :

LA PATRIE BELGE LIBRE ET INDIVISIBLE.

Signé :

Louis FRANCK, député d'Anvers, président de l'Association des juristes flamands;
Baron COGELS, sénateur ancien gouverneur de la province d'Anvers;
Comte DE BAILLET-LATOUR, sénateur, ancien gouverneur de la province d'Anvers;
Jan DE VOS, bourgmestre d'Anvers;
Alfons RIJCKMANS, sénateur d'Anvers;
Léon VAN PEBORGH, sénateur d'Anvers;
ELBERS, sénateur du Brabant;

Vinck, sénateur du Brabant;
de Becker-Remy, sénateur de Louvain;
Baron de Kerckhove d'Exaerde, sénateur d'Audenaerde-
   Alost;
de Blieck, sénateur d'Audenaerde-Alost;
Oscar Van der Molen, sénateur d'Anvers;
Callens, sénateur d'Anvers;
Baron van Reynegom de Buzet, sénateur de Malines-Turnhout;
G. Royers, député d'Anvers;
R. de Kerckhove d'Exaerde, député d'Anvers;
E. de Meester, député d'Anvers;
Edm. Duysters, député d'Anvers;
F. de Schutter, député d'Anvers;
de Bue, questeur de la Chambre des Représentants, Bruxelles;
Borginon, député de Bruxelles;
Robijn, député de Bruxelles;
Vicomte de Jonghe d'Ardoye, député de Bruxelles;
J. Nobels, député de Saint-Nicolas;
Dr Lamborelle, député de Malines;
J. Rens, député d'Alost;
Tibbaut, député de Termonde;
Buyl, député d'Ostende-Furnes-Dixmude;
Claes, député de Louvain;
Cl. Peten, député de Hasselt;
Jos. Verachtert, député de Turnhout;
A. Versteylen, député de Turnhout;
Edmond Picard, bâtonnier de l'Ordre des Avocats près la Cour
   de cassation de Belgique, Bruxelles;
Emm. Montens, président (faisant fonctions) de la Députation
   permanente de la province d'Anvers;
A. Verwilghen, député permanent de la Flandre Orientale;
Van Hoorenbeek, bourgmestre (faisant fonctions) de Malines;
F. du Four, bourgmestre (faisant fonctions) de Turnhout;
Dr de Smedt, bourgmestre de Saint-Nicolas;
Cootmans, bourgmestre de Berchem;
Dr Van Damme, bourgmestre d'Hoboken;
A. Cools, échevin de la ville d'Anvers, membre du comité direc-
   teur du parti ouvrier belge;
Van den Henden, échevin de Malines;
Mgr Cleynhens, doyen d'Anvers;
Mgr Roucourt, doyen d'Anvers (2e district);
Père Rutten, secrétaire général des syndicats chrétiens;
Chanoine E. Luytgaerens, secrétaire général du Boerenbond
   belge;
E. Vliebergh, professeur à l'Université de Louvain, président
   du Davidsfonds;
A. Vermeylen, professeur à l'Université de Bruxelles, président
   de la Société des littérateurs flamands;
Duflou, professeur à l'Université de Bruxelles;
Dr Gallemaerts, professeur à l'Université de Bruxelles;

Dr Hegenscheidt, homme de lettres, chargé de cours à l'Université de Bruxelles;

Dr Nuyens, président sortant de l'Association néerlandaise d'Anvers, président de l'Extension universitaire catholique flamande;

Jul. Lagae, sculpteur, membre de l'Académie royale de Belgique;

Juliaan de Vriendt, ancien député, directeur de l'Académie des Beaux-Arts, Anvers;

N. Cuperus, président d'honneur de l'Association libérale flamande d'Anvers;

E. de Puydt, président de l'Association libérale flamande d'Anvers;

Dr Teirlinck, président de l'Association libérale démocratique, à Bruxelles;

Is. Van Doosselaere, grand-maître de la loge maçonnique « Marnix de Sainte-Aldegonde »;

Jan Van Menten, président de l'Association de la Presse belge (section Anvers—Limbourg);

Karel Weyler, conseiller communal d'Anvers, ancien président du parti ouvrier libéral et de la Conférence flamande du Barreau d'Anvers;

H. Moessly, ancien président du parti ouvrier libéral d'Anvers;

J. G. Delannoy, conseiller communal d'Anvers, membre du comité directeur du parti ouvrier belge;

Hector Lebon, ancien président de la Conférence flamande du Barreau d'Anvers, secrétaire du Conseil de discipline de l'Ordre des Avocats;

J. Jans, ancien bâtonnier du Barreau d'Anvers;

K. Adriaenssens, président de l'Association des Instituteurs Diesterweg;

J. Soeten, conseiller communal d'Anvers;

Dr Schuyten, membre du comité directeur des Congrès de médecins et naturalistes flamands;

Dr Maurits Sabbe, rédacteur au « Vlaamsche Gids », Malines;

Herman Teirlinck, homme de lettres, membre du comité directeur de la Société des littérateurs flamands, Bruxelles;

Karel Van de Woestijne, homme de lettres, Bruxelles;

F. Claes, président du Cercle archéologique anversois, conservateur des musées du Steen et du Vleeschhuis;

R. Kreglinger, ancien secrétaire de l'Association libérale et constitutionnelle d'Anvers, secrétaire de la section d'Anvers de la Ligue de l'enseignement;

Walter Van Kuyck, vice-président de l'Association libérale démocratique;

V. Resseler, secrétaire de l'association « Vereeniging tot Bevordering van Volkskracht »;

Jef Van de Venne, secrétaire de l'Association libérale flamande d'Anvers;

Aug. de Bruyne, conseiller communal d'Hoboken;

Geersens, président de la Jeune Garde flamande d'Anvers.

Les représentants politiques et les notabilités de la partie flamande du pays ne furent pas les seuls à élever la voix contre la tentative de division administrative de la Belgique. Moins d'un mois après, une protestation officielle des élus des arrondissements wallons et mixtes faisait écho, en ces termes, à la protestation des 77 mandataires autorisés des arrondissements flamands :

A Son Excellence M. von Bethmann-Hollweg,
Chancelier de l'Empire allemand, a Berlin

Dans leur lettre à Votre Excellence, datée d'Anvers, le 10 mars 1917, les mandataires autorisés du peuple flamand ont exhalé librement leurs *sentiments en réponse à la déclaration du Chancelier de l'Empire allemand* que « la partie flamande et la partie wallonne de la Belgique doivent, le plus rapidement possible, être absolument séparées au point de vue administratif ».

Depuis lors, un arrêté du gouverneur général, baron von Bissing, du 21 mars 1917, a satisfait à cette injonction en décrétant la formation, en Belgique, de deux régions administratives, l'une au nord, l'autre au sud de la ligne tracée par cet arrêté, comme une frontière entre deux races.

Pas plus que leurs collègues des arrondissements flamands, les élus des arrondissements wallons et mixtes au Parlement belge ne pourraient admettre *un décret qui ne tend à rien de moins qu'au* démembrement de leur patrie.

L'article 43 du règlement annexé à la Convention de La Haye de 1907 fait à l'occupant — sauf un empêchement absolu que nul ne songe même à invoquer dans les circonstances présentes — une obligation de respecter les lois en vigueur dans le pays. Or, est-il atteinte plus profonde à notre régime local et à la stabilité *de nos institutions fondamentales* que le bouleversement de notre organisation administrative?

Le même article charge l'occupant d'assurer l'ordre et la vie publics. Quelle mesure aura une répercussion plus fatale sur le fonctionnement des services publics que le déplacement de leurs sièges et le changement d'attributions et de compétence de leurs titulaires?

Excellence,

Le premier gouverneur général en Belgique, baron von der Goltz, dans la proclamation par laquelle il prenait possession de ses fonctions, s'adressant aux citoyens belges sans distinction, leur disait : « Je ne demande à personne de renier ses sentiments patriotiques. »

Ce serait renier ces sentiments que nous plier au régime dont nous sommes menacés.

Fidèles à leur devise nationale, les Belges ont veillé jalousement à entretenir dans leurs rangs l'union qui fait la force.

C'est une œuvre impie et téméraire de semer la division entre enfants d'une même famille, entre fils de la même terre. Flamands et Wallons, attachés les uns aux autres par des liens séculaires, mêlent encore chaque jour leur sang sur les champs de bataille : chaque jour la communauté du péril et des souffrances les rapprochent davantage.

Ce n'est pas de l'étranger, c'est de leur accord fraternel que Flamands et Wallons attendent la solution des questions qui les intéressent.

Avec les signataires du manifeste flamand les soussignés n'ont qu'une voix et un cœur pour acclamer leur patrie belge, libre et indivisible.

Bruxelles, le 7 avril 1917.

(Suivent les signatures des députés et sénateurs de Bruxelles et des arrondissements wallons.)

Nous ignorons s'il fut fait une réponse à ces fières notifications du patriotisme belge. Le conflit d'ailleurs ne devait pas se limiter à des protestations verbales.

La députation permanente du Brabant, province centrale divisée par une ordonnance du 13 avril 1917 en deux parties, l'une flamande, l'autre wallonne, donna en bloc sa démission (1).

Le 17 avril 1917, une dépêche du Bureau Wolff annonça que, en présence de la nouvelle situation qui leur était faite, les fonctionnaires de l'Admi-

---

(1) D'autres députations permanentes semblent avoir suivi ou vouloir suivre cet exemple (*Algemeen Handelsblad* du 13 mai 1917, édition du matin). Une ordonnance parue à la *Gesetz- und Verordnungsblatt* du 8 mai 1917 charge le président de l'Administration civile (allemande) d'assumer les fonctions des députations permanentes en cas de refus de coopération aux mesures édictées par l'autorité allemande.

nistration centrale avaient rétracté en bloc l'engagement provisoire de loyauté qu'ils avaient signé envers l'autorité allemande, au début de la guerre, pour le temps de l'occupation, avec l'assentiment implicite du Gouvernement belge, et que l'Autorité allemande, considérant cette déclaration comme un fait de « résistance active » contre les mesures décrétées, avait ordonné leur transfert — lisez leur déportation — en Allemagne.

En Hollande, les notables flamingants de tous partis, interviewés séparément par des représentants de l'agence Vaz Dias, furent unanimes dans la réprobation et prirent occasion de l'incident pour attester de nouveau le loyalisme de la population flamande et le caractère essentiellement belge du mouvement flamingant (1); ils firent aussi valoir que les excès mêmes auxquels venait de se porter la petite faction des « activistes », tout en risquant de faire rejaillir plus tard sur les revendications flamingantes l'éclaboussure de leur honteuse compromission avec l'ennemi, auraient, d'autre part, pour résultat heureux, de dessiller les yeux aux quelques Flamands sincères, mais aveuglés qui pouvaient les avoir suivis, et de faire rejeter définitivement du sein de la communauté flamingante cette bande de semeurs d'ivraie.

------

(1) Voir dans la presse hollandaise des 6, 7 et 8 mars 1917 les déclarations des députés A. Buysse (Gand), C. Huysmans (Bruxelles), Fr. Van Cauwelaert et M. Terwagne (Anvers); du littérateur flamand Cyrille Buysse; du professeur à l'Université de Gand, L. Van Puyvelde; de l'avocat J. Hoste fils; du publiciste L. du Castillon, etc.

Le Gouvernement belge, de son côté, déclara ouvertement son intention de sévir au plus tôt contre les traîtres et de tenir pour nulles toutes les mesures prises par l'ennemi, sous prétexte d'administration, au cours de son occupation passagère du territoire national.

Il le fit dans deux rapports au Roi, signés de tous les membres du Cabinet et suivis de deux arrêtés-lois (*Moniteur belge* du 13 avril 1917); il saisit cette occasion pour rappeler solennellement quelle avait été sa politique en matière de langues et de quelle manière il lui paraissait que les revendications flamingantes devaient être traitées après la guerre. Il s'y exprime comme suit dans le premier de ces rapports :

L'indomptable patriotisme des Belges ne fait que se révéler chaque jour davantage à l'épreuve des souffrances de la guerre. Au même titre que la vaillance de nos soldats, la fermeté de nos populations soumises à une occupation cruelle et prolongée demeurera pour le monde un sujet d'admiration et pour la nation un juste motif de fierté.

Attentifs à ne laisser porter aucune atteinte à un prestige aussi chèrement acheté, nous croyons qu'il convient d'armer le pouvoir judiciaire des sanctions nécessaires à l'égard des individus — si rares soient-ils — qui auraient perdu le sens du devoir national au point de prêter un concours actif aux desseins et aux manœuvres de nos ennemis.

Dans ses dispositions relatives aux crimes et aux délits contre la sûreté extérieure de l'État, le Code pénal punit celui qui aura secondé le progrès des armes de l'ennemi, en ébranlant la fidélité des offi-

ciers, soldats, matelots ou autres citoyens envers le
Roi et l'État. Mais le texte de l'article 115 ne rencontre pas la félonie de ceux qui, sans seconder à proprement parler le progrès des armes de l'ennemi,
auraient servi un plan perfidement combiné par celui-ci
contre l'unité et les institutions du royaume.

Apportant dans ses méthodes d'occupation le même
mépris du droit international que celui dont il a donné
et donne la preuve dans ses méthodes de guerre, le
Gouvernement allemand ne cesse de méconnaître en
Belgique l'obligation qu'il avait acceptée par l'Acte
général de la Conférence de La Haye, de respecter en
territoire envahi la législation qui y était en vigueur.
Sous les plus insidieux prétextes, il y usurpe de plus
en plus les droits du pouvoir légal.

Le premier acte de la comédie de sollicitude et de
protection qu'il a imaginée pour abuser la population
flamande fut mis en scène à Gand, lors de la création
d'une université nouvelle. Le second acte s'est joué
à Berlin. Le chancelier de l'Empire y a reçu, le 3 mars,
une délégation d'un soi-disant « Conseil des Flandres »,
devant lequel il a renouvelé les assurances qui étaient
déjà tombées des lèvres du Gouverneur général à
l'inauguration de l'Université. Il est allé jusqu'à prétendre que l'Empire allemand comblerait les vœux
des deux parties du pays en leur donnant, durant l'occupation, une administration séparée et qu'il ne cesse-
rait d'encourager, même après la paix, le libre développement de la nationalité flamande ! L'effet de ces
promesses a été la promulgation d'une ordonnance
du Gouverneur général, divisant la Belgique en deux
régions d'après la frontière linguistique, l'une flamande, l'autre wallonne, chacune d'elles dotées d'une
administration distincte.

En présence de ces usurpations flagrantes des pou-

voirs qui lui appartiennent, le Gouvernement tient à répéter que la souveraineté nationale seule a qualité pour résoudre les questions intérieures, sans aucune immixtion de l'étranger.

Durant les trois années qu'il passa au pouvoir avant la guerre, le Gouvernement, en union avec le Parlement, prit une série de lois et de mesures ayant pour but d'assurer progressivement à la langue flamande toute la place qui lui revient dans la vie nationale.

Conformément au vœu des Flamands, il avait déclaré que, selon lui, il était du devoir des Chambres de régler, au cours de la session de 1914-1915, la question de l'enseignement supérieur flamand, dont le Parlement était déjà saisi.

En résumé, l'un des points essentiels du programme gouvernemental était de satisfaire les aspirations légitimes des Flamands; nul ne pouvait en ignorer, à raison des déclarations et des actes du pouvoir.

Aux yeux du Gouvernement actuel, qui s'est constitué uniquement pour la poursuite de la guerre et la préparation de la paix, la splendide attitude des patriotes de langue flamande rend ce devoir plus impérieux et plus sacré que jamais.

Le but que poursuit l'ennemi, tous les Belges le connaissent. L'Allemagne n'a pas réussi à les soumettre ni à déraciner de leurs cœurs la passion d'indépendance qui leur fait surmonter toutes les persécutions. Elle a dû reconnaître, par la bouche même de son chancelier, qu' « elle ne songe pas à annexer leur pays ». Mais cette renonciation apparente cache une manœuvre politique. L'Allemagne cherche toujours à briser la résistance que la Belgique lui oppose et elle s'y prend maintenant d'une manière détournée; elle essaie de désunir les Belges, de désagréger le faisceau de leur unité nationale; elle s'efforce de cultiver chez eux des germes de séparation d'après la différence de langage, afin de préparer un terrain favorable à sa pénétration politique et à sa mainmise économique.

Il ne faut pas que la poignée de mauvais citoyens, qui se sont faits les complices de l'ennemi, puissent compter sur l'impunité. Par égarement ou par ambition, ils conspirent contre l'unité nationale fondée sur un long passé de gloire, de prospérité et de souffrance communes, et devenue plus vivante encore sous la menace de mort de la guerre actuelle. Audacieusement, ils s'intitulent le « Conseil des Flandres » et osent publier un programme politique au nom du peuple flamand. Et déjà — malgré l'oppression et le silence auxquels l'ennemi condamne notre population — ils se voient hautement désavoués et flétris par les vrais patriotes, par tous ceux qui sont l'honneur et la personnification de la pensée flamande.

Ceux-ci, au milieu de leurs épreuves, restent inébranlablement dévoués à leur patrie. Un sentiment amer leur remplit le cœur : la haine de cette Allemagne qui opprime leur terre et bâillonne les protestations d'un peuple écrasé par sa force brutale. Avant que les déportations eussent réduit à la servitude des milliers d'entre eux, alors pleins de vigueur, ou qu'ils fussent revenus épuisés et mourants, dans leurs foyers, ils considéraient déjà l'Allemand comme l'ennemi national. Quelle horreur cet ennemi ne doit-il pas leur inspirer aujourd'hui ?

Pour les traîtres, qui n'ont pas craint de mettre leur main dans celle de l'oppresseur de leur patrie ni de projeter une ombre aussi douloureuse sur la fière attitude de leurs concitoyens, l'heure de l'expiation sonnera, lorsque sonnera pour les autres l'heure de la délivrance. La patrie libérée leur demandera compte alors de leur conduite, et la protection allemande, dont ils se prévalent aujourd'hui, ne les préservera pas du sort qui les attend.

C'est pourquoi, dès que la Belgique sera délivrée, ils seront révoqués de toutes les fonctions que le Gouvernement leur aurait conférées. Ils auront de plus à répondre de leurs actes devant les juridictions nationales.

Le projet d'arrêté-loi, que nous avons l'honneur de soumettre au Roi, atteindra leur félonie, de même qu'il atteindra la faute de tous ceux qui, par actes, paroles, écrits, se rendent coupables de faits de lèse-patriotisme en favorisant volontairement la politique ou les desseins de l'ennemi ou qui tentent d'ébranler la fidélité des citoyens envers le Roi et l'État.

De même, il frappera ceux qui se constitueraient méchamment les dénonciateurs de leurs concitoyens.

Le second rapport justifie les mesures d'annula-lation automatique des dispositions prises par l'autorité allemande au cours de l'occupation. On y lit :

Les articles 43 et suivants du Règlement annexé à la IVe Convention de La Haye du 18 octobre 1907, signée par la Belgique et approuvée par la loi du 25 mai 1910, limitent les pouvoirs de l'autorité ennemie sur le territoire occupé par elle.

Pendant une occupation qui dure depuis plus de trente-deux mois, l'autorité allemande a méconnu la plupart de ces dispositions. Non seulement elle a outrepassé ses pouvoirs de fait en changeant l'organisation de l'État, en transformant ses institutions, en modifiant sa législation, mais elle a porté atteinte à la propriété privée et aux droits individuels des citoyens. Le Gouvernement a protesté à diverses reprises contre certaines de ces mesures qui constituent une méconnaissance flagrante des principes du droit des gens. Il a déclaré qu'il ne les reconnaîtrait pas.

Au moment où les circonstances le permettront, il appartiendra aux intéressés de poursuivre devant les tribunaux compétents la nullité d'actes qui portent atteinte à leurs droits. Le Gouvernement se réserve d'ailleurs d'en proclamer expressément l'inexistence. Mais, dès à présent, affirmant un principe juridique dont l'évidence s'impose, il entend déclarer que, quel qu'en soit l'objet, les mesures prises par l'occupant cesseront de plein droit de produire leurs effets au moment de la libération du territoire. Ces mesures, l'occupant n'a pu les prendre qu'en fait ; il ne les exécute qu'en fait ; il n'a pu les introduire dans la législation du pays. Les arrêtés qu'il a pris, les nominations auxquelles il aurait procédé, les contrats qu'il a passés, comme pouvoir public, viendront de plein droit à tomber avec la disparition de son pouvoir. Il appartiendra au Gouvernement seul d'apprécier les dispositions qui devraient être adoptées à ce moment en vue de sauvegarder pour l'avenir des droits ou des intérêts respectables.

L'état de fait créé par l'occupation n'a pas porté atteinte aux prérogatives du pouvoir légitime. En droit, l'exercice de la souveraineté nationale demeure entier. Il n'est que vinculé en fait. Ainsi que l'a proclamé la Cour de cassation dans son arrêt du 20 mai 1916, « la souveraineté belge émanée de la nation n'est pas, par le fait de l'occupation d'une partie du territoire par les armées allemandes, passée au chef de ces armées, la force ne créant pas le droit ». Toutes les dispositions prises par le Gouvernement belge sont,

en principe, obligatoires dans toute l'étendue du
royaume. Les règles qu'il édicte, les sanctions qu'il
commine s'étendent au territoire occupé aussi bien
qu'au sol demeuré inviolé. Leur exécution seule a pu
et peut être suspendue par la force ennemie. Aussi,
dès la libération du territoire, ces arrêtés-lois, ces
arrêtés et règlements devront-ils y être appliqués
sans nouvelle publication. Tous les faits juridiques
postérieurs aux arrêtés-lois, aux arrêtés et règlements
du Gouvernement seront régis par eux. Les auteurs
des infractions commises en territoire envahi aussi
bien qu'en territoire libre auront à en répondre devant
les juridictions nationales.

Les choses en sont là au moment où nous écrivons (1).

____

(1) Voir aux Annexes le texte d'une remarquable protestation,
datée du 6 juillet 1917, du Collège échevinal et du Conseil communal d'Anvers contre la « Séparation administrative », qui nous
est parvenu pendant la revision des épreuves du présent ouvrage.

CHAPITRE XI|

LA POLITIQUE ALLEMANDE DE DIVISION
PEUT-ELLE AVOIR UN RÉSULTAT ?

Peut-on dire que les Allemands aient abouti à un meilleur résultat, à leur point de vue, dans cette affaire de la « séparation administrative » que dans celle de la pseudo-flamandisation de l'Université de Gand?

Tout le monde voit bien que les résultats acquis par l'Allemagne, à la faveur d'une occupation prolongée, par l'exploitation systématique de la « querelle des langues » sont plus apparents que réels.

Ils se sont concrétés, sans doute, en des changements administratifs, mais ceux-ci sont purement matériels et n'atteignent pas l'âme des populations.

L'autorité allemande abusant du privilège de l'occupant a promulgué ordonnances sur ordonnances. Mais qu'est-ce que des lois sans les mœurs?

Que représentent de sérieux des décrets imposés par l'envahisseur contre le gré d'une nation momentanément vaincue?

En vain les Allemands et les « activistes » s'imaginent-ils qu'ils auront placé le Gouvernement belge en présence du « fait accompli ». En droit, tout arrêté du pouvoir d'occupation est essentiellement provisoire et précaire comme l'autorité de laquelle il émane. L'arrêté-loi du 8 avril 1917 dont l'exposé des motifs est contenu dans le second rapport au Roi rapporté ci-dessus, rappelle et consacre ce principe par un texte de législation positive. Lors de la libération du territoire, le pouvoir légitime belge, dont le rétablissement est certain et prochain, aura à apprécier en sa pleine souveraineté, pour chaque acte de l'occupant, s'il a été inspiré par la considération sincère de l'intérêt général et justifié par une véritable nécessité. Les intérêts respectables qui en auront été engendrés, seront respectés. Mais ce qu'aura voulu édifier le dominateur étranger et qui ne répondrait pas à l'utilité réelle du pays et au libre vœu de ses citoyens sera tenu pour nul et de nul effet.

Ce qu'il importe donc de vérifier ici en dernière analyse — parce que là seulement est le principe de durée ou de persistance de toute réforme d'une telle origine — ce sont les dispositions intimes avec lesquelles la population du pays occupé accueille actuellement ces décrets.

Aucun doute n'existe nulle part sur l'attitude de la population de la Wallonie. Les Allemands ne tentent même pas de faire croire que cette population leur ait jamais montré aucune sympathie. Ils n'ont trouvé parmi elle aucune espèce de collaboration à leurs desseins. Il n'existe, jusqu'à présent, dans cette partie du pays, rien de correspondant au petit groupe des « activistes flamingants » complices des Allemands. Il est parfois question, dans la presse allemande, de l'existence à Bruxelles d'un noyau « wallon » partisan de la séparation administrative, mais elle n'a donné aucun renseignement sur sa composition et elle ne s'est pas aventurée à prétendre qu'il serait « germanophile » (1). En France, quelques Wallons et partisans extrêmes de l'antiflamingantisme, réfugiés en ce pays, mènent campagne, depuis un an environ, en faveur de la séparation administrative : leur autorité et leur clientèle sont également négligeables.

Parmi la population belge de langue flamande, combien croit-on que le programme du Chancelier ait réuni de partisans réfléchis et décidés, adeptes de la foi pangermanique?

---

(1) On cite seulement un journal « wallon » ou « wallingant » paraissant en Belgique occupée sous la censure allemande et qui défendrait, lui aussi, du point de vue des intérêts particuliers de la Wallonie, le principe de la séparation administrative. L'auteur n'a pu s'en procurer la collection. On ne dit pas que des gens de ce groupe aient pris langue avec les autorités allemandes comme l'ont fait les « activistes » du soi-disant « Conseil de Flandres ».

Notons aussi, pour être complet, que, tandis que presque tous les directeurs et rédacteurs de la presse belge ont interrompu, dès l'occupation du pays, la publication de leurs journaux et persistent à refuser de la reprendre sous la censure allemande, quelques obscurs journalistes belges de langue française ont créé, grâce à des appuis allemands de nature diverse, de nouveaux journaux paraissant avec privilège de l'Administration ennemie et sous son contrôle permanent. L'opinion belge est immunisée depuis longtemps contre la prose de ces empoisonneurs de l'esprit public; elle dispose d'ailleurs d'un excellent antidote dans la presse clandestine, très active et très vivante, qui compte dans les deux langues une dizaine d'organes à peu près réguliers, défiant avec une audace et un bonheur admirables toutes les perquisitions et rigueurs de la police allemande; le plus connu d'entre eux est *La Libre Belgique*.

Il ressort des chiffres cités par la presse allemande à propos du soi-disant Congrès national flamand du 4 février 1917, que les Allemands peuvent se prévaloir de la complicité acquise d'environ deux cents Belges de langue flamande, renégats de la Belgique et de la Flandre.

Il y eut, il est vrai, quelques centaines d'approbateurs du décret allemand de flamandisation de l'Université de Gand, mais il serait erroné de les confondre tous dans la même catégorie que les traîtres avérés et conscients du « Conseil de Flandres ».

On trouve, en effet, parmi eux, les noms de gens naguère honorablement connus, peu perspicaces, mais sincères. Les leaders flamingants affirment que, si condamnable que soit leur attitude, on se tromperait en l'interprétant comme le signe de leur reniement de la nationalité belge et de leur ralliement à l'Allemagne; d'après eux, il y aurait dans leurs actes une forte part d'inconscience; leur aberration s'expliquerait par d'incurables prévent'ons de parti et par ce vertige de la « politique du pire » que suscitent les « activistes » dans les esprits faibles.

Nous ne sommes pas en mesure de vérifier, pour chaque cas, le bien-fondé de cette explication. Mais nous savons, comme personne, qu'en politique, il est rare qu'à côté des coupables et de leurs complices, on ne rencontre les dupes.

Dans les temps troublés surtout, le vieil adage des grammaires latines : *Stultorum infinitus numerus*, trouve toujours à s'appliquer. S'il n'y

avait les sots et les faibles au monde, les pervers
seraient moins à craindre.

Il y a donc à faire, dans la liste des prétendues
conquêtes morales de l'Allemagne en Flandre, le
décompte des benêts, des chimériques et des Gri-
bouilles : vrai troupeau de Panurge, bêlant et
impressionnable, d'autant plus néfaste, du reste,
qu'il n'est pas guidé par des mobiles sordides ni
capable de discerner l'abîme auquel on le mène
et où il cherche à tout entraîner avec lui.

Sont-ils de trois à quatre cents de cette espèce?
Peut-être.

Mettons cependant que nous nous trompions
de moitié.

Cela ne ferait encore, au total, complices dé-
clarés et collaborateurs plus ou moins inconscients
de la gravité de leurs actes, que moins d'un millier
d'adhérents.

C'est là, numériquement parlant, tout ce que la
puissante Allemagne a pu racoler, en Flandre, en
deux ans et demi d'occupation, sur une population
de plus de 4 millions de Flamands.

Mais si le nombre est infime, la qualité est plus
que médiocre.

En particulier, la petite bande d'agitateurs et
d'agités du soi-disant « Congrès national flamand »
et du soi-disant « Conseil de Flandres », sans
popularité ni attache réelle parmi la masse du
peuple qui les méprise ou les exècre, dépourvue
d'ailleurs de cohésion intellectuelle et politique,
ne représente vraiment rien de sérieux ni d'es-
timable.

L'Allemagne a eu bien soin de ne pas donner
de publicité officielle à la liste des « deux cent cinquante » membres de ce Parlement-croupion du
gouverneur général von Bissing. Dix noms seulement, de gens sans autorité, suivis d'un prudent
etc... : voilà tout ce que nous avons pu relever,
en cherchant beaucoup, dans les nombreux articles
des journaux allemands. Dans cette liste ne figure
aucun Belge revêtu, avant la guerre, d'un mandat
politique. Il est clair qu'il en irait autrement si
l'Allemagne avait des sympathies dans le pays ou
si seulement la séparation administrative était
réellement désirée par la population flamande.

Si les Allemands étaient si sûrs qu'ils le disent
des sentiments des Flamands à cet égard, que
n'ont-ils soumis leur projet aux représentants légaux et autorisés de cette population qui siègent
dans les divers corps politiques représentatifs, encore en fonctions dans la Belgique occupée : conseils communaux, conseils provinciaux, députations permanentes, au lieu de s'en remettre à une
assemblée de circonstance, d'origine suspecte et
sans aucun rapport avec les institutions régulières
du pays ?

Même la députation « activiste » envoyée à Berlin, et qui comprenait sans doute le « dessus du
panier » du « Conseil de Flandres », était miséra-
blement composée : elle comprenait deux fonctionnaires (Vernieuwe et Verhees), un médecin (Du-
mon), trois professeurs d'école moyenne (Borms,
Lambrichts et Tack) et un avocat (van den Broeck),
gens inconnus hier comme leaders du mouve-

ment flamingant et dépourvus de toute espèce d'influence sur la masse du peuple en Flandres. « Ils ne sont rien, ils sont inexistants », a dit d'eux M. C. Huysmans.

Les menus incidents du séjour à Berlin de ces personnages ont révélé le peu de considération qu'ils méritent, leur manque absolu de tact, de dignité et même d'habileté. Après leur réception, le 3 mars, par le Chancelier, ils assistèrent à une « soirée de bière » (*Bierabend*) offerte par lui en leur honneur et à laquelle étaient présents le vice-chancelier Helfferich et d'autres personnages officiels. Puis ce fut un banquet officiel où ils acceptèrent d'être les hôtes de ce même Gouvernement qui avait déchaîné sur leur patrie les horreurs de la guerre et de l'occupation et qui déjà — depuis cinq mois à cette date — déportait par milliers leurs compatriotes pour les assujettir aux traitements les plus cruels et au travail forcé dans l'intérêt de l'armée allemande (1). Pour couronner l'outrageant défi ainsi jeté à la Belgique et à la Flandre martyrisées, et en perpétuer la mémoire, en même temps que pour alimenter la propagande allemande, les sept renégats se firent ou laissèrent photographier en groupe, en compagnie d'un officier allemand casqué, le comte Harrach, chef de la « Division politique » à Bruxelles, qui leur servait d'introducteur ou de chaperon.

----

(1) Sur le caractère militaire et économique de la déportation en masse de la population civile belge, voir notre ouvrage *Les Déportations belges à la lumière des documents allemands* (In-8, Berger-Levrault, 1917).

En réalité, la réunion du soi-disant « Congrès national flamand » n'a été qu'une vulgaire comédie allemande, passablement mal jouée en flamand par des acteurs et figurants stylés en Allemagne.

Le soi-disant *Rat von Flandern* (pour restituer à cette institution sa légitime orthographe) n'est qu'un décor de théâtre, brossé à Berlin, derrière lequel il n'y a rien de belge et qui ne tient debout que grâce à l'appui de l'Autorité allemande, laquelle maintient, d'autre part, dans la coulisse la vraie opinion flamande bâillonnée.

On comprend, du reste, pourquoi la population flamande ne désire pas la *séparation administrative*.

Le bon sens ne lui fait pas défaut : même les Allemands, quand il leur advient d'être sincères, sont obligés d'en convenir; or, il n'en faut pas beaucoup, à coup sûr, pour s'apercevoir que la Flandre, isolée de la Wallonie, serait impuissante à se soutenir économiquement et plus impuissante encore à maintenir son indépendance politique internationale.

De leur côté, les premiers personnages de l'Empire, le Chancelier compris, déclarent à qui les veut entendre que l'instauration de la *séparation administrative* est le moyen topique choisi pour permettre à l'Empire d'exercer sa tutelle sur la Flandre et son protectorat sur la Belgique. Elle constitue précisément l'une des « garanties réelles » dont l'Empire a décidé de s'investir pour réaliser sa politique de suprématie en Europe occidentale. Nous avons vu que l'aveu en est fait, de la manière la plus catégorique, par le Chancelier, dans son allocution du 3 mars 1917 à la députation « activiste ». Il a été répété par le secrétaire d'État pour l'Intérieur dans la discussion du budget à la séance du Reichstag du 3 mai 1917.

Enfin — *last but not least* — le général von Bissing lui-même s'est chargé de jeter la lumière définitive sur l'objet du débat dans une série d'écrits dont la publication posthume, au mois de mai 1917, a fait en Allemagne un bruit énorme. Nous voulons parler de son *Mémoire* rédigé, dit-on, à l'automne de 1915, ou, plus probablement au début de 1916, publié dans la revue pangermaniste *Das Grössere Deutschland* (nᵒ 20 du 19 avril 1917) par le député à la Diète de Prusse, W. Bacmeister; et de la lettre confirmative adressée par le Gouverneur général, le 14 janvier 1917 (trois mois avant sa mort), au Dr Stresemann, député au Reichstag. On lira en Annexes des extraits de ces documents historiques, d'une importance capitale pour la détermination du programme et des méthodes de la politique allemande en Belgique. Le général von Bissing s'y révèle un fidèle disciple de Machiavel : il affirme que toute son administration en Belgique a été inspirée par le dessein de préparer l'annexion de la Belgique à l'Allemagne en vertu du droit de conquête; il trace le programme de l'administration à y instaurer après la guerre et qui se résume en un mot : suppression de toute indépendance nationale, de toute autonomie réelle et de toutes les franchises des Belges; quant à la Flandre, il recommande de lui mesurer parcimonieusement la liberté promise et surtout de ne pas l'ériger en État distinct. Il serait impossible de pousser plus loin la duplicité politique.

Après de telles déclarations, le doute ne serait plus permis qu'aux sourds et aux aveugles, et ce que l'on ne comprend pas, c'est qu'il puisse encore se rencontrer des Allemands intelligents pour s'imaginer faire accroire à la Flandre qu'ils sont inspirés et guidés en leur politique flamande surtout par la préoccupation sincère de son propre avenir et par le sentiment de leur parenté de race et de langue avec elle.

La vérité est que le sentiment intime de la Flandre et les vœux du *Rat von Flandern* sont deux choses qui n'ont entre elles aucune connexité.

La presse allemande a été forcée plus d'une fois, par l'évidence des faits, d'exhaler des aveux mélancoliques sur les sentiments des Flamands; et certains journalistes allemands ont même cru devoir prémunir positivement leurs compatriotes contre l'illusion d'un ralliement prochain de la Flandre à la cause du teutonisme.

En septembre 1916, on écrivait de Belgique aux *Münchner Neueste Nachrichten* (numéro du 12 septembre) que la masse de la population flamande reste indifférente au mouvement de réveil national que cherche à provoquer l'Administration allemande, en partie parce qu'elle est encore très hostile aux Allemands, en partie parce que « sa longue sujétion et son indifférence pour les choses de l'esprit » ne lui permettent pas d'apprécier le danger dont le « fransquillonisme » menace son caractère national.

La *Post* (Berlin) du 13 septembre 1916 écrivait de son côté (nous résumons) :

La transformation de l'Université de Gand en université flamande, décrétée par le Gouverneur allemand à la fin de 1915, a rencontré beaucoup plus d'obstacles qu'on ne pensait. Les Flamingants eux-mêmes se sont divisés, quelques-uns ne voulant pas recevoir ce présent de la main de l'envahisseur. Le Gouvernement du Havre et les réfugiés belges en France, Angleterre et Hollande ont tout fait pour empêcher ce projet de se réaliser, et ont réussi à gagner ou intimider une partie des anciens professeurs de l'Université. C'est ainsi qu'on a dû prendre comme recteur un Luxembourgeois, Peter Hoffmann, qui enseignait depuis plusieurs années la philosophie à Gand; il y aura aussi quelques Hollandais comme professeurs. Les étudiants seront naturellement peu nombreux, car les uns sont aux armées et d'autres n'osent pas venir. Cependant l'Université ouvrira en automne et, quelle que soit la destinée de la Belgique, il appartiendra aux Flamands de ne pas se laisser ravir ce que l'Allemagne leur donne et qu'ils n'avaient su conquérir en quatre-vingts ans de luttes (1).

Et la *Frankfurter Zeitung,* le journal le plus considérable de toute l'Allemagne, au lendemain de la réception des « activistes » à Berlin (n° 65 du 7 mars 1917, édition du soir), gourmandait

______

(1) Voir aussi, aux chapitres XIII et XVI, l'opinion désabusée du Dᵣ Gustav MAYER : « Romantisme flamand » (*Das Neue Deutschland,* 27 juin 1916).

l'impatience des pangermanistes du genre du comte zu Reventlow et de ses collaborateurs de la *Deutsche Tageszeitung*, en leur rappelant que le peuple flamand ne considérait pas les Allemands comme des libérateurs, mais « prenait, tout comme les Wallons, la défense de l'État artificiel de Belgique avec cette loyauté et cette ténacité profondément enracinées que la race allemande tient pour un droit, quand bien même l'exercice de ce droit se tourne en fait contre elle ».

On peut donc considérer comme une agitation sans profondeur l'effort de la poignée de **traîtres** recrutés par l'Allemagne.

— Mais ils auront fait des victimes! objectera quelqu'un.

Admettons même, par excès de scrupule et pour faire la part belle à l'objectant, que les mesures prises par l'Administration allemande et appliquées durant plusieurs mois, puissent théoriquement laisser après elles quelques ferments de division ou de trouble dans certains esprits faibles : ces scories seront consumées dans le brasier de l'enthousiasme patriotique que le retour du Roi et de l'armée victorieuse va allumer dans tout le pays enfin délivré.

Il est resté, après la Révolution de 1830, bien peu de traces et d'effet moral des mesures politiques qu'avait décrétées le roi Guillaume et dont lui-même avait d'ailleurs dû abolir — tardivement — la plupart avant le soulèvement du peuple belge.

La réaction de l'opinion publique contre l'œuvre

de l'Allemagne et contre ses complices est inévitable; elle sera radicale, les publicistes allemands eux-mêmes le font prévoir; peut-être même le Gouvernement aura-t-il fort à faire pour empêcher que la juste indignation populaire ne se porte, par représailles, à quelque excès, au delà des châtiments et réparations indispensables.

Telle est, fidèlement représentée, la position respective des forces antagonistes en présence en Belgique occupée, sur le terrain de la « question flamande », à la fin du trente-deuxième mois d'occupation et de dictature de l'Administration réputée, à juste titre, la plus organisatrice, la plus opiniâtre, la plus autoritaire du monde.

Un si piètre résultat pour un si gigantesque effort est à l'honneur de la constance du patriotisme des Belges, et notamment des Belges flamands du dedans et du dehors.

Il leur fait plus d'honneur encore si l'on tient compte, d'une part, de la force d'âme nécessaire à des chefs de mouvement populaire pour garder le sang-froid devant la persistance de certaines polémiques personnelles, et si l'on considère, d'autre part, la difficulté accrue de rester constante en sa fidélité, pour une masse populaire isolée depuis plus de trente mois de son Gouvernement, privée d'un grand nombre de ses guides politiques et livrée à peu près aux seules inspirations de son loyalisme dans sa lutte contre les machinations du pouvoir occupant.

CHAPITRE XII

LE PATRIOTISME DES FLAMANDS
ET DES WALLONS AU COURS DE LA GUERRE

Que les tentatives allemandes de séduction aient échoué contre la constance du loyalisme des Flamands, c'est assurément un fait qui contredit la thèse allemande de l'inexistence de la nationalité belge. Mais ce n'est point le seul qui puisse ni doive être invoqué. Il faut porter aussi en ligne de compte les preuves positives données à la fois par les Flamands et par les Wallons de leur égal attachement à la Belgique.

Il sera éternellement vrai de dire que la patrie est avant tout dans le cœur de ses fils. Sans doute, elle se matérialise en un coin de terre et en un groupe d'êtres vivant sur ce coin de terre, mais l'un et l'autre ne deviennent *patrie* que par l'amour commun dont ils sont l'objet. Et l'amour se prouve invariablement par des actes.

Faut-il que les Allemands soient aveuglés par la passion ou le préjugé politique pour ne pas voir s'accomplir, depuis tant de jours et à travers tant d'épreuves, et toujours avec la même spontanéité, le même élan, la même régularité, chez les Flamands et chez les Wallons, les actes essentiels et caractéristiques du patriotisme, à savoir le don de soi, de sa vie, de ses biens pour le salut commun?

Doit-on encore passer son temps à démontrer qu'en Belgique l'abnégation patriotique est totale, aussi bien de la part de la population qui supporte stoïquement les souffrances de l'occupation, que de la part des combattants de l'Yser qui s'obstinent à lutter, le fusil à la main, le long des rives du plus petit des fleuves belges, plutôt que d'évacuer leur dernier lambeau de terre natale et d'abandonner définitivement la communauté de leurs concitoyens à la merci de l'envahisseur?

Est-il donc encore nécessaire, aujourd'hui, de rappeler l'unanimité admirable et sans réserve avec laquelle la population belge tout entière, sans distinction d'origine, de langue, de classe, de condition, de parti, de confession religieuse, se souleva naguère, sous le coup de l'indignation causée par l'ultimatum allemand du 2 août 1914, et vint se ranger autour de son Roi et sous les plis du drapeau national?

Les discussions de politique intérieure et les luttes sociales étaient vives pourtant en Belgique : l'apparition des troupes allemandes à la frontière les apaisa incontinent.

Flamingants et Antiflamingants se sentant menacés ensemble dans leur liberté politique et dans l'indépendance de l'État belge, reléguèrent à l'arrière-plan leur dissentiment particulier et firent front, avec leurs compatriotes, contre l'envahisseur.

Une fois de plus dans l'histoire agitée des « Provinces belgiques », la volonté de rester politiquement Belges, de ne pas devenir Allemands, de se maintenir libres ensemble en un État distinct et indépendant de tout autre État, s'affirma en commun de Flamands à Wallons, par la même, héroïque et tenace résolution de défendre, coûte que coûte, leur union dans le royaume de Belgique, contre l'étranger qui la mettait en péril.

A l'instant, d'Arlon à Ostende et de Tournai à Hasselt, il n'y eut plus que des *Belges.*

Près de trois ans ont maintenant passé, et l'état d'esprit est resté le même dans la Belgique occupée, en dépit des pires vicissitudes militaires et économiques. Tous les témoins dignes de foi affirment unanimement qu'en Belgique occupée, à l'heure présente, la « question flamande » est une chose inexistante : « on ne reprendra la discussion là-dessus qu'après la guerre ».

M. C. Huysmans, qui a séjourné dans la Belgique occupée jusque dans les premiers mois de l'année 1916, écrivait, le 23 septembre 1916, dans l'article-programme d'un nouveau journal socialiste belge fondé par lui en Hollande (*De Belgische Socialist*) :

Pour le moment, nous ne sommes ni Wallons ni Flamands. Nous nions la nécessité de l'existence d'un problème flamand ou wallon pendant la durée de la guerre. Si nous combattons la politique de ceux qui veulent lier le sort de la Belgique à celui d'autres puissances, nous rejetons tout autant la politique des partisans de la séparation administrative, qu'il s'agisse du système du Dr Jacob (1) ou de celui des frères Chainaye (2).

La Belgique forme un bloc indivisible, et les deux nationalités doivent jouir des mêmes droits.

Nous sommes partisans de l'Université flamande de Gand, mais à une condition, c'est qu'elle soit l'œuvre du Parlement belge. Nous rejetons tout cadeau de la part de M. von Bissing et nous n'éprouvons que du mépris à l'égard de ceux qui acceptent des faveurs de la part d'un ennemi qui, après avoir ravagé le pays à feu et à sang, s'efforce de briser l'unité de la nation et de démoraliser notre population.

L'Administration allemande en sait quelquechose, et maintes fois la presse allemande a été obligée, malgré elle, de rendre hommage à l'irréductible patriotisme des Belges.

Bien que les contrastes entre les deux races existassent toujours et que, pendant la dernière décade, un mouvement flamand se fût développé en Belgique, néanmoins au commencement de la guerre, les Flamands étaient animés contre nous de la même hostilité acerbe que les Wallons, écrivaient les *Münchner Neueste Nachrichten* du 23 janvier 1917 (édition du soir).

Et aujourd'hui encore, malgré tout l'optimisme de certains milieux flamands [lire « activistes »], la majorité de la population en Flandre nous regarde comme ses ennemis.

---

(1) L'un des « activistes » flamands ralliés à la politique allemande.

(2) Les frères Chainaye, anciens directeurs du journal radical *La Réforme*, disparu avant la guerre, s'étaient mis à la tête du « mouvement wallon », avant sa transformation de 1912.

De même la *Frankfurter Zeitung* (numéro du 7 mars 1917, édition du soir) :

Les Flamands ne veulent pas être ni devenir Allemands. Leurs chefs eux-mêmes l'affirment ouvertement, tout en s'élevant, en pleine connaissance de cause, contre l'oppression de la culture et de la langue françaises. Il faut donc éviter tout ce qui aurait seulement l'air d'imposer le germanisme allemand.

« Le caractère belge est une énigme psychologique », avouait, de son côté, en août 1915, à un congrès international réuni à Bruxelles, le gouverneur général von Bissing (*Nordd. Allg. Ztg*, n° 255 du 14 septembre 1915, 2ᵉ édition); en vérité, cette énigme est si simple qu'il n'y a qu'un Allemand pour ne savoir pas la déchiffrer.

Une chose, à défaut d'autres, devrait suffire à éclairer l'Allemagne sur la signification qu'a le mot de *patrie* pour tout Belge, sans considération de la langue qu'il parle : c'est la contribution effective des deux groupes flamand et wallon à la résistance armée de la Belgique.

Il n'a pas été publié, croyons-nous, de statistique des engagements volontaires reçus; mais nous ne pensons pas nous tromper en disant que les deux fractions ethniques ou linguistiques de la population belge ont fait preuve d'un égal empressement à s'offrir volontairement au service du pays, sous la seule réserve des difficultés inégales d'évasion existant pour les habitants des diverses provinces.

Dans la conduite individuelle des soldats au

feu, les officiers belges peuvent témoigner qu'ils n'ont jamais observé de différence coïncidant avec la distinction des langues : troupiers flamands comme troupiers wallons combattent de bonne entente et avec un héroïsme égal.

Enfin, bien que la composition actuelle des troupes au front de combat ne reflète plus aussi fidèlement qu'au début de la guerre la relation exacte des deux groupes linguistiques composant la nation (1) et que, par l'effet de causes acciden-

----

(1) Dans son interview au *Courrier de l'Armée*, le baron de Broqueville, interrogé sur le point de savoir s'il était exact qu'il y eût en 1917 à l'armée belge, comme le prétendent les journaux allemands, 80 % de Flamands et 65 % d'officiers wallons, répondit (numéro du 19 mai 1917) :

« Le pourcentage des Flamands à l'armée nous est inconnu; il n'existe aucune statistique à cet égard. Avant la guerre, il y en avait 67 %; je pense qu'il doit y en avoir davantage aujourd'hui.

« Quant aux officiers, aucune statistique n'existe, et, si elle existait, elle n'aurait qu'une valeur relative; il y a des officiers renseignés comme Flamands et qui ne parlent que le français, tandis que beaucoup de Wallons ont imité l'exemple de notre excellent chef d'État-major général, et parlent fort bien le flamand. »

La proportion de 67 % est à peu près celle du rapport numérique des Flamands aux Wallons dans la population belge.

L'augmentation du pourcentage signalée provient de plusieurs causes :

1° De ce que la seule partie du pays qui ait échappé à l'occupation allemande (environ 900 kilomètres carrés sur 29.451) est flamande;

2° De ce qu'au moment de la guerre, il se trouvait en France plusieurs milliers d'ouvriers agricoles flamands habitués à y aller faire chaque année la moisson, et dont un certain nombre, non soumis à cette époque aux obligations militaires, sont tombés, depuis lors, dans les conditions des nouveaux appels de recrues;

3° De ce que les opérations de guerre ont chassé devant elles, hors des frontières, un plus grand nombre de réfugiés flamands que de réfugiés wallons;

4° De ce qu'il fut relativement plus facile de s'évader de Bel-

telles et momentanées, la proportion des Flamands dans les troupes aux tranchées se soit élevée au delà du rapport initial de 67 %, néanmoins les Allemands ne pourraient pas dire que la résistance à laquelle ils se heurtent ait fléchi : par exemple, qu'ils fassent plus de prisonniers que jadis; qu'il y ait moins de coups de main tentés par les Belges, etc., etc.

Ce sont là des constatations qui ne trompent pas.

---

gique, pour les jeunes Belges de la région flamande que pour ceux de la région wallonne;

5° Enfin de ce que la mobilisation industrielle nécessitée par la création d'usines belges de matériel militaire a retiré du front de combat un certain nombre d'ouvriers industriels, lesquels sont en majorité Wallons.

Ces causes, on le voit, ont un caractère exceptionnel.

Toutefois, le fait constitue par lui-même, dans le présent débat, un argument inattendu et frappant en faveur du patriotisme de la population flamande et une démonstration nouvelle de la part effective prise par elle, comme par la population wallonne, à la défense commune du pays, chacune y contribuant suivant ses moyens et les circonstances.

CHAPITRE XIII

GERMANISME ET TEUTONISME

D'où vient donc, à la supposer sincère et non calculée, l'erreur si grossière de l'Allemagne et de son Chancelier, dans leur appréciation des dispositions des deux groupes linguistiques, et spécialement des Flamands, envers la patrie belge?

Probablement de l'idée fausse qu'ils se sont formée, depuis la guerre, des caractères essentiels du mouvement flamand.

Ils se le figurent, en effet, ainsi que nous l'avons dit, comme une réaction politique contre l'existence de l'État belge, se donnant pour but d'en provoquer la désagrégation afin de libérer de l'oppression un groupe ethnique « de sang allemand », aventuré trop loin dans les terres welches et que ses aspirations de race porteraient à se réunir à l'Empire.

Nous tenons ici un exemple de plus des abstractions engendrées dans les cerveaux allemands par le mysticisme pangermaniste.

La présente guerre a bien mis en lumière la singulière puissance de suggestion de l'intérêt politique sur l'imagination des Allemands d'aujourd'hui. Elle agit avec une telle force que même

des hommes de science d'entre les plus qualifiés en
Allemagne sont devenus incapables d'observer un
fait historique ou psychologique extérieur, sans le
déformer suivant les conceptions préétablies de
l'égoïsme allemand.

N'est-ce pas l'humoriste Chesterton qui a noté
l'impuissance congénitale de l'Allemand à se détacher de soi-même et à se représenter intuitivement
ce que peut penser autrui? Dans son infatuation
incommensurable, il s'imagine non seulement que
l'Empire allemand incarne et monopolise tout
ce qui est ordre, beauté et bonté dans la société
humaine, mais, plus particulièrement, qu'il est le
foyer d'attraction irrésistible de tout ce qui est germain au monde, soit par la race, soit par la langue.

Cette dernière illusion paraît reposer sur la
confusion absolue de deux notions très différentes :
celle de *civilisation* ou de *culture* et celle de *puissance politique.*

En vérité, une telle méprise est presque puérile.

La civilisation d'un groupe ethnique donné
peut avoir plusieurs foyers distincts, et l'intensité
du rayonnement de chacun d'eux n'a pas nécessairement pour mesure l'influence politique, d'ailleurs souvent passagère, exercée, dans l'ordre international, par l'État qui le contient.

La France, par exemple, quelque éminente que
soit sa place dans la civilisation *latine*, n'est pas
l'unique foyer de celle-ci, et elle n'entraîne pas
nécessairement dans son orbite politique tous les
groupes de culture latine qui brillent en Europe
ou dans le Nouveau Continent.

Il n'en va pas autrement pour la civilisation « germanique ».

La culture *germanique* compte, en dehors de l'*allemand*, au moins trois ou quatre autres foyers : le *scandinave*, le *néerlandais*, l'*anglais* et l'*américain*, parfaitement distincts entre eux et dont les différences respectives avec l'*allemand* sont profondes.

Il serait bien temps de cesser de faire le jeu de l'impérialisme allemand en confondant ces foyers l'un dans l'autre, sous le prétexte qu'ils peuvent être originellement rangés sous l'appellation de « germaniques ».

La confusion de la notion culturale de *germanisme* avec la notion politique d'*Allemagne* n'est, en réalité, qu'une invention captieuse destinée à frayer la voie aux ambitions hégémoniques de l'Empire : ces deux notions ne sont pas du même ordre idéal et n'ont pas la même étendue d'application géographique ni politique.

La différence est surtout sensible lorsque par *Allemagne* on vise l'Allemagne *contemporaine*, dans laquelle la Prusse et l'esprit prussien ont pris une place prépondérante. L'analyse montre ici que l'affinité linguistique n'a rien d'un élément déterminateur nécessaire.

D'une manière générale, les peuples s'opposent ou s'apparient spirituellement les uns aux autres par l'ensemble de tendances natives et de caractères acquis, auxquels on rapporte, comme à leur cause déterminante, leur façon originale de sentir et leur idéal de vie en société, c'est-à-dire l'es-

sence de leur culture respective. En ce domaine,
les affinités purement linguistiques consistant
dans la simple similitude de l'instrument verbal,
restent à peu près sans signification ou sans portée.

La parenté des idiomes n'entraîne pas nécessairement celle des âmes.

Des peuples parlant la même langue peuvent
être profondément différents par les sentiments
et les conceptions qu'elle leur sert à exprimer.
Inversement, des peuples différents de langue
peuvent être fort rapprochés par les sentiments,
l'idéal social, l'intérêt économique ou politique.

Ce qui importe pour classer les peuples en
familles spirituelles, c'est de reconnaître quelles
sont les pensées fondamentales de chacun sur
l'organisation et la vie des hommes en communautés nationales et, par-dessus celles-ci, en société de
nations; quels sont les principes moraux que chaque
communauté a faits siens, qu'elle tient pour pos-
tulats indiscutables en ce qui la concerne, et dont
elle fait instinctivement la règle de ses jugements
aussi bien que la raison justificative de ses actes.
C'est là, en effet, ce qui caractérise le plus fermement un groupe humain parmi les peuples qui
l'environnent.

Or, quand on prend ces maîtresses cimes pour
points de repère dans l'appréciation de la distance
morale qui sépare les diverses cultures particulières de l'Europe, on aperçoit un abîme ouvert
entre la culture teutonne et l'ensemble des autres,
même des germaniques.

C'est un fait patent que, depuis le mois d'août

1914, la sensibilité des divers peuples d'origine *germanique* n'a pas vibré à l'unisson de la sensibilité *allemande*, au choc des actes et des doctrines de guerre de l'Empire. Par exemple, en dépit des affinités ethniques, du voisinage et même parfois des sympathies politiques, l'âme scandinave et l'âme néerlandaise ne pensent ni ne sentent, sur l'objet des grandes discussions morales d'à présent, comme pense et sent l'âme . allemande. Il en va tout de même de l'âme suisse-alémanique, — quoique la différence, pour elle, soit moins profonde ou moins apparente, — et de l'âme américaine. Et quant aux Anglais, — « les détestables cousins que Dieu punisse ! » — l'Allemagne ne trouve pas assez d'expressions dans sa langue, pourtant riche en termes d'exécration, pour les maudire !...

D'autre part, loin que le pouvoir d'attraction politique et morale de l'Allemagne ait augmenté dans le monde, même germanique, depuis la guerre, c'est encore un fait d'évidence que l'Allemagne est, aujourd'hui, moralement isolée, comme jamais peut-être peuple ne le fut. Elle-même a fini par s'apercevoir, à la longue, de ce délaissement universel et, en dépit de son orgueil, elle s'est interrogée avec inquiétude : « Pourquoi donc le monde nous hait-il? Pourquoi les Allemands sont-ils un objet de si grande aversion (1)? » questions

-----

(1) Tels sont notamment les titres de deux brochures retentissantes : *Warum hassen uns die Völker,* par le Dr Magnus Hirschfeld (Marcus und Weber, éditeurs. Bonn, 1915); *Warum sind die Deutschen so verhasst,* par le Dr E. Mackel, directeur de « Real-

auxquelles ses publicistes ont répondu, chacun différemment, suivant son tempérament ou ses préjugés. Mais l'explication n'importe; la question posée témoigne, à elle seule, d'une opposition formidable d'esprit, de sentiments, de culture, entre l'Allemagne d'aujourd'hui et le reste du monde, y compris les autres peuples d'origine germanique.

Le Dr K. Buchheim confesse cette antinomie naturelle en ces termes (*Die Grenzboten*, 20 décembre 1916 : « Encore un mot sur l'avenir de la Belgique ») :

En Belgique, notre ennemi mortel est la culture anglo-française, c'est-à-dire l'idée politique de l'Europe occidentale créée par ses révolutions. C'est surtout cette idée qui a appelé l'État belge à la vie. Par un habile ralliement au mouvement de 1830, le catholicisme parvint à se maintenir, à côté du libéralisme occidental, en une position influente en Belgique...

Qui à Rome et à Bucarest a excité le monde contre nous? De quel esprit sont-ils les fils, les hommes politiques belliqueux de toute l'Europe qui ont prêché avec tant de succès la croisade contre le militarisme allemand? Partout nous trouvons ces libéraux de

---

gymnasium » (Westermann, éditeur. Berlin, Braunschweig et Hambourg, 1915).

L'opposition idéale entre la culture *prussienne* et la culture du type communément appelé *occidental* ou *humaniste* est parfaitement sentie par certains publicistes allemands et précisément par ceux qui sont imbus des théories pangermanistes. Lire à ce propos un curieux article de Moeller von den Bruck : « La faillite de l'Occident » dans *Der Tag* (édition rouge) du 6 octobre 1916.

l'Europe occidentale qui furent incurablement éblouis par le soleil de civilisation des bords de la Seine.

Que fut Salandra, qu'est Bratiano, qu'est Venizelos? Tous, des hommes qui puisent leurs convictions politiques — si tant est qu'ils en aient — dans les idées politiques de la France post-révolutionnaire.

Qui est Wilson? Un professeur qui voudrait nous donner une leçon sur le droit international anglo-libéral.

Où se trouvent les ennemis incorrigibles de l'Allemagne dans l'intelligence norvégienne et suédoise? Dans les groupes politiques qui puisent leur sagesse d'État en Angleterre...

Notre ennemi en Belgique est l'esprit de cette culture politique de l'Europe occidentale qui a prêché contre nous la guerre sainte dans la plupart des capitales de l'Europe.

On peut donc conclure avec vérité que l'Allemagne contemporaine, quelle qu'ait été sa puissance politique, si grande qu'ait pu être l'influence de ses hommes de science, d'art, d'industrie et de commerce, n'est pourtant pas tout le germanisme. Tout au plus en représente-t-elle l'une seulement des expressions nationales particulières, et sans doute l'expression peu recommandable. A cette forme spéciale de germanisme, ou plutôt à cette déviation allemande du germanisme, nous proposons que l'on réserve la dénomination plus exacte de *teutonisme*, pour rendre désormais *impossibles* une méprise ou une assimilation que les autres peuples de la même origine ethnique doivent trouver injurieuses.

Qu'importe, dès lors, que la Flandre ait cependant son pôle d'attraction linguistique situé, hors
de Belgique, en un pays germanique, c'est-à-dire
en Hollande? Cela ne rapproche pas encore,
même indirectement, la Flandre de l'Allemagne,
car le Hollandais est, sans doute, capable de sympathie pour son voisin de l'Est, mais il est peu de
peuples chez qui, en politique comme en affaires,
le « sacro egoismo » soit plus anciennement et
profondément développé; même un Allemand,
si infatué soit-il, n'oserait aujourd'hui représenter
le Hollandais sous l'aspect d'un Germain gémis-
sant, par pure solidarité ethnique, d'être politiquement séparé de ses « frères de race » allemands.
D'ailleurs, l'inclination des Flamands vers les
Hollandais a simplement pour objet leur langue,
nullement la Hollande prise comme État; pas
plus que l'inclination des Wallons vers la France
qui est leur pôle d'attraction linguistique, n'a pour
objet l'État français. Ces courants inverses et cor-
respondants de sympathie, et leurs effets d'attraction respectifs, s'exercent, pour l'un et l'autre
groupe, dans l'ordre idéal seulement; la politique
en est exclue. Enfin, la Hollande ne paraît pas,
jusqu'ici, apporter, dans l'affaire, non plus que la
France actuelle, de dessein de prosélytisme politique.

Il faut se rappeler, à ce propos, deux faits historiques.

La Hollande eut toujours pour règle de conduite
politique vis-à-vis des provinces méridionales des
Pays-Bas, de les utiliser, pour sa défense directe,
comme bastion naturel, ou, pour sa défense indi-.

recte, comme zone d'amortissement des chocs
internationaux, et cela tout en les tenant le plus
possible exclues de sa communauté économique,
voire, le cas échéant, politique.

Les oppositions religieuses sont restées trop
profondes entre provinces belges du Sud et provinces hollandaises du Nord pour que celles-ci,
qui ne passent pas pour manquer du sens des réalités, soient disposées à caresser la chimère d'une
réunion, même sous le couvert de l'identité de
langue (1).

---

(1) L'idée d'un rapprochement économique entre la Belgique
et la Hollande fut agitée plus d'une fois depuis la séparation politique des deux royaumes. Des efforts furent tentés par Frère-Orban
à partir de 1869 pour établir une union douanière hollando-belge
et se prolongèrent jusqu'en 1883. L'idée fut reprise, il y a une
douzaine d'années, à Bruxelles, sous la forme d'un projet d'union
économique générale et elle recueillit des adhésions notables dans
les deux pays. Une commission hollando-belge fut nommée. L'idée
suscita en Belgique quelques convictions enthousiastes. Mais les
cercles dirigeants de la politique en Hollande y mirent opposition
et l'empêchèrent d'aboutir. Tout récemment une brochure remarquable du principal promoteur du rapprochement hollando-belge,
M. Eugène Baie, préconisant de nouveau la conclusion d'une
alliance défensive entre la Hollande et la Belgique et engageant
l'opinion hollandaise à se rendre compte de la solidarité naturelle
des intérêts des deux pays en face des ambitions pangermanistes
de l'Allemagne, ne fut pas chaleureusement accueillie par la presse
hollandaise. Celle-ci affecta d'y voir surtout une tentative pour
entraîner la Hollande dans la guerre, ou du moins dans des compli-
cations internationales inquiétantes pour le maintien de sa neutralité (Cf. Eugène Baie : *La Belgique de demain*, Paris, Perrin,
1915).

A noter que l'idée d'un rapprochement *politique*, et même d'une
alliance entre les deux pays, se faisait déjà jour dans les milieux
ministériels belges et hollandais dès dix ans seulement après la
Révolution de 1830. Il y eut des pourparlers ouverts après 1840;
le ministre Lebeau s'en fit un jour l'écho au Parlement belge
en indiquant de quelques traits brefs, mais fermes, les raisons
de raison qui devaient porter les **deux** petits pays à appuyer
l'une sur l'autre leur faiblesse respective.

En fait, depuis la guerre, les organes les plus sérieux de la presse hollandaise, tout en manifestant des sympathies pour le mouvement flamingant, ont *eu soin de dire qu'ils refusaient* catégoriquement d'intervenir dans un conflit entre les Flamands et l'État belge, s'il en survenait un.

Naturellement, nous ne nous portons pas garants de l'inaltérabilité absolue de cette attitude. En politique, comme dans la nature, tout est mouvant : c'est le *perpetuum mobile*. L'avenir n'est peut-être pas fermé à l'idée d'un rapprochement hollando-belge après la conclusion de la paix. D'autre part, nous n'ignorons pas qu'il existe un mouvement pan-néerlandais en formation et qui n'a pas encore atteint tout son développement. Mais ses tendances sont encore confuses. En fait, les quelques rares Flamingants devenus anti-Belges n'ont trouvé de complicités en Hollande qu'individuelles, et seulement parmi les Hollandais qui avaient déjà, pour des raisons personnelles, pris parti en faveur de l'Allemagne contre les Alliés dans la présente guerre (1).

Cela étant, si les Allemands avaient gardé leur sang-froid, ils se rendraient compte qu'il est possible, en principe, qu'une population d'origine

----

(1) La revue *Dietsche Stemmen*, qui manifeste une tendance pan-néerlandaise et — chose étrange, vu la contradiction politique évidente des deux objectifs — germanophile, a publié dans ses numéros de septembre et octobre 1916 un article de M. J. Visser, 1er lieutenant d'infanterie dans l'armée hollandaise, préconisant la « réunion de la Flandre à la Hollande » sur la base d'une séparation administrative des deux groupes hollandais et flamand, au moins au début. Cette réunion serait, dit-il, dans l'intérêt commun de la Hollande et de la Flandre.

germanique, mais ennemie de l'Empire, telle que la population flamande, persiste dans son mouvement d'ascension linguistique et même culturale, sans donner pour autant, à personne, occasion ni droit de penser qu'elle inclinât vers l'Allemagne intellectuellement, ni, moins encore, politiquement.

Ils auraient ensuite égard à la leçon des faits.

S'il existait une attraction réelle entre l'Allemagne et la Flandre, il y a longtemps qu'on l'aurait vue se manifester. Or, on s'est plaint beaucoup, en Allemagne, depuis la guerre, de ce qu'il n'y eût pas eu entre elles, jusqu'à présent, de rapports intellectuels directs et suivis; des tentatives avaient été faites parfois avant la guerre pour en établir : elles ont toutes échoué (1). Le Chancelier lui-même, dans son discours du 5 avril 1916, dit :

____

(1) Ainsi, il y a une quinzaine d'années, il se créa en Belgique, d'initiative allemande, une revue : *Germania*, à laquelle devaient collaborer côte à côte des écrivains et penseurs allemands et flamands; bien que l'idée en fût présentée d'une manière séduisante, la réalisation aboutit très vite à un échec.

Depuis lors, les Allemands cherchent à réparer leur « oubli ».

En juillet 1916, a été fondée en Allemagne une revue mensuelle illustrée exclusivement consacrée à la Belgique, sous le titre : *Der Bel'ried* (Le Beffroi). Elle ne se donne pas pour but exclusif de ménager le rapprochement intellectuel de la Flandre et de l'Allemagne, mais aussi de faire connaître systématiquement la Belgique aux Allemands, sans doute pour faciliter la tâche de pénétration d'une société d'économie politique allemande dont elle est l'organe officiel. Elle apporte d'ailleurs une attention spéciale à suivre le mouvement flamand.

En mars 1917, deux sociétés ont été fondées l'une à Düsseldorf, l'autre à Berlin, pour favoriser le développement de relations intellectuelles et sociales entre l'Allemagne et la Flandre. Elles ont groupé une foule de notabilités du monde de la politique et des universités, surtout dans les sphères pangermanistes. La première paraît avoir surtout pour initiateurs des membres du parti du

« Nous n'abandonnerons *plus*, *désormais*, ce peuple qui nous est apparenté, à la francisation... », confessant par là, avec regret, l'indifférence de l'Allemagne, dans le passé, vis-à-vis de la Flandre. Plus d'un publiciste allemand s'est plaint aussi de ce que les Allemands établis en Belgique perdissent si vite le sens allemand, les idées, la langue et les mœurs allemandes pour adopter celles de leur pays de résidence et d'affaires, et même plus volontiers encore la langue française que la langue flamande (Cf. « Allemands et Belges », par le Dr Erich KLEIN-SCHMIDT, dans *Das Grössere Deutschland*, n° 48, novembre 1916). Ce serait donc, à entendre ces auteurs, la culture belge qui tendait à absorber les Allemands, plutôt que la culture flamande ne tendait à se laisser résorber dans l'allemande.

La parenté de race et de langue entre les Flamands et les Allemands, dont ceux-ci font tant

---

Centre. Le Chancelier s'est aussitôt entremis pour réaliser la fusion de ces sociétés, mais, au moment où nous écrivons, il ne semble pas encore y être parvenu.

Notons aussi : la multiplication en Allemagne, à partir de 1917, des conférences de vulgarisation scientifique sur la Flandre, son histoire, sa situation présente, sa littérature, ses arts, sa culture, ses aspirations ; — l'ouverture de cours de langue et de littérature flamandes en diverses universités, notamment à Munich (il y avait déjà, avant la guerre, une société scientifique néerlando-flamande à Leipzig) ; — le projet d'en ouvrir dans l'enseignement secondaire (un député bavarois l'a demandé formellement à la Diète de Bavière, séance du 1er février 1916, d'après le compte rendu des *Münchner Neueste Nachrichten* du 3 février 1916) ; — enfin la publication — souvent sans l'aveu ou sans égard pour le droit des auteurs — de nombreuses traductions allemandes très soignées d'œuvres littéraires flamandes, classiques et contemporaines, (parmi lesquelles mention spéciale doit être faite des éditions de la firme INSEL, spécialisée dans les traductions d'œuvres étrangères), et l'édition d'albums artistiques divers, tels que *Alt Flandern* (Roland Verlag, Dachau, 1916).

état, est elle-même fortement exagérée par eux;
on comprend dans quel dessein.

 La vérité admise par les ethnographes et philologues néerlandais et même allemands les plus
sérieux est que le noyau ethnique de la population
néerlando-flamande est l'élément frison antique
divisé au moins en deux branches : les Friso-Fla-
mands et les Friso-Hollandais. L'un des chefs du
mouvement néo-flamand (« activiste ») l'aurait rappelé récemment, à en croire M. Fritz Bley (*Zeitfragen*, n° 6, suppl. de la *Deutsche Tageszeitung*
du 26 mars 1917), dans un mémoire adressé à la
« Société pour le Germanisme à l'étranger ». L'écrivain pangermaniste cite quelques passages de ce
mémoire que, par ailleurs, il s'efforce, sans bonheur, de réfuter :

*Friserne Kalde sig aldrig Tydskerne, men betragte
sig med Stolthed som et eget Folk* (ce qui veut dire : les
Frisons ne se nomment jamais des Allemands, mais
se considèrent comme un peuple distinct). Le peuple
friso-néerlandais sur les côtes de la Flandre et dans
les Pays-Bas du Nord provient *principalement* d'un
peuple frison vigoureux, entremêlé de races francques
et saxonnes. Le Brabant et le Limbourg sont plutôt
francs, la Néerlande orientale plutôt saxonne. Les
Néerlandais (Flamands et Hollandais) veulent absolument être considérés comme un membre totalement indépendant de la grande famille germanique,
à côté des Scandinaves, des Haut-Allemands et des
Anglo-Saxons. Les grands professeurs néerlandais
Royaards et Alberdinck Thijm l'ont démontré. L'eth-
nographe allemand Fr. von Stellwald dit : « Les Néer-

landais se distinguent complètement de leurs voisins, et forment un contraste profond particulièrement avec les Allemands. »

On assiste parfois à la tentative de nier la nationalité des Néerlandais (Flamands et Hollandais). On veut les considérer comme des Allemands ayant un dialecte distinct. Rien ne saurait être plus faux. Le hollandais-flamand n'est ni un dialecte, ni un idiome de l'allemand, ni une langue sœur. Tout au plus pourrait-on désigner leur relation comme celle de cousin à cousine... Aucun peuple germanique, les Anglais exceptés, n'a un caractère aussi marqué. Leur développement physique et psychologique, leurs mœurs leur assignent tout aussi parfaitement une position indépendante que leur passé grandiose, tout gonflé d'un amour inextinguible pour la liberté.

Le mémoire poursuit l'exposé de cette idée très juste, en ces termes :

Dans le courant des siècles, la langue hollando-flamande (*het nederlandsch*, le néerlandais), par suite de l'influence prédominante de l'élément franc, est venue en contact plus étroit avec le bas-allemand; les Anglais disent, par suite, aussi *Dutch*. Jadis, on disait bien dans les contrées hollando-flamandes *Dietsch*; mais ce terme de *diet* ou *duit* ne se réfère qu'à l'idée de « peuple » (*Volk*) et non pas à l'idée d'égalité avec les Allemands de l'Empire ou de l'Autriche. Nous autres Flamands, Hollandais, Boers, nous sommes des Germains, pas des Allemands, et les Allemands provoquent chez nous du mécontentement quand ils nous appellent Allemands; cela, nous ne le voulons absolument pas. Nous ne voulons aucunement être dissous dans aucun autre peuple ou État.

Ce langage est assurément clair. Voici qui l'est davantage encore. Le Dr Gustave Mayer, que la rédaction de la revue *Das Neue Deutschland* (numéro du 27 juin 1916) présente à ses lecteurs comme ayant « vécu de longues années à Bruxelles avant la guerre, en qualité de correspondant d'un des plus grands journaux allemands et qui fut, pendant la guerre, attaché, durant un an, au département politique du Gouvernement général », s'efforce, dans un article intitulé : « Romantisme au sujet de la Flandre », et dirigé contre le D^r von Schulze-Gaevernitz, de tirer ses compatriotes des illusions où les jettent les exagérations pangermanistes :

On parle tant, écrit-il, de la communauté de langue qui permet à nos soldats bas-allemands de converser facilement, à Bruges et sur la côte, avec ceux qui sont leurs « hôtes malgré eux ». Avant la guerre, la majorité des Flamands en savaient à peine autant de la nature et de la culture allemandes que les Finnois et les Magyars, peuples pour lesquels l'allemand est la seule grande langue culturelle voisine. On perd de vue chez nous que, au cours des derniers siècles, deux grands courants d'idées, nés sur le sol roman, ont passé sur les Flamands et les ont éloignés de nous : la Contre-Réformation et la Révolution française. C'est de ces courants que l'esprit et l'âme des Flamands actuels ont reçu leur forme, et celle-ci n'est pas homogène avec la nôtre, qui nous a été transmise par notre propre développement. Qu'on ne se fasse pas d'illusions à ce sujet : les âmes des deux peuples sont actuellement plus éloignées l'une de l'autre que leur langue.

En effet, l'examen attentif de l'idéologie du mouvement flamingant n'y révèle pas trace d'une inclination positive quelconque vers les doctrines politiques ou culturales du pangermanisme.

Les idées fondamentales du pangermanisme, — notamment la thèse « gobiniste » de la pureté ethnique des Germains-Allemands et de leur supériorité naturelle sur tous les autres peuples européens; la thèse de la vocation de cette race à l'hégémonie mondiale; celle de la tendance irrésistible des peuples germaniques à constituer ou reconstituer l'unité politique ou culturale de la famille ethnique allemande, etc. — sont absolument étrangères à la mentalité flamande, en dépit de telle ou telle pièce de vers de l'un ou de l'autre poète flamingant, exalté par l'ardeur de la lutte linguistique entre Flamands et « Fransquillons ».

Y a-t-il danger qu'elles y pénètrent ou que, du moins, un rapprochement intellectuel sérieux, préface d'une aimantation politique, se produise entre la Flandre et l'Allemagne?

A notre avis, non.

Il est visible, en effet, que les thèses mises en avant par le pangermanisme ont pour but originaire et final de servir les intérêts politiques de l'Empire allemand et de lui frayer les voies vers la domination universelle à laquelle il aspire.

A qui ferait-on croire que ce soit par l'effet d'une sympathie spontanée et sentimentale pour l'idéal flamand que le Chancelier impérial a pris la peine d'élaborer un programme d'action de

l'Empire vis-à-vis des populations flamandes?
C'est évidemment en artisan de l'intérêt allemand
qu'il a parlé le 5 avril 1916 au Reichstag, et le
3 mars 1917 aux « activistes » à Berlin, non en
partisan de la cause flamande.

Si l'Allemagne conserve la Belgique, écrit le D^r C.
Bornhak (*Die Grenzboten*, « L'avenir de la Belgique », n° 49 du 8 décembre 1916), ce ne sera
point en vue de faire plaisir aux Belges ni pour leur
rendre service, quoiqu'ils ne manqueront point d'es-
timer peu à peu l'avantage qu'il y a à faire partie
d'une grande communauté... C'est seulement parce
que nous ne pouvons nous passer de ce pays et que,
pour cela, nous sommes forcés d'accepter ses habitants par-dessus le marché.

Cette seule observation mettrait déjà, le cas
échéant, la masse des Flamands en garde contre
les promesses allemandes, car il est certain, comme
l'a remarqué M. Frans Van Cauwelaert, l'un des
chefs du mouvement flamand (*De Beiaard*, numéro de juillet 1916) que, après les horreurs de
l'invasion en août et septembre 1914, après les
épreuves du régime d'occupation, quiconque aura
été seulement suspect de connivence ou de com-
plaisance envers l'Allemagne, deviendra en Belgique, au lendemain de la guerre, un objet d'ani-
madversion générale.

D'autre part, il n'est pas un Flamand, quelque
peu éclairé, qui ne se rende compte qu'il serait
infiniment plus dangereux, pour la culture flamande en formation, de se trouver en rapport

immédiat et constant avec la culture absorbante
d'un peuple de même famille ethnique, plutôt
qu'avec celle d'un peuple d'autre race, telle que
la culture française. Dans l'opposition même de
quelques-uns des caractères du génie français avec
les siens, la culture flamande trouve à la fois une
occasion d'enrichissement, une raison d'être et un
stimulant permanent pour ses propres énergies
latentes. Elle serait, au contraire, sans défense
contre l'infiltration des idées et la puissance d'attraction de la culture allemande, favorisée par
l'affinité ethnique et linguistique.

Le romancier flamand Stijn Streuvels en a fait
le premier la remarque dès la première année de
l'occupation allemande en Belgique :

C'est ma ferme conviction, écrit-il dans le *Nieuwe
Amsterdammer* du 3 juillet 1915, que, dans cette hypothèse (celle d'un rattachement de la Flandre à l'Allemagne), malgré tous les droits et toutes les libertés
possibles, c'en serait à tout jamais fini de notre personnalité flamande.

M. Frans Van Cauwelaert, après lui, a dénoncé
ce péril avec clairvoyance, dans sa réponse au
Chancelier :

Une tutelle intellectuelle de l'Allemagne serait notre
mort, écrit-il. Notre culture naissante ne pourrait
résister à la puissance centralisatrice, tout absorbante,
de la culture allemande, et la malédiction de l'avi-
lissement viendrait dessécher l'efflorescence intellec-

tuelle de l'idéal de notre vie (*Vrij Belgie*, numéro du 14 avril 1916) (1).

M. C. Huysmans, député socialiste de Bruxelles, autre leader du mouvement flamand, a fait des déclarations analogues, et dans un article du *Nieuwe Rotterdamsche Courant* du 27 janvier 1916, et dans l'étude parue dans l'*Humanité* de Paris du 31 juillet 1916, que nous avons déjà citée. De même encore, d'autres chefs réputés du mouvement flamand tels que : K. van de Woestijne et Aug. Vermeylen (*De Kroniek*, février 1916, p. 132); L. Franck (*Algemeen Handelsblad*, 5 mai 1916, édition du soir); A. Buysse (*Bulletin des Comités belges*, août 1915); etc.

Leurs pressentiments ne les trompaient pas, car quelques mois plus tard, comme si certains Allemands mêmes avaient fait la gageure de ne pas permettre que personne se méprît sur les vraies intentions de l'Empire, des publicistes d'Allemagne se sont chargés de les révéler de la manière la plus explicite.

Par exemple, le Dr C. Bornhak, que nous avons déjà cité : ce personnage — un juriste s'il vous

---

(1) D'autre part, le même leader flamand expose avec force, dans un article de la revue hollandaise *De Amsterdammer* (14 avril 1917) les graves dangers que ferait courir à l'avenir de la Flandre en même temps qu'à l'indépendance de la Belgique, « l'internationalisation de la question flamande » à laquelle visent les « activistes » du Conseil de Flandres : elle provoquerait fatalement l'immixtion continuelle de l'un ou l'autre des grands États voisins de la Belgique, peut-être de tous, dans les affaires intérieures belges. — Cf. les idées identiques développées par M. Julius Hoste junior dans un article de *Vrij Belgie*, n° 95, du 15 juin 1917.

plaît, et dont l'avis n'est pas négligeable, puisqu'il est professeur à l'Université de Berlin et que, depuis le début de la guerre, il a beaucoup écrit sur la question flamande et sur la Belgique — ce personnage expose, dans le dernier chapitre de sa brochure : *Belgiens Vergangenheit und Zukunft* (Berlin, Grenzboten Verlag, 1917) paru d'abord dans *Die Grenzboten*, n° 49 du 8 décembre 1916, comment il faut concevoir l'« avenir de la Belgique » et spécialement des intérêts flamands dans le système de protectorat qu'a annoncé le Chancelier impérial. Nous résumons :

La Belgique est une conquête de l'Empire. Elle sera placée momentanément dans la situation juridique d'un protectorat allemand, puis, après quelque temps, « comme l'Alsace-Lorraine et Héligoland », elle sera incorporée au territoire fédéral. Les Belges deviendront par là citoyens allemands, mais seulement citoyens de l'Empire. Ceux qui ne voudront pas de cette qualité devront émigrer endéans un an, et vendre, dans le courant de la deuxième année, leurs propriétés et entreprises industrielles, sinon elles seront expropriées.

Le pays sera *Terre d'Empire* « et fera partie du « Zollverein », sauf le port d'Anvers qui sera d'ailleurs aussi *Terre d'Empire*. Les Belges feront leur service militaire dans l'armée allemande, mais pas en Belgique : en Allemagne même jusqu'à nouvel ordre. « Ainsi la jeunesse masculine n'apprendra pas seulement à connaître la langue allemande, mais aussi les mœurs de ce pays. » Seuls les Belges qui iront se fixer en Allemagne y auront le droit de vote pour le Reichstag ; en Belgique, il n'y aura pas d'élections ni d'arrondissements électoraux. Il n'y aura plus de provinces, mais seulement des arrondissements administratifs. L'Empereur exercera un pouvoir dictatorial. La Belgique comme telle disparaîtra, son nom même sera aboli; elle fera place à deux territoires indépendants limités par la frontière linguistique : « La constitution de deux territoires d'Empire répondra immédiatement au principe politique : *Diviser pour régner.* » Dans cette division, « la nécessité de l'emploi de trois langues disparaît d'elle-même ».

Ici nous devons citer textuellement (les soulignements sont de nous) :

Dans les deux territoires de l'Empire, les autorités useront des deux langues officielles, les avis officiels et les inscriptions ne seront permis que rédigés dans une de ces deux langues du pays, les journaux ne pourront paraître qu'en ces deux langues, et, bien que flamands en Flandre et français en Wallonie, *ces journaux devront être accompagnés d'une traduction allemande.* L'enseignement sera donné dans les deux langues du pays; *l'allemand sera partout une branche obligatoire.* La Flandre recevra une université *allemando-flamande* à Gand, et la Wallonie une université *allemando-française* à Liége. Les *universités libres :* l'Université catholique de Louvain et l'Université libérale de Bruxelles *devront être supprimées comme étant incompatibles avec l'idée de l'État allemand.*

Sans compter l'avantage, pour tout le pays, d'avoir deux langues officielles au lieu de trois, la division en deux terres d'Empire procurera encore des avantages linguistiques particuliers à la Flandre. Le vernis français, qui, depuis les ducs de Bourgogne, recouvrait les parties bas-allemandes de la Belgique ancienne, disparaîtra de lui-même. La langue française n'aura plus droit de cité en Flandre. Celui qui possède seulement le français ou qui trouve plus distingué de s'exprimer dans cette langue devra se familiariser avec la langue du pays ou bien émigrer en Wallonie. Outre cela, quand, *à l'armée les soldats flamands, à l'école les enfants flamands apprendront la langue d'État allemande,* quand *tous les avis officiels et les inscriptions* et aussi les journaux ne paraîtront pas seulement en flamand, *mais en même temps en allemand,* LA LANGUE LITTÉRAIRE HAUT-ALLEMANDE PROUVERA ICI AUSSI SA SUPÉRIORITÉ NATURELLE SUR LES DIALECTES BAS-ALLEMANDS. La langue populaire ne sera quand mêmé pas différente des deux côtés de la frontière, et ce sera seulement l'élévation de la langue populaire néerlandaise au rang de langue littéraire qui aura créé une borne. *Pourvu que la langue flamande populaire continue à exister, comme les patois* de Westphalie ou de Mecklembourg, on n'aura pas retranché une branche au riche tronc du germanisme. *Les classes instruites de la Flandre, auxquelles on aura ôté le français, trouveront d'elles-mêmes plus avantageux de se servir de la langue littéraire employée par un peuple de 80 millions d'habitants, que d'un dialecte populaire allemand isolé.* Ainsi la Flandre, délivrée de la séculaire influence française, *pourra immédiatement être introduite dans le domaine linguistique allemand et dans la culture allemande.*

Dans les deux Terres d'Empire, l'Empereur exercera son pouvoir d'abord dictatorialement par l'intermédiaire de gouverneurs, soumis au Chancelier impérial.

Les anciennes provinces seront supprimées. D'un côté, elles sont trop grandes, pour un travail intensif d'administration allemande; d'un autre côté, comme chaque Terre d'Empire ne comprendra qu'environ la moitié de l'ancien État elles seront superflues, à

côté ou en dépendance de l'office d'un gouverneur.
Par contre, la division du pays en arrondissements
tels que les arrondissements prussiens, avec des com-
missaires d'arrondissement, sans préjudice à la situation particulière des grandes villes, est fort à
recommander. Les charges et les recettes communales
des anciennes provinces seront reportées sur les arrondissements. L'arrondissement sera le seul organisme
intermédiaire entre le pays d'Empire et la commune...

On laissera au Gouverneur le soin de faire paraître
une traduction du .« Journal officiel allemand », en
flamand dans la Flandre, et en français dans la
Wallonie, ainsi que la traduction d'œuvres anciennes
importantes concernant la législation, les lois judiciaires, l'organisation des métiers et l'organisation de
l'assurance d'Empire...

Si l'administration communale continue à fonc-
tionner tranquillement et sûrement, on organisera
une administration autonome pour chaque arrondissement sur le modèle de celle des communes... Ce n'est
qu'après le fonctionnement régulier de la constitution des arrondissements que l'on convoquera une
Diète pour la Wallonie et une Diète pour la Flandre...
Cette Diète n'aura d'abord à s'occuper que des intérêts
communaux des deux pays d'Empire. Si la population
se réconcilie dans une certaine mesure avec l'état de
choses existant, on pourra renoncer à la dictature
législative et reconnaître aux deux Diètes un droit
d'approbation de la législation, donc un droit à la
législation du pays, pour autant que celle-ci ne soit pas
du domaine de la compétence générale de l'Empire.

Il faudra réserver jusqu'après d'ultérieures réflexions le point de savoir si l'on se décidera à envoyer
au Reichstag quelques députés, à élire par leurs Diètes

respectives, avec voix consultative et finalement avec droit de vote.

Mais le progrès constant de ce développement sera l'œuvre de longues années. C'est pourquoi il est à conseiller de *ne pas limiter la dictature à un certain temps*, mais de lui laisser le choix du moment qu'elle jugera approprié au développement de l'état de choses constitutionnel. Si cependant l'on s'obstinait à limiter la dictature à un certain temps, *elle ne pourrait en ce cas durer moins de dix ans.*

Ajoutons que l'opinion du Dr C. Bornhak n'est pas isolée : un autre Allemand, Franz Fromme, spécialiste de la question flamande, exprime un avis analogue dans un article de la *Deutsche Rundschau* (numéro d'avril 1916); et combien d'autres encore (1)!

Le gouverneur général von Bissing consacre, à son tour, leurs idées de son autorité officielle de représentant de l'Empereur et, à l'en croire, de

---

(1) Nous pourrions citer par dizaines des articles parus en 1916 et 1917 dans la presse allemande avouant cyniquement que ce que l'Administration allemande fait « pour la Flandre » est fait, en réalité, avant tout « pour l'intérêt politique allemand ». L'un des derniers en date, M. Karl Rosner, correspondant de guerre du *Tag* en Belgique, déclare sans ambages (n°s 304-139 du 17 juin 1917) que les réformes introduites en Belgique par les Allemands ont donné satisfaction aux aspirations des Flamands, mais que « ce n'est pas seulement pour les beaux yeux des Flamands que tout cela a été fait » et que « la nouvelle université néerlandaise ne doit pas entraîner seulement l'exclusion de toutes les tendances antiflamandes et francophiles, mais aussi celle de toutes les tendances antiallemandes ».

On reste stupéfait de l'impudence de telles déclarations quand on les rapproche de tant de protestations de désintéressement politique prodiguées par les autorités et la presse allemandes lorsqu'il s'agissait d'amorcer le mouvement « activiste ».

confident de sa volonté, dans son *Mémoire* et sa lettre posthumes cités déjà ci-dessus et dont on lira des extraits aux Annexes.

Des Allemands intelligents ont-ils pu s'imaginer sérieusement que de pareils projets pouvaient passer quelque part, en Flandre, ou dans le monde neutre, même germanophile, pour un plan de « libération »?

CHAPITRE XIV

L'ESSENCE DU MOUVEMENT FLAMAND

L'on comprend mieux encore le sentiment unanime et ferme des leaders flamands au sujet des offres allemandes quand on se pénètre bien du véritable idéal du mouvement flamand tel qu'il est défini par eux et compris par la portion saine de ses partisans.

Alors seulement, en effet, l'on se rend compte des incompatibilités foncières qui existent entre cet idéal et celui du teutonisme.

Le mouvement flamand, nous l'avons montré, n'est ni un mouvement politique proprement dit, ni un mouvement anti-belge, ni surtout un mouvement pro-allemand.

Positivement, qu'est-ce donc ?

Est-ce un mouvement linguistique ? — Oui, principalement : l'agitation pour les réformes législatives en matière d'emploi des langues, en est, certes, l'aspect le plus caractéristique ; mais il y a quelque chose de plus.

Pour l'embrasser dans l'ensemble et dans l'esprit de ses manifestations, il faut le considérer comme un mouvement complexe, ayant pour *objet* la création, le maintien et le développement parmi la population flamande, *dans les cadres politiques de l'État belge,* d'une vie flamande, à la fois sincère et complète; et pour principal moyen de *réalisation* l'établissement légal, en pays flamand, d'un régime linguistique flamand, semblable au régime linguistique français en pays wallon.

Ainsi conçu, le mouvement flamand a, d'une part, un idéal de culture : le développement rationnel des forces qui composent le génie et l'originalité du groupe belge flamand; d'un autre côté, par son but — le progrès général, à la fois économique, intellectuel et moral, de la population flamande de manière qu'elle se rétablisse et se maintienne entièrement de niveau avec la population des provinces wallonnes — la « question flamande » est à proprement parler ce qu'on appelle une « question sociale (1) ».

Ceci aide à faire comprendre qu'elle est appelée à se développer normalement comme une subordonnée de la vie nationale belge et que, de soi, elle ne fait pas obstacle au maintien de l'union politique des deux groupes flamand et wallon dans l'unité de l'État belge.

Elle touche cependant aussi à la *politique.* La réforme linguistique dépend, en effet, de la souveraineté nationale, et l'État belge est un État

---

(1) Telle est la conclusion à laquelle aboutit le plus solide ouvrage publié (à Bruxelles en 1912) sur la question flamande *Over Vlaamsche Volkskracht : Vlaanderens cultuurwaarden* (De l'Énergie populaire flamande : Valeurs culturales de la Flandre (Bruxelles, J. Meeuwissen, in-8, xvi-686 pages), par un sociologue de valeur, mort en 1914, Lodewijck DE RAET.

parlementaire; il se conçoit, par suite, que l'action flamingante doive revêtir, pour s'exercer, un aspect politique. Mais il s'agit ici de *politique interne.* A ce point de vue, loin d'impliquer une tendance antinationale, ou d'appeler, ou seulement d'admettre une intervention politique étrangère, loin surtout de viser, comme le disent les Allemands, à dissocier *politiquement* les deux groupes wallon et flamand, le mouvement flamand tend seulement à modifier les conditions *pratiques* de la vie de l'un de ces groupes belges, dans l'économie intérieure de leur association, de manière à rendre *réelle* et *effective* pour chacun d'eux l'égalité constitutionnelle des droits linguistiques.

Quant à l'énergie particulière qu'apportent les leaders du mouvement flamand à réclamer l'achèvement de la réforme linguistique, elle s'explique par la conviction qu'ils ont qu'elle est la clef du progrès social de la masse populaire des Flandres. Ils attribuent, en effet, la lenteur relative de progrès (que d'ailleurs, à notre avis, ils exagèrent) des provinces flamandes, principalement au manque d'unité spirituelle de l'éducation populaire, et au défaut d'une élite flamande en Flandre capable d'entretenir le caractère original de la population des Flandres et de l'élever au-dessus d'elle-même.

La raison et l'expérience montrent, disent-ils, que l'éducation du peuple ne peut donner ses pleins résultats si elle ne se fait dans sa langue maternelle et ne s'appuie ensuite sur l'influence d'une élite, elle-même animée, dans sa formation intellectuelle, du même esprit que lui. Actuellement, ajoutent-ils, la population flamande est dans la situation d'un être humain adulte qui ne pourrait que bégayer ce qu'il sent et ce qu'il pense, faute d'avoir été complètement élevé dans sa langue maternelle; c'est un estropié intellectuel, impuissant à réaliser l'expansion légitime de sa personnalité. D'autre part, l'élite qui pourrait l'aider à sortir de peine et lui fournir les cadres de la vie intellectuelle et morale, en même temps que l'état-major de son relèvement économique, cette élite ne peut pas se former adéquatement, faute d'un enseignement supérieur donné dans la langue maternelle du peuple où elle est appelée à vivre. A ce double mal, il ne saurait être vraiment porté remède que par l'institution d'un enseignement *complet* (primaire, secondaire et supérieur) entièrement flamand de langue et d'esprit, rayonnant sur toutes les couches sociales et suscitant en chacune d'elles le plein épanouissement des dons de l'âme populaire. Alors la population flamande sortira de l'engourdissement intellectuel, sa valeur économique se relèvera plus aisément, son progrès social sera facilité, elle pourra enfin prendre conscience et maîtrise de ses facultés originales. En un mot, tout en restant Belge, il lui sera possible de *devenir soi-même.*

Il ne faut pas réfléchir beaucoup pour se convaincre que cet idéal exclut directement et irrévocablement le *teutonisme,* comme d'ailleurs celui-ci l'exclut.

On doit toujours en revenir à ce fait capital

que deux mondes moraux antagonistes se parta-
gent l'esprit et la sensibilité des peuples contemporains au spectacle et à l'analyse des événements
de la guerre : l'un, le monde écarté et solitaire du
prussianisme, réalisant un système clos et complet
qui mécanise la vie et divinise l'État, monde
régenté par l'orgueil nationaliste, et presque mons-
trueux à force d'exclusivisme; l'autre, le monde
de la civilisation dite « occidentale », compréhensif, accueillant, ouvert à la diversité, donnant à
l'homme, pour idéal, d'être pleinement soi-même
en devenant toujours plus généreux et sociable, et
de rester, dans le culte même de sa nationalité,
le plus humain et le moins exceptionnel possible.

La culture flamande appartient certainement
au groupe des cultures composant la civilisation
« occidentale », par le fait qu'elle aussi repose sur
le double culte de l'idéal humaniste et de la liberté
individuelle. L'idolâtrie de l'État et le capora-
lisme prussien sont, historiquement, aux anti-
podes du caractère flamand et, plus généralement,
du caractère belge.

On pourrait même reprocher, sous ce rapport,
aux Flamingants — comme d'ailleurs à certains
de leurs adversaires — une tendance à méconnaître
ou à mésestimer l'importance essentielle de la
contribution de l'État dans la sauvegarde et le
progrès de la liberté (1).

____

(1) Un des publicistes politiques hollandais les plus distingués très
sympathique au mouvement flamand, le professeur STRUIJCKEN,
en a mis les chefs en garde contre cette tendance, due sans doute
à une formation politique inachevée, et les a invités à procéder

L'esprit des communes du Moyen Age a survécu, en général, dans toute la Belgique : esprit d'indépendance, de liberté individuelle, d'impatience de la tutelle administrative, voire esprit de fronde. Le Belge est bon enfant, bon vivant, paisible, industrieux au plus haut point, capable d'initiative et d'endurance, mais farouche et intraitable aussitôt qu'on le trouble ou seulement l'inquiète dans sa volonté d'autonomie.

Aucun pouvoir souverain, surtout étranger, n'est venu à bout de le soumettre, ni même de le réconcilier, dès qu'il avait attenté à ses franchises. L'histoire de Liége, la « cité ardente », n'est que la longue suite des révoltes d'un peuple qu'aucune répression ne put jamais abattre dans son élan vers la liberté (1). Le duc Charles le Téméraire ayant vaincu, un jour, les Gantois révoltés, ne put se contenir devant l'outrecuidance de leurs envoyés et leur cria avec colère : « Vous autres, têtes dures de Gantois, il faudra que je vous brise !... » Ce qui se passe depuis près de trois ans, en Belgique occupée, doit montrer au monde que les Belges sont vraiment restés, comme au quinzième siècle,

à un sérieux examen de conscience sur ce point (*Van Onzen Tijd,* nº 32 du 15 mai 1915). Il leur a démontré, avec force raisons, que les particularismes légitimes trouvent un abri et un soutien, d'une valeur inappréciable, dans une robuste organisation de l'État. Toute la série d'articles « Le petit État », publiés par le professeur STRUIJCKEN sur les conditions d'existence des communautés politiques faibles, à l'époque contemporaine, est remarquable par la profondeur de la pensée et la rectitude du jugement.

(1) *La Cité ardente* est le titre d'un roman historique écrit en 1905 par M. H. CARTON DE WIART, ministre de la Justice de Belgique, sur un épisode dramatique de l'histoire de Liége.

comme à l'époque de la Révolution de 1830, « des têtes dures »; et c'est pourquoi la disposition générale de l'esprit public a toujours été, en Belgique, plus favorable à toutes les formes de particularisme qu'en aucun autre pays du monde, sauf peut-être en Angleterre et aux États-Unis.

L'Allemagne moderne pèche tout juste par l'excès contraire : chez elle, l'opinion régnante dans les sphères de l'intelligence, assigne au citoyen pour idéal national et international, voire pour axiome de raison métaphysique, la déification de l'organisation politique.

L'État allemand, construit sur le plan de l'idéologie de Fichte et de la pratique de Bismarck, est, avant tout, une meule à broyer tout particularisme et jusqu'à l'esprit même de l'autonomie. C'est de ces principes que les Prussiens se réclament pour infliger les persécutions que l'on sait aux Polonais et aux Danois des duchés annexés (1). Même les politiques les plus déliés qu'ils aient eus et de l'esprit le plus européen en apparence, comme le prince de Bülow (notamment dans son livre célèbre : *La Politique allemande*), approuvent

---

(1) Les populations danoises du Slesvig ont payé à la guerre actuelle un tribut de sang énorme par rapport à leur importance numérique dans l'Empire. Néanmoins la rigueur de l'oppression prussienne, spécialement au point de vue linguistique, ne s'est pas relâchée : au cours de la guerre même sévit une persécution administrative, méthodique autant qu'abominable. On trouvera sur ce point des renseignements instructifs et actuels dans une étude de M. Th. Buyse : *Le Régime prussien en pays conquis. Le Slesvig danois de 1864 à 1916,* publiée en flamand par *Vrij Belgie* (avril et mai 1917) et en français par la *Bibliothèque universelle* de Lausanne (juin-juillet-août 1917).

l'emploi systématique de mesures d'oppression, d'expropriation et, pour peu, d'extermination, contre les populations hétérogènes vivant dans les limites de la Prusse, et cela uniquement afin de les réduire à la conformité et à l'uniformité politique et culturale prussiennes.

Le teutonisme pangermaniste est, à son tour, logique avec cette idéologie et avec lui-même quand il s'assigne comme but l'engloutissement politique, dans l'impérialisme prussien, de tout ce qui est germain de race, de langue, d'influence ou même simplement de voisinage (1).

N'est-il pas clair qu'une fois la Flandre tombée directement ou indirectement sous la domination d'une Allemagne animée d'un tel esprit, le conflit serait fatal entre l'Empire prussianisé et les Fla-

------

(1) Au début du mois de juin 1917, le Reichsrath autrichien ayant voté une loi abolissant le privilège de l'allemand comme langue officielle unique et consacrant le principe de l'égalité des diverses langues nationales dans l'administration et la législation de la Monarchie (il y en a huit), les grands journaux allemands, même les plus modérés, à commencer par la *Frankfurter Zeitung,* (n° 162 du 14 juin 1917), s'élevèrent avec force, et même menaces, contre cette « incroyable défaillance du sens de l'autorité politique » de la part de l'État autrichien. Ils n'y dénoncèrent pas seulement une sorte de trahison vis-à-vis du *Deutschtum* de la part d'un gouvernement allié de l'Allemagne, mais encore et surtout l'absurdité que l'on commettait, d'après eux, en méconnaissant la « supériorité naturelle » de l'allemand comme « langue administrative », comme « langue d'un peuple très cultivé de plus de 80 millions d'individus », comme langue universelle. L'allemand était la seule langue de la Monarchie qui jouit de pareils avantages. Il était insensé, à entendre ces journaux, de sacrifier le bénéfice d'un tel instrument de culture et les facilités gouvernementales résultant de l'usage d'une langue d'État unique. — Tous arguments que la même presse allemande censure comme sophismes quand elle les rencontre appliqués à l'emploi de la langue française en Belgique.
Vérité en deçà, erreur au delà !...

mands, comme il l'est entre la Prusse et les Polonais ou les Danois?

Et c'est pourquoi, au chancelier von Bethmann-Hollweg, promettant aux Flamands, le 5 avril 1916, l'autonomie de leur culture et le respect de leurs aspirations, M. Frans Van Cauwelaert a répondu en leur nom :

Nous en savons assez sur la destinée malheureuse du peuple danois, lui aussi apparenté par la race au peuple allemand, pour nous tenir sur nos gardes (*Vrij Belgie*, 14 avril 1916).

Et c'est pourquoi au même Chancelier, promettant aux sept « activistes » du *Conseil de Flandres* la « libération du peuple flamand de l'oppression belge », il s'est trouvé même des Allemands pour faire observer que pareille promesse de la part de l'Empire était entachée d'une rare inconséquence, sinon même d'un manque de sincérité :

Nous ne connaissons pas, pour l'Allemagne, de rôle qui nous soit plus sympathique que celui d'apporter la liberté au monde entier, écrivait le 7 mars 1917, la *Münchner Post*, organe socialiste.

Seulement si, dans ce rôle, l'Allemagne désire être prise au sérieux, la libération doit commencer non pas dans les territoires qui, pour l'instant, sont occupés militairement, mais bien *à l'intérieur des frontières de l'Empire allemand lui-même.* La situation que nous voulons donner aux Flamands vis-à-vis des Wallons, et aux Polonais vis-à-vis dès Russes, nous devons *l'offrir de notre plein gré aux populations non alle-*

mandes de l'Empire allemand ; et nous devons nous familiariser avec l'idée que des territoires, qui au point de vue du droit public sont Allemands, n'appartiennent pas à l'Allemagne au point de vue linguistique et que ceux-ci peuvent exiger, pour leur particularisme, *entière liberté* à l'intérieur de l'Empire.

CHAPITRE XV

QUELQUES VUES
SUR L'AVENIR DE LA QUESTION DES LANGUES AU LENDEMAIN DE LA GUERRE

Nous ne pouvons nous tenir quitte vis-à-vis de notre sujet ni de nos lecteurs pour avoir établi, d'une part, l'erreur historique et psychologique de la thèse allemande sur la formation artificielle de la nation et de l'État belges, d'autre part la dénaturation que l'Allemagne inflige à la réalité des faits, en interprétant les revendications flamingantes comme une poussée d'irrédentisme pangermaniste.

Après avoir restitué à la question des langues en Belgique son véritable caractère de question de politique interne s'agitant dans le cercle tracé par les obligations du patriotisme, il reste encore à montrer que ce problème intérieur est susceptible d'être résolu sans violence ni révolution, par le jeu normal des institutions constitutionnelles du pays; en d'autres termes que, si les mouvements flamand et antiflamand *ne sont pas des mouvements irrédentistes,* ils ne sont pas non plus des mouvements révolutionnaires.

Nous quittons ici le terrain de l'observation du passé et du présent pour toucher aux choses de l'avenir : domaine où, de tout temps, les hommes se sont partagés en optimistes et en pessimistes. Les vaticinateurs et les utopistes y sont rois, et le papier où ils consignent leurs prophéties et leurs plans de réforme est leur humble serviteur. Nous demandons de n'être classé ni parmi les uns ni parmi les autres.

Nous savons qu'il est impossible de procéder désormais par voie de démonstration proprement dite, comme nous l'avons fait ci-dessus. Notre ambition se borne à exposer modestement quelques-unes des raisons concrètes et vérifiables pour lesquelles il nous semble qu'on doit raisonnablement faire fond sur les réserves de bon sens d'un peuple sain, réputé entre tous pour son goût national de la modération (1).

Considérée de ce point de vue, la dualité de langue dans une nation est incontestablement une incommodité gouvernementale, nous voulons dire qu'elle est de nature à aggraver les difficultés de la tâche de l'État, en tant qu'administrateur de l'intérêt général et organisateur de la vie publique. Elle peut même l'affaiblir dans sa fonction de gardien de la sécurité extérieure : inconvénient non médiocre lorsque la nation — comme c'est le cas pour la Belgique après les dures leçons

---

(1) M. Edmond Picard a baptisé cette aversion naturelle du caractère belge pour tout ce qui est excessif, du néologisme expressif de « middelmatisme » (des mots flamands : *middel,* moyen, et *maat,* mesure : *middelmaat,* moyenne mesure).

de la présente guerre — se voit obligée de resserrer
le faisceau de ses forces à l'intérieur pour mieux
résister désormais aux périls du dehors.

Nous avons noté qu'après la Révolution de 1830,
les fondateurs de l'indépendance belge, placés dans
des conjonctures qui leur faisaient ressentir très
vivement la nécessité de fortifier l'unité nationale
contre les retours offensifs de la Hollande, avaient
pris inquiétude de ce que les citoyens de l'État
nouveau étaient séparés par la cloison de la diversité des langues. Imbus des idées de centralisation administrative et d'unification morale qui
formaient le code politique de la Révolution française, ils s'étaient persuadé que l'unité de langue
dans les relations de la vie officielle, outre qu'elle
devait faciliter naturellement l'action administrative, serait l'instrument nécessaire ou le mieux
approprié pour l'entretien de l'unité morale du
pays. Petit à petit, cette conception, renforcée
de l'influence des classes élevées des Flandres
qui se servaient du français comme langue de
société, s'était muée en une sorte de dogme administratif.

Aujourd'hui, au contraire, on constate dans
l'idéologie politique des pays européens occiden-
taux un retour vers le respect des particularités
diverses qui affectent les peuples : langue, religion, profession, association, tendances régionales,
nationalité, etc.; on croit y apercevoir de vraies
réalités concrètes et incompressibles, dont l'État
se doit d'opérer l'intégration plutôt que d'en faire
abstraction ou, moins encore, de les contrarier.

Comment l'État belge pourra-t-il réalise cette intégration en ce qui le concerne?

A qui s'est bien pénétré des enseignements de l'histoire de la Belgique rappel s ci-dessus, une réflexion s'impose : c'est que, en toute hypothèse, et si forte et profonde que l'on suppose la poussée du mouvement linguistique belge vers le particularisme, un tel mouvement présentera toujours un moindre danger *interne* pour l'État belge, tel que les siècles l'ont fait, que pour n'importe quel autre État plus centralisé.

La vie politique belge, en effet, n'est, à tout prendre, en vertu de sa formation historique, qu'un composé organique de particularismes d'espèces diverses, lentement sédimentés. C'est là son originali é d'héritage dans la famille des nations. Cela étant, admettons que le mouvement flamingant doive être considéré comme un particularisme : ce s rait donc un de plus dont l'État belge aurait à tenir compte. Nous resterions encore ainsi dans la ligne de son passé. Des particularismes!... La Belgique en a déjà tant assimilés depuis la période communale que l'on ne peut raisonnablement la prétendre *a priori* incapable d'assimiler celui-ci comme les autres.

Toutefois, à parler ici de « particularisme », que l'on se garde de rien exagérer. On entend bien que tout particularisme consiste, par rapport à l'État, en un mouvement excentrique ou si l'on préfère décentralisateur. Mais, après la démonstration faite ci-dessus, il ne peut déjà plus être question de confondre — comme dans la conception allemande — le mouvement flamingant avec une tendance politique vers la désagrégation de l'État belge. L'esprit du mouvement n'est pas non plus — ses leaders l'affirment — d'*opposer* l'évolution propre du groupe flamand à la vie d'ensemble de l'État belge, ni de la développer à l'écart et en déviation de la sienne pour en faire un cycle d'intérêts particuliers indépendant du cycle des intérêts généraux de la nation. Les leaders flamingants revendiquent, au contraire, l'ambition, tout en conservant la personnalité du génie de la population flamande, d'inclure et d'intégrer la culture flamande dans la culture nationale belge : elle en est et doit en être, à leurs yeux, l'une des forces composantes avec la culture propre de la population belge romane; toutes deux doivent pouvoir s'exalter en s'enrichissant mutuellement par leurs échanges et leurs réactions, et contribuer ainsi, ensemble, à imprimer à la culture nationale belge sa forme, sa couleur et son mouvement caractéristiques.

On remarquera, en passant, que cette vue, d'où toute pensée d'exclusion réciproque est bannie, correspond singulièrement à ce que H. Pirenne exprime de son côté quand il constate, l'histoire en main, que la nation belge a pour originalité de n'être pas une simple juxtaposition, mais « un syncrétisme » de cultures diverses, résultant de la fusion incessante du génie latin avec le génie germanique, celui-ci sous les espèces de la mentalité flamande.

Dans cette interprétation — que nous inclinons

à regarder comme la vraie — la politique des langues en Belgique devrait avoir pour objet de mettre les deux fractions linguistiques de la nation à même de développer également et au plus haut point leur capacité respective de progrès économique, intellectuel et moral, afin de permettre à la nation dans son ensemble de poursuivre le cours de sa destinée traditionnelle. Sous ce rapport et maintenu en ces limites, le mouvement flamingant ne paraît avoir rien de nécessairement contradictoire avec l'intérêt sainement entendu de l'État, et l'on ne pourrait dès lors taxer d'impossibilité, de la part des citoyens belges, l'accommodation nouvelle des esprits et des mœurs qu'il requiert pour la réalisation de ses fins légitimes.

La confiance, en cette matière, rencontre un motif d'encouragement dans une autre considération : c'est que, si l'idéal littéraire et les sentiments culturaux interviennent au nombre des éléments animateurs du mouvement flamingant, il est de fait que sa principale raison d'être, ou plutôt sa justification la plus indiscutable et immédiate se trouve dans une nécessité de l'ordre économique. Il s'assigne, nous l'avons vu, pour but prochain — et tel est le premier résultat qu'il attend de la restauration linguistique — de promouvoir le relèvement économique et social de la masse ouvrière flamande, actuellement désavantagée dans sa lutte pour le pain quotidien, vis-à-vis de la masse ouvrière wallonne, par son infériorité d'instruction générale et de formation technique, en même temps que par certaines circonstances naturelles.

Un problème de cette espèce n'est en rien plus insoluble que tant d'autres problèmes sociaux et économiques de la vie des États modernes.

Objectera-t-on cependant les doléances des Flamands sur les résistances qu'ils ont rencontrées dans la poursuite de leurs revendications, sur les difficultés qu'ils durent vaincre pour l'obtention de réformes partielles, et sur le fait, pour eux si pénible, que, « après tant d'années de vie indépendante commune, la question flamande soit encore ouverte »?

Ici, je demanderai aux deux partis adverses un peu de réflexion et de sang-froid.

Tout le monde, certes, doit comprendre l'état d'esprit qui engendre l'objection et être disposé à y compatir. Il est humain que celui qui a la conviction ou le sentiment de subir une injustice, soit naturellement impatient de la voir réparer, de même que le malade qui souffre trouve toujours le traitement trop long ou l'opérateur trop lent à son gré. Mais il faut tenir compte aussi que les malaises qui affectent la santé des peuples ne se dissipent ni ne se guérissent avec la même rapidité que ceux des personnes physiques.

En somme, la question des langues en Belgique est *ouverte* depuis combien d'années? Un bon demi-siècle. Court espace de temps dans la vie d'une nation! De combien excède t-il le délai indispensable à un problème social si important et si complexe pour *se poser dans toute son ampleur devant l'opinion publique et y trouver sa solution*, surtout dans un État où une moitié de la popu-

lation (Wallons) ne connaît presque pas la langue
de l'autre (Flamands)?

Cette ignorance de la langue flamande par les
Wallons est un fait regrettable, mais pourtant un
fait. On ne saurait exagérer les effets néfastes qui
en ont résulté et en résultent encore. Après avoir
longuement étudié les faits et écouté patiemment les opinions émises de part et d'autre, nous
nous sentons fortifié dans la conviction qu'il
règne, entre Belges, un malentendu vraiment
énorme au sujet de la question des langues. La
plupart des contestations sur les revendications
flamingantes s'agitent entre gens de bonne foi,
mais incroyablement imbus de préventions et
de partis pris; qui pis est — nous l'avons pu
constater en bien des cas — il y a, en Belgique,
un nombre considérable de citoyens pourtant instruits, qui n'ont même pas soupçon de l'existence
d'un malentendu dans cette affaire. Souvent l'on
en discute à perte de souffle, en pleine méprise
réciproque sur le fond des objections que l'on
s'oppose, sans voir que la dispute ne tient qu'au
défaut de s'être expliqué tout d'abord, d'avoir
consenti à s'écouter tour à tour et cherché posément à se comprendre. L'entraînement de la passion, l'excitation de l'amour-propre font le reste.
Quoi d'étonnant, dans ces conditions, que la
solution du problème reste difficile et que le redressement des griefs ait été lent?

Ce qui serait tout à fait déraisonnable, ce serait
de conclure de ces difficultés mêmes à l'impossibilité de la solution. Car il est de fait — bien que

certains Flamingants extrêmes soient enclins à
le méconnaître, — que, depuis trente ou quarante ans, des réformes notables ont été votées
par le législateur. On n'en est plus, Dieu merci,
en ce qui concerne la *législation sur l'emploi des
langues*, au point où l'on en était en 1850-1860.
Sur ce terrain, — on a pu le voir au chapitre II, —
réparation ou satisfaction ont été données aux
revendications flamingantes presque en tous les
points; au moment de l'explosion des hostilités,
il ne restait plus guère *au législateur* d'autre question à régler que celle de l'enseignement profes-
sionnel et supérieur (l'université flamande à Gand).

Cette question même était en voie de solution
lorsque la guerre est survenue.

Dans leur Rapport au Roi daté de « Sainte-
Adresse, le 4 avril 1917 », les ministres belges ont
rappelé quelles étaient leurs dispositions à cet
égard et exprimé leur sentiment quant à l'avenir :

En résumé, l'un des points essentiels du programme
gouvernemental était de satisfaire les aspirations légitimes des Flamands; nul ne pouvait en ignorer, à
raison des déclarations et des actes du pouvoir.

Aux yeux du Gouvernement actuel, qui s'est constitué uniquement pour la poursuite de la guerre et la
préparation de la paix, la splendide attitude des patriotes de langue flamande rend ce devoir plus impérieux et plus sacré que jamais.

D'autre part, le baron de Broqueville, chef du
Cabinet, interviewé par un rédacteur du *Courrier
de l'armée belge* sur la question des langues en

Belgique, a fait la déclaration ci-après (numéro du 19 mai 1917) :

L'armée belge n'a nullement été émue en apprenant la récente tentative allemande de « séparation administrative » de la Flandre et de la Wallonie. Cette nouvelle machination n'a fait que jeter la pleine lumière sur les véritables mobiles de la politique allemande envers les Flamands.

Tout le monde, à l'armée comme ailleurs, voit avec raison, dans cet acte, l'exécution d'un plan ayant pour objet de diviser les citoyens, d'entamer l'unité belge au profit de l'Allemagne et, par le fait, d'affaiblir la Belgique devant l'étranger. Avec le bon sens et le patriotisme qui les caractérisent, nos hommes disent :

« On peut penser de l'idée ce que l'on veut; mais ce n'est pas à l'ennemi qu'il appartient de décider de notre politique intérieure. »

La réprobation la plus vive et la plus générale atteint les traîtres, assez criminels pour n'avoir pas craint de donner la main à ceux qui, depuis près de trois ans, pillent, déportent, blessent et tuent les Belges.

Les Flamands en particulier, qui suivent naturellement avec une attention plus vive le développement du plan allemand, ont, depuis le premier jour, leur conviction faite sur ce que l'ennemi leur veut.

L'Allemagne s'illusionne si elle pense avoir ébranlé eur fidélité aux devoirs du patriotisme belge en leur « offrant » la transformation de l'Université de Gand en Université pseudo-flamande.

Leur opinion là-dessus est très simple et tout à leur honneur : cette université flamande, ils ne la veulent pas de l'ennemi, ils la veulent de leur Gouvernement et, répétant ce que je disais quatre mois avant la guerre, je vous affirme qu'ils l'auront dès la rentrée. Sans la guerre, cela eût été fait il y a plus de deux ans, conformément à une décision gouvernementale que le Parlement eût certainement sanctionnée.

L'interviewer ayant demandé : « Est-il indiscret de nous informer si le Gouvernement compte faire davantage dans le domaine de l'usage des langues? »

Il n'y a pas la moindre indiscrétion à le dire, répondit le baron de Broqueville, puisque, dans un document public et récent, le Gouvernement, *à l'unanimité de ses membres,* — j'insiste sur ce point, — a déclaré qu'il entend réaliser l'égalité, non seulement en droit, mais aussi en fait. C'était d'ailleurs notre volonté avant la guerre; il n'y a pas la moindre raison pour la modifier, car ce programme est la justice même.

Vous savez combien, durant les trois ans qu'il passa au pouvoir, le Gouvernement fut harcelé d'interminables débats politiques, alors que s'imposaient, de toute urgence, les lois qui devaient apporter la sécurité au pays. Eh bien! malgré l'encombrement parlementaire, M. Poullet [ministre des Sciences et des Arts] fit prévaloir ses vues dans l'enseignement primaire, et moi-même j'obtins, de tous les partis, une loi réglant l'usage des langues à l'armée.

C'est, je pense, la loi la plus complète qui ait été faite en la matière. Elle devait entrer intégralement en pratique au 1er janvier 1917 et elle exigeait, de tout gradé, la connaissance des deux langues. Les mesures d'exécution étaient arrêtées pour l'École militaire, et, en quelques mois, j'avais mis sur pied les écoles où, désormais, les sous-officiers se seraient vu enseigner les deux langues.

La guerre est venue bouleverser l'application des

décisions prises et j'en ai été réduit, quand les circonstances me l'ont permis, à me contenter d'une connaissance sommaire du flamand chez nos jeunes officiers formés dans nos écoles pour la sous-lieutenance. Je suis heureux de dire que les cours de flamand que j'y ai institués, et qui sont obligatoires donnent d'excellents résultats, eu égard au peu de temps que les candidats peuvent passer dans ces institutions.

Je résume ma pensée en vous disant : Hier comme aujourd'hui, le Cabinet dont j'ai l'honneur d'être le chef veut que l'égalité règne en droit comme en fait.

Cela sera.

Les Allemands et les « activistes » flamingants, leurs complices, ne sont donc pas fondés à prétendre que la position des Flamands dans l'État belge était « désespérée », qu'ils n'avaient plus rien à attendre d'aucune espèce d'effort légal, bref qu'ils étaient acculés soit à faire la révolution et la guerre civile, soit à se jeter dans les bras de l'étranger.

Du reste, serait-il équitable ou seulement sensé d'imputer à grief au Gouvernement ou au Parlement belges la lenteur des réformes *législatives* en matière d'emploi des langues?

Il est arrivé à des Allemands d'avouer que non. La *Frankfurter Zeitung*, dans l'article important, déjà cité, du 7 mars 1917 (n° 65, édition du soir) sur l'allocution du Chancelier du 3 mars, dit catégoriquement :

Contrairement à ce qu'expose l'exagération pangermaniste, l'État belge n'est pas cause de la situation des Flamands. Ils n'étaient pas des « ilotes », quoique leur nationalité et leur langue jouissent de moins de droits et qu'on y prêtât peu d'attention. S'ils avaient été traités comme « ilotes », notre tâche serait relativement simple. Nous serions alors arrivés comme des libérateurs, venant les arracher à un joug insupportable et tout le peuple flamand nous considérerait comme tels...

A qui ou à quoi les mécomptes éprouvés par les Flamingants dans leur action parlementaire sont-ils donc imputables?

L'État belge, notons-le, n'est pas un État autocratique, mais une royauté constitutionnelle. Le pouvoir exécutif n'y est qu'une des branches de la puissance politique. D'après la Constitution belge, tous les pouvoirs émanent de la nation; rien, en Belgique, ne peut être fait dans l'ordre législatif sinon par la volonté du Corps législatif, lequel comprend le Roi et les deux Chambres, agissant de concert dans les formes exigées par le principe parlementaire de la responsabilité des ministres. D'autre part, le système électoral est démocratique : il repose sur les deux principes du suffrage universel mitigé (établi en 1892) et de la représentation proportionnelle (établie en 1899). Ce système peut avoir des défauts — quel est celui qui n'en a pas? — mais, dans l'ensemble, il ne fausse pas la volonté nationale, et personne, en tout cas, n'a jamais fait remonter à un vice de ce système la cause des mécomptes éprouvés par les Flamingants dans la réalisation de leur programme législatif (1).

Le moyen légal de faire prévaloir ce programme au Parlement existait donc et existe toujours à la disposition des Flamingants et, pour y réussir, une seule condition est requise et suffisante : avoir avec soi la majorité du corps électoral. Or, à lire les indications de la statistique démographique, on a l'impression que la population de la partie flamande du pays disposerait même *à elle seule* de la force électorale nécessaire pour imposer sa volonté au pays si seulement elle était unanime en ses convictions et se résolvait à y subordonner tout autre intérêt de parti, soit politique, soit social, soit religieux. En effet, dans les deux Chambres, les élus des arrondissements flamands sont, numériquement, la majorité.

D'autre part, l'élément ethnographique flamand

______

(1) Le nombre d'électeurs (pour la Chambre des Représentants) était de 1.745.666 au 31 décembre 1912. Le suffrage est universel à l'âge de vingt-cinq ans, mais avec adjonction du principe de la pluralité des voix : des voix supplémentaires sont attribuées à la qualité de chef de famille, à l'instruction et à la propriété suivant des règles de combinaison assez compliquées, et dans une proportion différente pour les électorats à la Chambre des Représentants d'une part, au Sénat, aux conseils provinciaux et communaux d'autre part. Le vote est obligatoire. Les suffrages sont émis soit en faveur des listes de candidats de chaque parti, soit en faveur des candidats individuellement considérés. La répartition des sièges disponibles se fait entre les partis dans la proportion des suffrages émis respectivement en faveur de chacun d'eux et entre les candidats suivant l'ordre numérique absolu. Le nombre des sièges de députés et de sénateurs est fixé, en vertu d'une règle constitutionnelle, d'après la *population* des arrondissements électoraux (un député par 40.000 *habitants*).

De cette organisation ne peut résulter aucun *avantage* ou *privilège* pour l'une des fractions ethnique ou linguistique de la population au détriment de l'autre.

est dûment représenté dans les autres grands corps
influents de la vie sociale et politique belges.
Ainsi les divers cabinets ministériels qui se sont
succédé en ces vingt ou trente dernières années
ont compté, et le Cabinet actuel compte encore, au
moins autant, sinon plus, de membres (ministres
à portefeuille) issus du corps électoral de la région
flamande que de celui de la région wallonne. On
en peut dire autant de la composition de l'épiscopat belge, puisque, actuellement, sur un archevêque et cinq évêques titulaires, ceux-ci sont tous
originaires du pays flamand (1).

Ajoutons qu'il existe depuis longtemps une Académie flamande officielle, des écoles de Beaux-Arts
flamandes, un Conservatoire flamand, des théâ-
tres flamands subsidiés.

Les œuvres sociales les plus fortement organi-

---

(1) Les évêchés belges ont des circonscriptions qui, pas plus que
les provinces, ne sont modelées sur la division linguistique : archidiocèse de Malines (provinces d'Anvers et du Brabant), diocèse
de Tournai (Hainaut), diocèse de Namur (provinces de Namur
et du Luxembourg), diocèse de Liége (provinces de Liége et du
Limbourg), diocèse de Gand (Flandre Orientale), diocèse de
Bruges (Flandre Occidentale). L'archevêché de Malines et les
évêchés de Liége et de Tournai sont en partie flamands et en partie
wallons; l'évêché de Bruges renferme un doyenné wallon (canton
de Mouscron); l'évêché de Gand est entièrement flamand; l'évêché
de Namur, entièrement wallon; l'évêché de Tournai de même,
sauf quelques communes flamandes. Le cardinal Mercier est
actuellement le seul des membres de l'épiscopat belge qui soit
Wallon de naissance (il est né à Braine-l'Alleud, village limitrophe
de la frontière linguistique). Mgr Heylen, évêque du diocèse entièrement wallon de Namur, et Mgr Rutten, évêque de Liége, sont
non seulement Flamands d'origine, mais nourrissent des sympathies déclarées pour le mouvement flamingant.
Cette situation est un exemple des échanges et du commerce
intellectuels qu'entretiennent entre elles les deux « races » en Belgique, dans la pratique de la vie sociale.

sées du parti socialiste comme du parti catholique
ont actuellement leur siège ou leur principal établissement en pays flamand ; par exemple : à Gand,
la Société anonyme *Vooruit*, fondée par le député
socialiste flamand Édouard Anseele ; à Gand aussi,
le secrétariat général des Unions professionnelles
chrétiennes, sous la direction du P. Rutten ; à
Louvain, la grande association agricole catholique *Boerenbond*, fondée par l'abbé Mellaerts et
MM. Helleputte et Schollaert.

On ne peut donc pas dire que tous les moyens
d'action, d'instruction et d'influence générale sur
l'opinion publique fassent défaut en Flandre à qui
veut entreprendre d'éclairer la population flamande.

Dans ces conditions, si la lenteur des réformes
législatives en matière linguistique devait être im-
putée à quelqu'un, ce n'est pas, en vérité, au Gouvernement, mais à l'électeur belge, et particulièrement à celui des Flandres. Or, c'est, en premier
lieu, aux *Flamingants* eux-mêmes qu'il incombe
d'éclairer et de convertir ce dernier.

Et, par surcroît, ce point de fait est un indice
d'une importance extrême qui permet de déterminer avec exactitude la vraie position de la question flamande en Belgique. On y voit où doit être
précisément localisé le siège des résistances qui en
compliquent la solution : *c'est en Flandre et non
en Wallonie qu'est le joint des difficultés.*.

Je sais bien que ceci revient à dire une chose
qui ressemble fort à une vérité de La Palisse, à
savoir que *la* question flamande est avant tout

une question flamande. Mais, toute banale qu'elle soit, cette vérité échappe encore à la plupart de ceux qui ne connaissent pas à fond les éléments réels de la vie publique belge, et il importait de la rappeler.

Qu'ils se persuadent donc au plus tôt, s'ils veulent comprendre sans erreur ce qui se passe en Belgique, que la question flamande est principalement *un épisode de la vie sociale des Flandres,* plutôt que la manifestation d'un conflit de races ou de langues entre les deux groupes ethnographiques flamand et wallon; que c'est en Flandre même et non ailleurs qu'est le premier nœud du problème des langues en Belgique et là sans doute aussi que doit être cherché le principe de sa solution; qu'en effet, c'est là vraiment que le mouvement flamingant rencontre ses plus puissants et tenaces adversaires dans une partie de la classe moyenne et dans les classes élevées de la société, lesquelles, ethnographiquement flamandes, restent traditionnellement attachées à l'usage de la langue française.

Cette opinion ne nous est nullement personnelle. Elle est celle même des leaders flamingants. Ils sont les premiers à reconnaître que leur programme ne pourra pas se réaliser aussi longtemps que ces Flamands de Flandre demeureront rebelles à l'idée d'une généralisation, en Flandre, de la culture linguistique flamande. De là vient l'avertissement, fréquemment répété dans les organes flamingants sérieux, que l'action en faveur de la cause flamande doit être conçue par les Flamands comme *un effort personnel de la Flandre sur elle-même* pour la rénovation ou la renaissance *chez elle* de l'esprit flamand. Ces organes définissent le mouvement flamand essentiellement comme un travail de réforme intérieure ayant pour objet d'éveiller ou de purifier, dans la population flamande, la conscience de sa personnalité linguistique et culturale. Ils ajoutent que, dans ce labeur de parturition, la Flandre doit surtout s'assister elle-même plutôt que de compter sur les ressources mécaniques de l'obstétrique législative : une fois le peuple flamand reconquis à la conscience de sa personnalité intellectuelle, ses aspirations légitimes s'imposeront en quelque sorte spontanément au législateur belge, à titre de faits sociaux primordiaux et irréductibles.

Cette vue du problème nous paraît juste, car vraiment, à prendre la population belge dans la moyenne de ses classes instruites, particulièrement pondérée, l'observateur impartial n'y peut relever l'existence d'un conflit de *régionalismes* ethniques, dressant la Wallonie contre la Flandre, et réciproquement.

Certes, il y a, d'un groupe ethnographique à l'autre, des différences indéniables de tempérament et de caractère en même temps que d'orientation linguistique. Mais aucun des deux ne nourrit le dessein ni seulement le désir d'empiéter sur le droit de l'autre au développement complet de sa personnalité linguistique. En désaccord souvent sur l'interprétation de ce droit ou sur tels ou tels cas d'application, ils sont néanmoins unanimement attachés au principe constitutionnel de l'égalité et du respect réciproque de la liberté de chacun. Je doute qu'on trouvât en Belgique un Wallon instruit qui voulût sciemment faire quoi que ce soit pour entraver l'effort personnel de relèvement économique et social des Flamands en Flandre, — ou un Flamand qui prétendît imposer la langue flamande à la Wallonie et lui faire violence dans son attachement à la culture du type roman. La vérité est que les représentants autorisés de chacun des deux groupes considèrent la culture de l'autre comme une source précieuse d'enrichissement intellectuel et moral, dont il est d'intérêt général de ménager mutuellement l'accès au plus grand nombre de Belges, sans dommage pour l'originalité de l'éducation populaire ni pour l'essor de la liberté individuelle en Flandre et en Wallonie.

Telle est la position exacte de la difficulté.

Cela permet de saisir combien la situation du Gouvernement belge est délicate (1). Le régime légal des langues est affaire de souveraineté nationale; l'opinion flamande est partagée elle-même sur le mouvement flamingant : si la jeunesse universitaire, le clergé (surtout le bas clergé), une partie des professions libérales y sont ralliés, les classes élevées en Flandre s'y montrent rebelles,

---

(1) Nous laissons de côté les difficultés du temps de guerre et celles qui résultent du séjour du Gouvernement belge en pays étranger depuis deux ans et demi. Nous laissons de même les circonstances spéciales du temps de transition qui suivra la guerre, pour ne considérer que la situation de principe, abstraction faite de toute contingence.

et le peuple, laboureurs et ouvriers, enseveli dans la préoccupation du pain quotidien, ne prend que lentement conscience de ses intérêts intellectuels et des conditions de son progrès général. Quelle attitude un gouvernement d'opinion doit-il prendre ou garder en présence de cet état de choses? Il ne peut, sans porter atteinte aux prérogatives parlementaires et sans fausser les ressorts de la vie politique, s'arroger le droit d'édicter des réformes par voie d'arrêtés, lorsque, présentées aux Chambres sous les espèces d'un projet de loi, elles n'y réuniraient pas la majorité. Fût-il d'avis que les Flamingants voient juste, force lui est de s'assurer que les convictions ont suffisamment mûri dans le corps électoral, et notamment que des conversions en nombre suffisant se sont opérées *dans la fraction récalcitrante ou indifférente de la population flamande;* force lui est aussi d'attendre que la partie wallonne du pays ait été convenablement éclairée sur la nature, sur les raisons et sur la véritable portée du mouvement flamand.

A ce propos, il nous sera permis de regretter que les leaders de ce mouvement, absorbés par la préoccupation de le vulgariser en Flandre, n'aient pas assez aperçu la nécessité d'user, en même temps, de la langue française, pour faire connaître les principes et l'exacte portée de leur programme à la population wallonne.

Faute d'un effort de vulgarisation *en français,* rendu nécessaire par l'ignorance presque générale du flamand chez les Wallons (et même chez un nombre important de membres des classes éle-

vées en Flandre), on a laissé se créer et se perpétuer parmi eux des préventions et des malentendus dont une partie au moins aurait pu être,
sans trop de peine, évitée ou dissipée.

A notre avis, puisque la solution du problème
est, pour une part notable, d'ordre législatif, il
s'imposait aux leaders politiques du mouvement
flamand d'employer les moyens pratiques propres,
d'après les circonstances, à éclairer la partie de
l'opinion qui était dans l'impossibilité matérielle
de s'éclairer elle-même. Pour opérer des conversions, il faut d'abord se faire comprendre et connaître. Ainsi agissent d'ailleurs en tous pays les
groupes parlant une langue non universellement
comprise et qui jugent utile d'être connus ou
veulent éviter d'être méconnus (1).

Les remarques que nous venons de faire peuvent aussi, en partie, servir à expliquer l'attitude
de certaines autorités administratives belges dans
l'application des lois votées par le Parlement.

---

(1) Les Hongrois, par exemple, possèdent deux revues de
vulgarisation, publiées, l'une en langue française, l'autre en
langue anglaise; ces deux revues n'ont pas cessé de paraître en
ces langues, même pendant la guerre.

En Belgique, on a trop négligé de publier ou traduire en français
les meilleurs ouvrages sur les principes du mouvement flamingant;
avant la guerre, il n'existait pas de journal ou de revue *en langue
française* s'appliquant à faire connaître impartialement aux
Wallons la vie et les aspirations de la population flamande. La
presse quotidienne de langue française était, en général, peu
sympathique au mouvement flamand et renseignait ses lecteurs
d'une manière défectueuse sur ses manifestations. Les Flamingants doivent tenir compte de ces faits avant de se plaindre d'être
incompris ou méconnus. Ils doivent aussi tenir compte que la
population wallonne a perdu, depuis le régime hollandais, tout
souvenir de ce que c'est que l' « oppression linguistique » et qu'elle
est ainsi mal préparée à se représenter ce genre de griefs.

C'est, en somme, de cette attitude surtout que les Flamingants affirment avoir encore à se plaindre. Ils disent que, dans la pratique, des dispositions législatives, excellentes en soi, sont énervées par le mauvais vouloir de fonctionnaires personnellement acquis au « fransquillonisme ».

Il serait difficile d'entrer ici dans le détail des doléances flamingantes sur ce point.

A prendre l'incrimination telle quelle et sans vouloir la discuter, il est clair que l'état d'esprit des autorités administratives visées trouve un encouragement et un point d'appui permanent dans les dispositions antiflamingantes des classes *flamandes* élevées de la Flandre et des grandes villes bilingues.

L'action gouvernementale peut, sans doute, beaucoup pour faire cesser cette sorte de petits abus administratifs dont la persistance est d'ordinaire d'autant plus irritante qu'ils sont plus menus et quotidiens. Encore ne faut-il point prêter à cette action de l'autorité exécutive centrale la vertu d'une baguette magique capable de transformer les mœurs et les mentalités à son premier attouchement; l'autonomie des pouvoirs locaux pénètre trop profondément toute la vie administrative belge pour qu'il en puisse aller ainsi.

CHAPITRE XVI

LA PRÉFACE DE LA SOLUTION

Ce qu'il importe d'observer concernant l'avenir, ce qu'il nous semble tout à fait raisonnable d'augurer, c'est que la guerre aura exercé une influence heureuse sur les dispositions intimes des dépositaires responsables du pouvoir, par rapport à la question des langues. Tout le monde parmi les Belges attentifs sent bien, et la politique allemande serait là au besoin pour le rappeler aux inattentifs, que le droit à la langue est l'un des points sensibles de l'innervation nationale de la Belgique et qu'il n'est guère, avec les droits de la conscience, de liberté plus délicate à ménager dans l'œuvre de la restauration de la vie normale du pays au lendemain de la guerre.

Il faudrait, en vérité, supposer chez les hommes politiques belges qui assumeront la responsabilité de cette tâche, un aveuglement confinant à l'impéritie pour craindre qu'ils n'aperçussent pas la nécessité d'une solution large et conciliante. Il va de soi que, laissée délibérément et indéfiniment en suspens, cette affaire des langues deviendrait funeste à la paix intérieure et par suite à l'avenir de la patrie. Personne d'intelligent peut-il ignorer que toute difficulté de la politique interne de l'État, quand elle perdure par la faute de l'autorité, finit par retentir dangereusement sur ses conditions d'existence internationale? Les États peuvent disparaître, soit détruits par une force extérieure, soit aussi décomposés par des conflits intérieurs. Un petit État, exposé aux convoitises d'un voisin puissant et qui ferait penser de lui : « Il y a quelque chose de pourri dans le royaume », serait, par le fait même, en péril d'être biffé un beau matin de la carte politique du monde.

Par sa situation géographique, la Belgique remplira toujours en Europe l'office de verrou fermant la porte du temple de Janus : les battants de ce temple s'ouvriront d'eux-mêmes chaque fois que le verrou cessera d'être solidement fixé. La Belgique est l'État du globe dont la tranquillité recouvre le plus d'intérêts internationaux; c'est, disait Léopold Ier, son premier roi, « le pays le plus exposé du monde »; il peut donc moins qu'aucun se permettre, sans danger d'immixtion ou d'agression, le luxe d'une discorde intestine. Ce n'est pas sans raison que les fondateurs de l'indépendance belge donnèrent pour devise à la nation : « L'Union fait la Force. » Cet aphorisme exprime, en ce qui concerne la Belgique, non seulement un conseil de sagesse pratique, mais la loi impérative de son existence. Être ou n'être pas unis, c'est le *To be or not to be* de l'indépendance des Belges.

En présence des leçons de la guerre et surtout de l'occupation, aucun citoyen ou homme d'État belge, conscient du péril évité et se souvenant des écueils franchis, ne pourrait être tenté de fermer systématiquement l'oreille aux doléances fondées de n'importe quel groupe de citoyens.

La guerre n'aura peut-être pas autant changé les hommes que certains le croient, mais on peut raisonnablement escompter qu'il y aura, après la guerre, une disposition générale à soumettre à une revision attentive les éléments anciens critiqués, et à les réformer, s'il y a lieu, dans un esprit nouveau de sincérité, de tolérance mutuelle et de générosité patriotique.

Cette évolution de l'esprit public belge, en tant qu'elle s'applique à l'objet des réclamations flamingantes, trouvera d'ailleurs le terrain déjà préparé en partie avant la guerre. La démonstration faite en 1912 par feu Louis de Raet, dans son remarquable ouvrage déjà cité, des fondements économiques de la question flamande, avait contribué à aiguiller les intelligences vers une considération plus approfondie et moins déterminément politique des éléments du problème. Les travaux d'une « Semaine sociale » tenue en 1912, à l'Institut de sociologie Solvay, sous la direction d'un homme éminent, Émile Waxweiler, prématurément enlevé, en 1916, à sa patrie et à la science, avaient fait pénétrer cette conception apaisante et féconde dans une élite qui n'a pas perdu la mémoire de cette excellente leçon de choses (1).

____

(1) Voir le compte rendu de la « Semaine sociale » d'octobre 1912, de l'Institut de Sociologie Solvay, par F. van Langenhove (Extrait du *Bulletin de l'Institut.* — M. Rivière, Paris).

On y eut surtout l'occasion de comprendre quelle
incohérence douloureuse le divorce linguistique
entre les classes élevées et la masse populaire
a introduit et maintient dans l'organisation sociale de la Flandre. L'un des élèves de Waxweiler
décrit ainsi l'enseignement donné au cours de
cette « Semaine sociale », dans un article consacré
à la mémoire du maître (1) :

Un bref exposé rassemblait des données précises,
groupait des chiffres, présentait en regard l'une de
l'autre la situation de la Wallonie et celle de la Flandre.

La révolution industrielle du début du dix-neuvième
siècle a, dans l'une et l'autre partie du pays, des réper-
cussions opposées. Ici, localisant l'industrie dans les
bassins charbonniers jusque-là essentiellement agricoles, elle donne l'essor à une prospérité inouïe. Là,
l'invention de la filature et du tissage mécaniques,
supprimant le travail à domicile, ruine l'industrie
linière florissante.

La Wallonie a conservé depuis lors le monopole des
industries à hauts salaires et à journées de travail
relativement courtes : métallurgie, mines et carrières,
verreries; la Flandre, celui des industries à bas salaires et à longues journées de travail : filatures et
tissages.

Cette inégalité fondamentale n'a de remède qu'à
condition d'augmenter la productivité de la population flamande et de relever, par ce moyen, son niveau
général d'existence. Pour atteindre ce résultat, il faut
développer l'instruction, créer un haut enseignement

---

(1) « De la Science à l'Action », par F. VAN LANGENHOVE (*Bibliothèque universelle* de Lausanne, décembre 1916).

technique et économique, assurer la circulation des idées et la diffusion du progrès.

Cette tâche appartient en propre aux milieux qui ont accès aux universités et aux centres scientifiques.

Que constate-t-on en Flandre? Ces milieux n'y parlent pas la même langue que les classes populaires non instruites; leur haute culture et leurs connaissances professionnelles, trouvant leur expression en français, que le peuple n'entend point, lui demeurent inaccessibles.

Cette étanchéité que crée la différence de langues entre les deux catégories essentielles de la population est un insurmontable obstacle au redressement de l'inégalité foncière dont la Flandre souffre au regard de la Wallonie. Elle constitue en plus, dans les conditions actuelles, un état anormal qui ne peut manquer d'engendrer des crises redoutables. Car c'est dans l'une de ces deux catégories que se recrute l'élite intellectuelle, dont le rôle, dans les nations contemporaines, est fondamental.

Il est, en effet, dans la nature des hommes de coordonner leur activité autour de ceux d'entre eux qui s'imposent aux autres par l'ascendant de leur personne, l'étendue de leur savoir ou l'autorité de leur parole. C'est de ceux-là qu'émanent les initiatives, les impulsions et la norme des opinions, actions, attitudes, qui, acceptées par la généralité, deviennent impératives et fournissent au milieu son armature sociale.

Si, dans les groupements humains les plus réduits, cette fonction, propre à toute élite, est déjà considérable, celle qui revient, dans les démocraties contemporaines, à l'élite intellectuelle revêt une importance particulièrement grande. Elle consiste non seulement à puiser aux sources de la connaissance, à en embrasser les principaux aspects, à en assimiler les données nouvelles, mais encore à en assurer la diffusion et, en la soumettant au travail de l'esprit, à en approprier les résultats au milieu. C'est à cette élite qu'il appartient de constituer les cadres chargés d'en répandre les enseignements. Or, si, entre elle et la masse qu'elle doit atteindre, la communication ne se fait point, elle étudiera, pensera, enseignera en vain; ses paroles se perdront; la semence qu'elle répandra n'ira point à la terre. La masse, abandonnée à elle-même, ne recevra point sa part des connaissances du moment; n'étant ni alimentée ni dirigée, elle demeurera inculte et arriérée : elle végétera.

Cet état social est celui de la Flandre.

Le remède est évident : abattre l'obstacle qui empêche l'élite intellectuelle de communiquer avec la masse; pour atteindre ce résultat, choisir entre deux moyens : substituer à la langue parlée par la masse — à savoir le flamand — celle que parle l'élite, à savoir le français, ou, inversement, former une élite qui parle la langue de la masse.

La première solution paraît théoriquement la plus souhaitable. La langue de l'élite a un caractère universel que ne possède pas celle de la masse. Mais, dans les matières sociales, il importe peu de savoir quelle solution est, en soi, la plus souhaitable; c'est celle qui, compatible avec les données du problème, correspond à leur déterminisme interne, qu'il convient de rechercher.

L'examen attentif des faits et les enseignements de l'analyse sociologique ramènent ainsi la question des langues à un point de vue objectif et la posent dans ses termes irréductibles. Le moment est venu de pénétrer dans la réalité même.

Les participants de la « Semaine sociale » se rendent aux endroits propices aux observations fructueuses.

Les voici tout d'abord à la frontière linguistique, dans un village agricole de la Wallonie où viennent coloniser les fermiers flamands. Sous la conduite du bourgmestre, ils étudient les circonstances de l'arrivée de ces colons, les conditions de leur établissement, leurs rapports avec la population indigène. Puis ils vont à l'école surprendre sur le même banc le fils de l'immigrant et celui de l'autochtone. Ils les voient partager les mêmes leçons, ensuite les mêmes jeux. Ces circonstances sont assurément les plus favorables pour que la langue qui leur est enseignée se substitue, chez les nouveaux venus, à celle de leurs parents. Cette substitution, cependant, ne se produit point. L'école apprend aux jeunes Flamands à comprendre le français et même à le parler suffisamment pour se faire entendre. Mais, rentrés chez eux, leurs rapports avec le milieu familial se poursuivent dans leur langue. Isolés en pleine terre wallonne, peut-être s'assimileraient-ils à la longue. Mais ils sont adossés à la Flandre; ils ont derrière eux tous les leurs. Le dimanche, ils se rendent aux kermesses des villages flamands voisins. Ils y prennent femme, et les générations continuent à s'élever dans la même langue. Il en sera ainsi, quels que soient les efforts de l'enseignement, aussi longtemps qu'ils vivront ensemble, formant un groupe uni et continu, constituant un milieu propre.

Comment la langue, demandera-t-on, est-elle si intimement liée au milieu immédiat dans lequel baigne l'individu? Les participants de la « Semaine sociale » franchissent la frontière linguistique; ils vont poser cette question dans un village flamand, en pleine Flandre.

Ils interrogent le vieux curé et les instituteurs. Et ceux-ci, qui suivent de près l'existence de l'homme attaché à la terre, répondent que la langue est l'émanation même du milieu, qu'elle enregistre toutes ses notions familières : les expériences héritées des générations antérieures, la connaissance de la terre et de la culture, les marques de l'approbation et du blâme, les sentiments... Et ce ne sont point des mots abstraits qui la composent, ce sont des sons, des mouvements instinctifs du gosier et des lèvres, depuis toujours associés à ces notions.

Dès lors comment, dans toute une population, substituer une langue à une autre, sans détruire en même temps l'individualité même de cette population, sans rompre la chaîne de ses traditions et de tous ces liens invisibles qui constituent son organisation sociale?

Si cette substitution est impraticable dans la masse, il en va différemment pour l'élite. Non point que ceux qui la composent puissent changer plus aisément de langue, mais une élite nouvelle, parlant le flamand, peut se former à côté de l'ancienne, restée fidèle au français. Et la voici, en effet, qui s'élève des rangs de cette dernière, qui prend conscience de sa solidarité avec le peuple, qui se tourne vers lui, s'en réclame, se donne pour tâche de l'émanciper intellectuellement et économiquement. Et, comme les moyens lui en font défaut, elle les demande à l'État, elle organise tout un mouvement qu'elle-même suscite, ce pendant que ses revendications se heurtent aux intérêts des anciennes classes dirigeantes, qu'elle tend à déposséder de ses privilèges et de son autorité.

Ainsi, parmi les solutions susceptibles de renverser l'obstacle empêchant les classes dirigeantes de communiquer avec la masse et de remplir leur fonction propre, la formation d'une élite d'expression flamande à côté de l'élite d'expression française est non seulement la seule qui soit compatible avec les données de la réalité, mais c'est en même temps la seule vers laquelle convergent les événements présents et qu'ils tendent à réaliser. Dès lors, une action féconde aura pour objet, tout en contribuant à faire comprendre le sens de cette solution, d'en favoriser l'accomplissement suivant une réadaptation progressive et modérée qui épargne au pays les crises périlleuses.

Telle était la manière dont une partie de l'élite intellectuelle belge, composée d'hommes de bon vouloir, provenus de tous les points du territoire et appartenant aux divers partis politiques et groupes ethnographiques, commençaient d'envisager la question des langues à la veille de la guerre.

On était donc déjà, en Belgique, dans une partie de l'opinion éclairée, en voie de comprendre que la question flamande n'est, en réalité, et saisie en son fond, qu'une *question sociale* belge, se posant, il est vrai, sur un plan idéal particulier, mais analogue à toutes autres questions sociales par l'objet et le rythme de son développement, et susceptible comme elles de recevoir une solution paisible, par l'emploi des mêmes méthodes, c'est-à-dire en combinant les ressources d'une observation impartiale et compréhensive des faits avec les intuitions et initiatives d'une politique conciliatrice.

Cette conception d'hier prend une valeur exceptionnelle pour demain lorsqu'on la rapproche de ce fait important : la tendance croissante à l'industrialisation qui se manifeste en Flandre depuis plusieurs années et à laquelle l'exploitation du nouveau bassin houiller de la Campine donnera une impulsion extraordinaire. A la veille de la révolution considérable que cette découverte va provoquer dans l'état économique général de la Flandre, n'est-il pas naturel que les hommes soucieux de sa prospérité et de celle du pays même, se préoccupent d'assurer à la population flamande la réunion des conditions les plus favorables pour qu'elle puisse mettre pleinement à profit l'occasion magnifique d'ascension sociale qui se présente à elle? C'est un problème d'éducation populaire non seulement technique, mais générale, qui se pose là. L'instrument linguistique n'y saurait être chose indifférente. Les esprits réfléchis comprendront que, à ce seul titre déjà, la « question linguistique en Flandre » (nous ne disons pas la « querelle des langues en Belgique ») loin d'être de celles que la guerre saurait avoir closes, est, au contraire, de celles que les nécessités de l'après-guerre maintiennent au premier plan de l'actualité et donnent plus que jamais d'intérêt à résoudre (1).

Peut-être objectera-t-on à notre vue « optimiste » de l'avenir la violence des polémiques menées entre Flamingants et Anti-flamingants avant la guerre.

En effet, les adeptes d'une culture belge d'expression flamande et ceux d'une culture belge d'expression française ou romane, ont prouvé, par le fait, qu'ils avaient, les uns et les autres, des convictions ardentes et des susceptibilités extrêmes. Le fait n'est pas négligeable, mais on ne peut, à notre avis,

----

(1) Sur ce point, on lira avec intérêt, aux Annexes, le discours de M. Ém. Vandervelde à la Société des Gens de lettres (27 nov. 1916).

conclure de l'acuité de ces manifestations, au caractère factice de l'État où elles se sont produites, ni à l'impossibilité de les amortir jamais.

Il faut ici tenir compte d'abord de la nature spéciale de ce genre de contestations. Les disputes linguistiques ont toujours eu, en commun avec les disputes religieuses, le regrettable privilège d'être naturellement irritantes et très âpres. Il est bien vain de discuter du caractère rationnel des préférences de langue et de religion : là-dessus chacun a presque toujours son siège fait d'avance, et la sagesse, en cette matière, conseille aux gouvernements de composer plutôt que d'argumenter.

Ensuite, à considérer froidement les faits, est-on sûr que les polémiques engendrées par l'affaire des langues en Belgique aient dépassé le point d'excès habituel des luttes de parti dans toute démocratie parlementaire? Dans ce genre d'États, il est fatal qu'une telle question, une fois posée, épouse très vite l'aspect et les formes d'action ordinaires des querelles électorales.

Certainement, la différence des langues, comme la différence des convictions en matière religieuse est, pour le Gouvernement belge, un sérieux obstacle à vaincre dans la tâche qui lui incombe d'entretenir parmi les citoyens le sentiment de l'unité politique de l'État. Mais l'expérience prouve que ni l'une ni l'autre de ces différences n'est inconciliable avec le patriotisme.

En fait, l'attitude des antagonistes, en présence du péril extérieur commun, montre que la querelle

des langues, si vive qu'elle ait pû être, est restée
un phénomène ordinaire de la vie politique intérieure de la Belgique et n'y a pas empoisonné les
sources du patriotisme. Durant la guerre, la conscience de la réalité de la nationalité belge n'a cessé
d'agir également sur les deux groupes ethnographiques : c'est l'instinct obscur, mais vigoureux
de cette nationalité qui a sauvé des embûches
de l'Allemagne la population flamande restée en
Belgique, prisonnière; c'est cet instinct qui alimente le loyalisme des Flamands et des Wallons
réfugiés en Hollande, en Angleterre et en France;
comme c'est lui encore qui soutient le courage des
soldats flamands et wallons luttant ensemble
depuis plus de deux ans sur l'Yser. Peut-on soutenir que ce même sens national cessera subitement
d'exercer son action réconfortante sur le patriotisme belge à la fin des hostilités?.....

Les épreuves de la guerre subies en commun
ont toujours fait faire en tous pays des progrès sensibles au sentiment de la fraternité civique.

Non qu'on doive s'attendre à ce que la guerre,
comme par un changement à vue, ait fait disparaître les raisons mêmes de la contention entre Flamingants et Antiflamingants, pas plus que, pour
avoir imposé momentanément l'union patriotique
des partis, elle n'a réalisé ni ne pouvait réaliser pour
toujours l'unité des convictions politiques dans le
peuple belge. Il y aura peut-être longtemps encore
en présence, en Flandre, des adeptes convaincus
de l'une et de l'autre conception linguistique et

culturale. Par suite, on verra renaître en Belgique, après la conclusion de la paix, des discussions linguistiques, comme renaîtra l'ensemble de la vie politique belge suspendue pendant la guerre, et notamment la concurrence électorale des partis. Mais, loin que le mouvement flamingant change alors d'orientation, l'exaltation même des sentiments antiallemands produite dans tout le pays, par la guerre ne pourra, il nous semble, que le confirmer dans son caractère de mouvement cultural exclusivement belge. D'autre part, les discussions qui ressusciteront auront perdu de leur acuité en raison de l'accession à la vie publique de générations transformées ou nouvelles, et du progrès, dans la masse, de la conviction « qu'il faut qu'une solution satisfaisante soit donnée au plus tôt au problème des langues ».

Cette solution, quelle sera-t-elle? Nous l'ignorons, mais au moins n'a-t-on aucune raison précise d'appréhender que la solution qui sera adoptée doive être nécessairement de celles qui mettraient en péril l'existence de la patrie, ni qu'il soit matériellement impossible de résoudre le problème sans étouffer la vie de l'État. Ce serait douter étrangement des facultés indéfinies d'adaptation d'une nation, qui, jusqu'à présent sortit toujours plus vivante de toutes les épreuves qu'elle eut à subir. Ce serait aussi douter, sans motif, et même injurieusement, non seulement du patriotisme des deux groupes linguistiques, mais aussi de l'éducation du sens politique qu'ils auront reçue de la guerre.

L'unanimité avec laquelle les Belges sans distinction de langue se sont dressés contre le violateur de la neutralité belge et continuent à lutter contre lui, a assez prouvé, pensons-nous, que les deux groupes linguistiques se sont de nouveau affermis dans leur antique *volonté de vivre ensemble en une même communauté politique indépendante de toute sujétion étrangère.* Elle ne peut manquer d'agir sur les dispositions d'esprit des Antiflamingants comme des Flamingants.

Telle volonté, lorsqu'elle est sérieuse jusqu'à déterminer les citoyens au sacrifice de la vie, a une vertu naturelle d'amendement et d'organisation, capable de renouveler merveilleusement la vie des communautés humaines les plus éprouvées.

Elle inspirera aux Belges de demain la résolution collective d'élargir leurs sentiments. La Belgique est assez grande d'idéal, assez belle de passé et riche d'avenir pour rester *également habitable à chacun de ses citoyens,* pour demeurer vraiment *la patrie de tous :* la *patrie,* c'est-à-dire, comme le mot le dit, la « maison bénie du père de famille », le foyer commun où *tous* les enfants ont leur place assurée et trouvent plaisir à se sentir rassemblés.

Aucun Wallon sensé ne songe à contester le droit pour les Flamands de développer, en Flandre, leur personnalité et le génie de la race et de la langue flamandes dans tous les domaines où ils peuvent ambitionner légitimement de les voir s'épanouir. Aucun Flamingant instruit ne commet la folie de donner au mouvement flamand le but négatif et stérile de faire disparaître de la Belgique la langue et la culture romanes ou d'en interdire à la Flandre le libre accès (1).

Les deux groupes, leurs langues et leurs génies respectifs continueront donc, de l'assentiment commun, de coexister en Belgique, et de s'enrichir mutuellement par leur contact, leurs apports et leurs échanges. La formule de conciliation de ces disparités est difficile à trouver : soit. Mais n'est-il pas admis qu'en matière de gouvernement, le parfait n'est, au demeurant, jamais réalisé; qu'au contraire, la vérité politique n'est faite que d'une série d'approximations successives, et même que le progrès social ne saurait être entretenu sans la stimulation incessante de ces imperfections?

En définitive, nous n'apercevons point de motif de nous montrer moins confiant, quant à la possi-

---

(1) On lit dans un article de P. H. Ritter junior : « La part de la Hollande dans la lutte de la Flandre », publié dans la revue hollandaise *De Nieuwe Gids* (numéro d'octobre 1916), cette remarque :

« Sans doute, personne ne résiste à l'attrait de la culture française. Nous tous, nous reconnaissons en quelque sorte la vérité de la maxime : « Tout homme a deux patries : la sienne et puis la France » — cette France qui se rajeunit constamment et qui déploie une vitalité toujours nouvelle au moment même où on la croyait totalement épuisée. Mais comme elle est différente l'influence de la culture française en Angleterre et chez nous, — où elle est acceptée volontairement — et en Belgique où elle est, au contraire, imposée à la partie flamande de la population ! »

Cette remarque est d'un Hollandais qui soutient le point de vue flamingant, sinon même quelque peu le point de vue des « activistes ». Telle quelle, on y aperçoit typiquement que le conflit entre le « flamingantisme » et la langue française ne tient pas à une antipathie des Flamands contre celle-ci prise en soi, ni contre la France, mais à l'atteinte qu'on porterait à leur liberté et à leur originalité sociale en s'efforçant de *substituer* à leur propre langue une autre langue, même une langue qu'ils admirent et ne veulent point se passer de connaître, pourvu que ce soit sans contrainte et de *surcroît*.

bilité de résoudre à l'intérieur le problème des langues, que ceux d'entre les Allemands qui connaissent bien la Belgique et que n'aveuglent pas les fumées de l'ambition pangermaniste.

Le Dr Gustav Mayer, dont nous citions ci-dessus un fragment de l'étude publiée par *Das Neue Deutschland* (numéro du 27 juin 1916), a écrit encore cette page remarquable :

Nous contredisons une opinion très répandue en risquant cette affirmation que cette union (des Flamands et des Wallons dans l'État belge) n'a été nullement aussi malheureuse que le représente aujourd'hui une certaine conception historique. Si l'on écoutait celle-ci, on devrait croire que les rapports entre Flamands et Wallons étaient peu différents des rapports entre les Baltes et les Russes, ou même entre les Arméniens et les Turcs. Les Flamands possèdent incontestablement en Belgique la supériorité numérique. Depuis la création de l'État, il y a eu beaucoup plus de ministres flamands que de ministres wallons, et le parti politique qui est soutenu par la masse du peuple flamand a été au pouvoir sans interruption depuis 1884 jusqu'au jour actuel. Il disposait donc du râtelier de l'État et aurait pu se livrer à cœur joie à une politique flamande si l'antagonisme entre Flamands et Wallons avait vraiment eu une importance politique tellement transcendante pour la Belgique. On perd régulièrement de vue que cet antagonisme, que nous ne nions pas, ne dominait nullement la vie intérieure belge. Il n'était même pas animé d'une force capable de créer des partis.

En effet, à côté des antagonismes sociaux et religieux qui, eux, divisaient vraiment et d'une façon

durable les esprits, il ne jouait qu'un rôle secondaire
au point de vue politique. Chez nous, en Prusse, les
Polonais et les Danois forment des groupes politiques
distincts, parce que, à leur avis, la conservation de
leur caractère populaire l'exige d'eux, et parce que cette
conservation les intéresse plus vivement que toutes les
questions qui divisent en partis la nation à laquelle
ils appartiennent pour le reste. Qu'on demande au
clergé catholique de Flandre si le maintien de la domination cléricale n'est pas plus importante pour lui;
qu'on demande à Anseele, le chef des socialistes flamands, si la lutte des classes ne lui tient pas infiniment plus à cœur que la flamandisation plus ou moins
grande de l'enseignement ou de la langue administrative!

Il est vrai qu'on réclame : *In Vlaanderen vlaamsch*
(En Flandre le flamand) et qu'on défend la chose avec
enthousiasme. Un moine savant flamand se sentira
plus à l'aise dans les écrits de Ruysbroeck que dans
ceux de Pascal; Anseele enthousiasmera plus fort ses
électeurs par le souvenir d'Artevelde que par celui
de Camille Desmoulins ou de Babeuf : le Flamand
est fier, et avec raison, de l'histoire de son peuple.
Cependant ce serait méconnaître absolument les faits
que de considérer les opinions de Maurice Josson
comme type de celles des Flamands pensants, ou
même de tirer des conclusions exagérées de dictons
populaires comme celui-ci : *Wat waalsch is, valsch is*
(Ce qui est welche, est faux). Le haut clergé, la bourgeoisie possédante et la grande partie des intellectuels
ont été élevés depuis des siècles dans la culture française. Même les chefs du mouvement flamand actuel,
qui voient plus loin, ne désirent nullement supprimer
l'influence culturale française; ils veulent même la
conserver, mais naturellement pas en place domi-

nante. Même pour les femmes flamandes de toutes conditions, la langue, la mode et les usages français ont un attrait irrésistible.

Les défenseurs du mouvement flamand sont des intellectuels, le bas clergé y compris, sortis de la première génération des couches populaires inférieures. Ce mouvement n'avait rien à attendre jusqu'ici des classes possédantes. Cependant les expériences de la Livonie, de la Dalmatie, de la Bohème et des Balkans ont montré que la langue des campagnes s'impose à la ville et qu'en fin de compte c'est celle qui décide de la langue d'un territoire. Si cela est vrai pour l'Est, ce l'est, à plus forte raison, pour l'Ouest démocratique. Par conséquent, plus l'influence des masses deviendra grande, plus le mouvement flamand deviendra fort et irrésistible. Les temps du *cujus regio, ejus religio* sont révolus aussi dans le domaine linguistique. Le mouvement flamand, pour autant qu'il ne poursuit point des visées utopiques, est complètement sain et, de plus, il est lié à des couches sociales en voie d'ascension.

C'est pourquoi ce serait méconnaître les forces de l'histoire que d'admettre que la langue flamande serait plus en danger qu'elle ne l'a été jusqu'ici dans une Belgique non morcelée, parce que son caractère germanique pourrait donner sur les nerfs au chauvinisme d'une classe supérieure qui reviendra peut-être pour gouverner. On devrait plutôt admettre que Flamands et Wallons ont appris dans les tranchées à se mieux connaître mutuellement.

Voilà pour l'intérieur.

Mais, à son tour, la ferme volonté de s'organiser toujours mieux au dedans, pour pouvoir plus commodément vivre ensemble, assurera du même coup à l'État belge l'une de ses conditions essentielles de vie extérieure.

La communauté sociale et politique où les citoyens d'un État entendent que cette volonté se réalise doit évidemment être, *avant tout*, constituée de manière à pouvoir se conserver et se défendre contre les dangers du dehors. C'est là la nécessité primordiale à laquelle tous les intérêts de la vie politique interne doivent rester subordonnés.

Flamands et Wallons, gens de bon sens, et même Flamingants et Antiflamingants, doivent se dire que le premier point pour eux, c'est de rester citoyens d'un État indépendant : libres dans un État libre, ils seront toujours maîtres de devenir ce qu'ils voudront; assujettis à un État étranger, ils ne pourraient même plus demeurer ce qu'ils sont. Le particularisme de langue et de culture a donc une limite infranchissable : les intérêts majeurs de la conservation et de la défense nationales.

Trois années passées en régime d'occupation, sous un régime de despotisme prussien, sont pour les peuples qui subissent pareille épreuve une sévère école de raison politique. Ces dures expériences que personne en Belgique n'eût souhaitées, mais auxquelles tout le monde a vaillamment fait front, peuvent avoir des résultats moraux providentiels. Elles auront appris, s'ils ne le savaient, aux deux groupes flamingant et antiflamingant que la culture de toute communauté humaine, c'est-à-dire son génie, sa langue, ses traditions, ses mœurs, son caractère original, *sa volonté d'être soi*, tout ce qui l'individualise comme telle dans l'ensemble de la société des nations, — patrimoine idéal, que, nettement ou obscurément, elle sent être son premier bien et le plus cher de tous, celui qu'elle ne peut perdre sans se perdre elle-même, — exige régulièrement, pour son abri, sa conservation et sa défense, la force organisée et permanente d'un État indépendant et souverain, membre robuste et respecté de la société internationale.

Elles auront définitivement convaincu Flamands et Wallons que nulle part ils ne trouveraient autant de chances de développer leur personnalité que dans les cadres politiques de l'État belge où ils comptent déjà plus de mille ans d'identité de vie sociale, plus de quatre cents ans de communauté de vie nationale, et près d'un siècle d'unité de vie politique.

La présente guerre a projeté, enfin, une lumière terrible sur la difficulté accrue pour les petits États d'aujourd'hui, même homogènes, de mener une existence internationale politiquement et économiquement autonome. A ce point de vue, ni la Flandre ni la Wallonie n'auraient le moyen de subsister séparément; seule, la communauté belge où, associées, les deux communautés se renforcent mutuellement, a le moyen de conserver l'indépendance et la prospérité.

Dès lors, en admettant — ce que nous contestons — que la propagande allemande pût réussir auprès de quelque esprit sérieux à l'étranger à lui faire remettre en question la possibilité d'existence de l'État belge, elle n'aboutirait jamais, en Belgique même, qu'à ramener les deux groupes flamand et wallon, ou plutôt flamingant et antiflamingant, devant cette alternative :

— *Ou bien poursuivre, l'un comme l'autre, leurs revendications propres jusqu'à en perdre l'indépendance collective et se faire absorber, chacun avec sa culture, par le voisin puissant;*
— *Ou bien composer fraternellement entre soi, sur leurs exigences respectives, de manière à conserver par l'union la force de se défendre ensemble.*

La réponse des uns et des autres ne saurait être douteuse.

Et quant au reste, il finit toujours par advenir de surcroît aux hommes de bonne volonté.

ANNEXES

ANNEXES

____

I. — Le « Testament politique » du gouverneur général
von Bissing (Extraits).

Le *Mémoire* posthume dit « Testament politique » du
gouverneur général von Bissing paraît avoir été écrit
entre le 9 décembre 1915 et le début de l'année 1916. Il a
été révélé par la revue pangermaniste *Das Grössere Deutschland* (nº 20 du 19 mai 1917). La traduction intégrale de
ce document, ainsi que d'autres lettres, prouvant la persistance du général von Bissing dans ses idées de 1915-1916,
a été publiée par le « Bureau Documentaire belge » du Havre
(*Cahiers documentaires*, livraison 54-55) et reprise en brochure, avec nos commentaires, dans la collection « Cahiers
belges » (in-16, 48 p., Van Oest et Cie, 1917). En voici les
passages les plus importants en ce qui concerne l'objet du
présent ouvrage :

Le gouverneur général von Bissing s'attache à démontrer que l'annexion de la Belgique à l'Allemagne s'impose au point de vue des intérêts stratégiques et industriels
de l'Empire. Il conclut en ces termes :

« ... Une Belgique indépendante, une Belgique neutre ou
une Belgique dont des traités d'autre nature fixeraient le
statut, sera, comme avant la guerre, soumise à l'influence
néfaste de l'Angleterre et de la France et sera la proie de
l'Amérique qui cherche à utiliser les valeurs belges. Pour y
parer il n'y a *qu'un moyen : la politique de la force*, et c'est
la force encore qui devra procurer ce résultat que la population, actuellement encore hostile, s'accommode de la domination allemande et s'y soumette...

« ... L'Allemagne est intéressée aussi en Belgique au mouvement flamand qui a déjà considérablement gagné et qui serait mortellement atteint si nous n'étendions à la Belgique notre politique de la force. De nombreux Flamands sont ouvertement nos amis et beaucoup qui se cachent encore le sont en secret, tout prêts à associer leurs intérêts à ceux de l'Allemagne de par le monde. *Et cela est d'un grand poids aussi pour la politique future de la Hollande. Mais dès que nous retirerons notre main protectrice, le mouvement flamand sera flétri comme germanophile par les Wallons et les fransquillons, et complètement écrasé par eux. La question flamande n'est d'ailleurs pas résolue, et je ne nourris absolument pas l'espoir inconsidéré de voir les Flamands nous faire la tâche facile dans notre domination de la Belgique. Il faut, dès à présent, mettre tout en œuvre pour endiguer les espérances qui débordent à l'infini. Certain groupe de Flamands rêve d'un État flamand autonome gouverné par un roi et complètement détaché de tout autre État.* Sans doute il faut protéger les Flamands, mais *on ne peut, en aucun cas, donner les mains à ce qu'ils deviennent tout à fait indépendants. Étant de race germanique, de par leur opposition aux Wallons, ils seront, pour la race allemande, un renforcement précieux.*

« La Belgique doit être conquise par nous, nous devons la conserver telle qu'elle est actuellement et doit rester dans l'avenir. *Pour bien assurer notre situation future, il nous faut donner au problème belge une solution aussi simple que possible.* Si nous abandonnons une partie de la Belgique ou si nous érigeons en État autonome le territoire des Flandres, nous nous créons, non seulement des difficultés considérables, mais encore nous nous privons des avantages très importants et du secours que le territoire belge ne peut nous donner que si l'ensemble en est soumis à l'Administration allemande... La conquête de la Belgique nous a été directement imposée *et ce furent des considérations touchant les possibilités de l'avenir qui ont logiquement conduit à exiger, au nom de notre sécurité, que les frontières de l'Allemagne soient reculées vers l'Ouest.* Quant à l'idée que nous avons le devoir de maintenir la nation allemande pure de tout élément étranger et que ce serait affaiblir la forte unité de l'Allemagne que de lui incorporer tant de millions d'habitants d'un pays différent d'elle par la langue : il n'y a là pour moi que des phrases. L'Allemagne n'a rien à craindre, l'Allemagne restera l'Allemagne, même si nous attirons à nous la Belgique qui, d'ailleurs, est toute peuplée de Germains. Car les Wallons eux-mêmes ne sont devenus français qu'au cours des temps. Il nous suffira de veiller à ce que l'esprit allemand et la puissance allemande s'implantent là où jusqu'ici des influences françaises poursuivaient une œuvre de francisation. *Évidemment, c'est un grand et difficile problème que d'augmenter l'Allemagne, de lui soumettre la Belgique et de la lui incorporer ; mais l'Allemagne est suffisamment forte et, après la guerre, elle trouvera, j'espère, des hommes capables pour résoudre dans un sens allemand les problèmes qui se poseront en Belgique et pour les résoudre mieux qu'ils ne le furent en Alsace-Lorraine. Du moins, les fautes autrefois commises nous auront instruits, et jamais nous ne retomberons en Belgique dans la politique de faiblesse et de réconciliation qui nous fut si nuisible et en Alsace-Lorraine et en Pologne...*

« *... Sans doute, ce doit être un casse-tête pour les diplomates et les juristes que de déterminer sous quelle forme il conviendra d'annexer la Belgique, et souvent déjà on s'est demandé : « Avec qui conclurons-nous une paix qui sanc-* « *tionne en droit, le droit de conquête? » Et certes il n'est pas facile de répondre à cette question. Jusqu'à présent, ni le Gouvernement belge ni le Roi ne se sont engagés envers la Quadruple Entente à ne pas signer de paix séparée. Mais, malgré cette réserve, dont, sans doute, on se départira bientôt, il n'est pas à prévoir* que nous pourrons jamais conclure avec le roi des Belges et son Gouvernement une paix par laquelle la Belgique demeurerait soumise à la puissance allemande, et la Quadruple Alliance ne peut souscrire à nos conditions de paix relatives à la Belgique, son alliée. Il ne reste donc qu'à refuser, durant les négociations de paix, de nous prononcer sur la forme suivant laquelle nous incorporerons la Belgique et à nous borner à faire valoir le droit de conquête,

« ... Nous devons pendant des années encore maintenir en Belgique l'état de dictature actuellement existant.

« *La dictature appuyée sur la force militaire est la seule réforme administrative qu'on puisse choisir...*

« *L'annexion de la Belgique basée sur le droit de conquête sera regardée par beaucoup de Flamands et par une grande partie des Wallons, comme une délivrance du doute et des espoirs vains. Les uns et les autres pourront enfin respirer, faire des affaires et jouir de la vie.* Les Flamands, dont la nature est si indépendante et qui, d'ailleurs, sont difficiles à conduire, n'auront aucune peine à s'accommoder, au sortir de la tyrannie welche, d'un état de choses transitoire d'où sortira pour eux la liberté. Les Wallons pourront et devront, durant cette période, décider s'ils veulent s'adapter aux circonstances nouvelles ou s'ils préfèrent quitter la Belgique. *Quiconque restera au pays devra reconnaître l'Allemagne et, après un certain temps, confesser le* Deutschtum. *Il suit de là qu'on ne pourra tolérer en aucun cas que de riches propriétaires émigrent et continuent cependant à tirer profit de leurs propriétés belges.* Pour empêcher qu'on n'en arrive, en Belgique, à une situation analogue à celle qui s'est créée en Alsace-Lorraine, il faudra de toute nécessité recourir à l'expropriation. *Heureusement, nous ne sommes pas seulement forts par le glaive, mais nos hommes d'État savent aussi voir clair et utilement administrer.* Surtout il faut condamner les demi-mesures, ne pas chercher à garder des ménagements. En ces jours décisifs de l'histoire allemande, ce serait commettre envers ceux qui sont morts pour nous, une injustice aux conséquences les plus graves, que d'être irrésolu... »

Des doutes ayant été élevés par certains journaux sur la constance du général von Bissing dans les opinions de cet écrit, le Dr Stresemann produisit une lettre que le Gouverneur défunt lui avait écrite de Wiesbaden le 14 janvier 1917, c'est-à-dire trois mois seulement avant sa mort.

Le texte de cette lettre révèle, comme le « Testament politique », la profonde duplicité du Gouvernement allemand dans l'administration de la Belgique occupée, spé-

cialement dans sa politique à l'égard des Flamands. On
y lit :

« ... Il y a chez moi un mémoire, rédigé par moi, pour
moi seul, où j'étudie de manière plus précise et plus approfondie quel doit être l'avenir de la Belgique. J'arrive à cette
conclusion nécessaire : si nous ne soumettons la Belgique
à notre puissance, si nous n'en orientons le gouvernement
dans un sens allemand. la guerre, pour nous, est perdue.
Et que personne ici ne s'illusionne de ceux qui envisagent
superficiellement le problème belge et veulent se contenter
de garanties sur papier ou estiment suffisante une frontière
arrêtée à la ligne de la Meuse, frontière qui ne peut en aucune façon nous satisfaire et qui ne répond pas le moins du
monde à nos besoins. Il faut reculer vers le Nord, autant
qu'il est possible, la frontière qui doit dans l'avenir protéger la Belgique contre l'Angleterre et la France. La côte
est une partie de la frontière, la côte doit être notre frontière. C'est, à ma très grande joie, ce qui fut dit dans une
conférence faite dernièrement au *Flottenverein*. Par ce
moyen, nous nous dégageons du « triangle humide » (*aus
dem nassen Dreieck*) et nous nous créons la possibilité de
protéger nos colonies après que nous les aurons arrachées
aux griffes de l'Angleterre.

« Depuis plus de deux ans toute ma politique est dirigée
par ces considérations d'avenir. On m'a souvent rendu bien
difficile de poursuivre cette politique; on lui a opposé celle
de la force brutale comme étant la seule efficace. Pour moi,
j'ai cherché à nouer sans bruit des liens, et même depuis
lors, ces liens furent souvent rompus; il suffit que, des rap-
prochements tentés, quelque chose subsiste, fût-ce dans le
plus grand mystère seulement. On verra quels fruits por-
tera cette politique dès que, pour se dédommager des lourds
sacrifices qu'elle a dû faire et pour se créer les garanties
sans lesquelles elle ne peut assurer son avenir, l'Allemagne
sachant ne pas céder, prononcera l'annexion sur la base du
droit de conquête.

« Ces pensées ont inspiré ma politique flamande. C'est
guidé par ces pensées que je l'ai poursuivie. C'est d'après ces

pensées encore que j'ai dirigé avec une sage réserve et une sage modération ma politique religieuse. Sans doute, il m'aurait été plus facile de recourir à des moyens de *Kulturkampf,* mais nous aurons besoin de l'Église si nous voulons un jour faire valoir en Belgique l'esprit allemand et l'action allemande... »

ll. — Protestation du Collège échevinal et du Conseil communal d'Anvers contre la séparation administrative.

Le texte de la protestation ci-après, adressée à l'autorité allemande d'Anvers, ne nous est parvenu qu'au cours de la correction des épreuves du présent ouvrage. Il aurait sa place normale au chapitre X, page 191 ; le lecteur voudra bien l'y rapporter.

Anvers, le 6 juillet 1917.

Monsieur le Sénateur,

Vous avez défendu à l'Administration communale d'Anvers de discuter la question de la séparation administrative soit au sein du Collège, soit au sein du Conseil, en disant que « les administrations communales autonomes ont à limiter leur activité à l'expédition des affaires d'administration communale, et que toute tentative de leur part pour évoquer à elles la connaissance des affaires de l'État, se heurterait à une opposition énergique ».

Pour éviter tout malentendu, le bourgmestre a jugé opportun de ne pas porter à l'ordre du jour une interpellation relative à la séparation administrative, interpellation qui avait été annoncée en séance du Conseil communal le 5 juin 1917.

Mais l'article 21 de la Constitution nous donne le droit incontestable de nous adresser, dans la forme qui convient, à l'Administration supérieure, pour lui faire connaître notre opinion au sujet de questions d'intérêt général.

Nous désirons faire usage de ce droit constitutionnel en ce qui concerne la décision prise par le Pouvoir occupant de couper le pays en deux, et de représenter cette mesure de sa politique comme une satisfaction donnée aux Flamands.

En tout temps, l'Administration d'Anvers a pris la défense des droits de la langue flamande. Il y a plus d'un demi-siècle que la langue flamande a été proclamée la langue officielle de la commune; aucune réforme importante n'a été projetée en cette matière, par le Gouvernement ou par le Pouvoir législatif, sans que notre Conseil communal ait fait connaître son sentiment. Toujours il s'est prononcé dans un sens favorable aux Flamands.

Mais nous ne pouvons nous rallier à la séparation administrative.

En Flandre comme en Wallonie, cette mesure a rencontré l'adhésion d'un petit groupe d'hommes, auxquels personne ne reconnaît le droit d'agir au nom de nos populations et qui n'ont reçu à cet égard mandat que d'eux-mêmes.

Dans la protestation de M. Frank et consorts adressée au chancelier de l'Empire, les représentants légaux de tous nos arrondissements flamands — en tant que ceux-ci sont encore accessibles — ont au contraire développé, de façon décisive, les motifs pour lesquels notre peuple est hostile à cette politique, que l'Empire allemand qualifie d'ailleurs de garantie pour lui-même. Leurs collègues de sentiments flamands, qui se trouvent à l'étranger, se sont prononcés dans le même sens. Tous sont d'avis que l'autorité occupante va au delà de son droit lorsque, au lieu de respecter les lois du pays, elle fait fi des lois constitutionnelles et modifie de son propre chef nos institutions administratives jusque dans leur fondement, créant deux capitales, instituant deux séries de départements ministériels, déplaçant les limites des provinces, disposant des mandats existants sans le consentement des électeurs, en un mot agissant en notre temps de gouvernement populaire et dans notre pays libre, comme si la Belgique était devenue, par le fait de l'occupation, un état absolutiste où la volonté de l'Administration est toute-puissante et dispose à son gré des lois et des institutions.

Nous nous rallions unanimement à cette manière de voir; c'est de la part des séparatistes un acte impardonnable à

l'égard du peuple flamand de représenter la séparation administrative comme un article du programme flamand. On
peut, en tout temps et dans tout pays, trouver des opinions
individuelles en faveur de toutes les solutions imaginables.
Mais il n'y a pas un seul programme de nos grandes associations flamandes, il n'y a pas une profession de foi sur
laquelle nos mandataires ont été élus par un de nos corps
politiques, qui comporte la séparation administrative.
Nous considérons cette mesure comme *pernicieuse pour
l'existence de notre pays, comme favorable à nos ennemis,
comme étant en contradiction avec toutes nos traditions et nos
intérêts les plus élevés.* Quoique la Belgique n'ait pas l'unité
de langue, elle n'est pas une création arbitraire de la diplomatie, dépourvue de base historique.

De tout temps Flamands et Wallons ont, au contraire,
travaillé et vécu, dans nos contrées, dans le cadre d'organisations publiques uniques; dès le Moyen Age les trois
grands fiefs qui ont essentiellement constitué notre pays,
le comté de Flandre, le duché de Brabant et la principauté épiscopale de Liége, étaient bilingues dans leur population; plus tard, les Pays-Bas méridionaux ont conservé
le même caractère; cela n'a pas empêché le droit des deux
langues d'y être respecté de la façon la plus complète. Cette
même égalité de droits, ces mêmes conditions favorables
au développement de notre vie populaire en flamand,
peuvent être réalisées par la Belgique moderne, et nous
voulons les voir réaliser pour le pays flamand, mais par
notre propre Parlement, sans immixtion étrangère et sans
attenter à l'unité de la patrie.

Si Anvers se considère avec fierté comme la ville ayant
les sentiments les plus flamands du pays, elle n'en est pas
moins fière d'être, comme port et comme centre artistique,
un des organes les plus puissants de la Belgique *entière*
et de ne le céder en patriotisme, à aucune autre commune.
*Ce patriotisme comprend, dans les liens de la même affection
cordiale, tout le pays et tous nos compatriotes, Wallons et
Flamands sans distinction,* et il se sent profondément blessé
par une mesure telle que la séparation administrative.

Nous qui connaissons notre population et qui *avons le*

droit de parler en son nom, nous pouvons vous certifier que nos sentiments sont partagés par la généralité de nos concitoyens.

Aveugles ceux qui ne voient pas qu'un peuple a d'autres intérêts que ceux d'ordre linguistique, quelque grands et respectables que puissent être ceux-ci. Séparés les uns des autres, Flamands et Wallons deviennent si faibles qu'ils ne comptent plus parmi les peuples. Unis, ils forment un État qui, quoique petit de territoire, a su mériter le respect du monde et a encore un rôle à jouer dans l'humanité libre.

Nous vous prions, Monsieur le Sénateur, de transmettre à l'Administration supérieure nos griefs contre les mesures dont il s'agit.

(Signé par tous les membres du Collège échevinal et du Conseil communal d'Anvers.)

III. — Article de M. Jules Destrée, député socialiste
de Charleroi.

Publié à l'occasion des protestations de la presse flamingante contre
le discours du Chancelier impérial du 5 avril 1916.

(*Le Petit Parisien,* 15 juin 1916.)

BRAVO LES FLAMANDS !

On sait que l'envahisseur germain, après avoir ravagé
nos provinces, a cherché à profiter, pour se faire accepter,
des divisions de race et de langue existant en Belgique.
Toute une série de mesures, dont la plus notoire est l'essai
de créer à Gand une université flamande, ont été concer-
tées en vue de capter la confiance des Flamands. Récemm-
ment encore, le chancelier d'Empire disait au Reichstag
que l'Allemagne ne pourrait jamais se désintéresser des
devoirs qu'elle avait envers les peuples de Flandre, et
qu'elle devait les libérer de la tyrannie des Wallons et de
l'emprise de la France.

Il faut vraiment une singulière audace dans le mépris
de la vérité pour parler ainsi. Ce détail juge, après mille
autres, le degré d'aveuglement de l'opinion publique allemande, qui peut accepter avec docilité de pareilles énor-
mités. Il existe pourtant, en Allemagne, des gens qui savent
à quoi s'en tenir. Ils venaient assez souvent chez nous en
touristes, en commis voyageurs, en observateurs, pour être
mieux informés. Pourquoi tous ceux-là encouragent-ils
de leur silence complice le mensonge, prétexte de l'injustice?

Ceux-là doivent savoir que peu à peu les justes griefs
des Flamands avaient été redressés; que, depuis trente
ans, un gouvernement catholique, particulièrement favorable aux Flamands, régissait les destinées du pays et qu'il

n'y avait plus — s'il y avait jamais eu — de tyrannie wallonne et d'emprise française.

En réalité, les deux races voulaient surtout développper librement leur originalité particulière; elles étaient toutes deux désireuses d'indépendance et ni l'une ni l'autre ne pouvaient admettre un maître étranger, cet étranger fût-il d'une culture analogue à la sienne.

Les Allemands — qui comprennent d'ailleurs malaisément la psychologie des autres peuples — n'ont rien compris à tout cela. Ils se sont hypocritement penchés avec une sollicitude ostentatoire vers leurs « frères » flamands et ont été bien étonnés de constater qu'on ne voulait pas de leur fraternité.

*
* *

Tous ceux qui ont qualité pour parler au nom du mouvement flamand l'ont signifié avec netteté. C'est M. Van Cauwelaert, député d'Anvers, qui dit dans la *Vrij Belgie* (La Haye) : « Nous connaissons assez l'histoire pleine de malheurs du peuple danois — lui aussi apparenté au peuple allemand par la race — pour ne pas nous tenir sur nos gardes. » C'est le journal de M. le député Van de Perre, *De Belgische Standaard* (La Panne), qui dit : « Nous, Flamands, nous n'éprouvons qu'un sentiment d'amer mépris et d'aversion, mêlé de dégoût, à l'égard des assassins de notre peuple. Nous refusons sans conditions cette aide que jamais nous n'avons sollicitée ni désirée. » C'est *Het Vaderland* (Le Havre) qui répond au Chancelier : « Non, vous ne connaissez pas les Flamands. Vos hordes, en assassinant et en pillant, ont fait comprendre aux populations flamandes qu'aucun rapprochement ne peut exister entre nous : vous êtes toujours le Prussien rude, déloyal, envieux, contre lequel toute notre nature se révolte. Passez et épargnez-nous vos flatteries diaboliques. La Flandre grandira comme partie intégrante de la Belgique, non pas avec vous, mais contre vous et c'est pour vous écraser qu'elle donne le sang et la vie des meilleurs de ses fils. »

Mêmes déclarations de la part de *Het Belgisch Dagblad* (La Haye) et de *De Stem uit Belgie* (Londres).

Et ces voix libres expriment certainement la pensée des Flamands restés en Belgique, mais qui ne peuvent parler. L'Allemagne publie en vain à Gand ou à Anvers des journaux à sa solde avec une étiquette flamande; ils ne peuvent pas vivre, comme cette *Vlaamsche Post,* dont on signale la disparition.

Et le Teuton est forcé de souligner l'insincérité de ses protestations d'amitié par des mesures terroristes : il s'attaque brutalement aux personnalités les plus éminentes; parce qu'il ne les trouve pas suffisamment dociles, il arrête et déporte des professeurs d'université : MM. Frédéricq et Pirenne. Ce dernier, notre grand historien, était particulièrement apprécié en Allemagne. Comment est-il possible que la mesure arbitraire prise à son égard n'ait pas provoqué de la part de ses pairs et de ses lecteurs, la moindre protestation?

Les Wallons, dont je suis, sont heureux d'enregistrer cette attitude des Flamands. Les liens qui nous attachaient à notre commune patrie étaient donc bien forts, pour que, après tant d'épreuves, dispersés sur les terres d'exil, séparés les uns des autres, sans Parlement, ni presse, ni opinion publique, nous nous trouvions tous unanimes pour revendiquer notre indépendance et notre liberté, également insensibles à la flatterie et à la persécution !

Jules DESTRÉE.

IV. — **Discours de M. Émile Vandervelde, ministre de l'Intendance et leader du Parti ouvrier belge, prononcé à la « Société des Gens de lettres », à Paris, le 27 novembre 1916.**

D'après le *Journal des Débats* du 28 novembre 1916.)

Je n'ai vraiment d'autre titre à l'honneur d'être reçu par vous que le fait d'être né entre l'Yser et la Meuse.

Avant la guerre, assurément, il m'est arrivé d'écrire quelques livres, mais ils avaient ce caractère commun d'appartenir au genre que M. Thiers dénommait : « La littérature ennuyeuse ». Depuis, je passe tout mon temps à acheter, pour nos soldats, du sucre, du drap ou des chaussettes, ne lisant presque jamais, écrivant moins encore.

Si donc vous avez associé mon nom à celui de mes collègues, Hymans, l'historien de Frère-Orban, Carton de Wiart, l'auteur de la *Cité ardente*, c'est, ce ne peut être que pour rendre hommage à la Belgique, toute la Belgique, la Belgique du roi Albert, du cardinal Mercier, du bourgmestre Max, du bâtonnier Théodor, mais aussi la Belgique de cet admirable prolétariat qui, depuis de longs mois, donne sa vie ou met sa misère au service de la lutte pour l'existence de notre nationalité.

Avant l'agression allemande, nul peuple, j'ose le dire, n'était aussi divisé que le nôtre par le dualisme des langues, par la croyance et les opinions, par l'opposition des intérêts de classe. Mais nul peuple aussi ne s'est plus complètement, plus unanimement, plus immédiatement uni, pour la défense de son droit et pour l'accomplissement de son devoir.

Dans le conflit européen, on l'a dit avec raison, la Belgique est « l'agneau sans tache ».

Nous ne demandions qu'à vivre en paix avec tous. Nous n'avions ni revanches à prendre ni ambitions à satisfaire. Nous avions, vis-à-vis de tous les États voisins une créance de sécurité, solennellement garantie. La neutralité pour nous était plus qu'un droit, elle était un devoir. Elle ne nous assurait pas seulement un avantage. Elle était pour les autres une garantie. Et cette garantie, nous la devions à tous ; cette neutralité, nous l'eussions défendue contre tous. Ceux qui disent le contraire ne font qu'ajouter une calomnie et un outrage à tous les maux dont ils ont accablé notre pays. Est-ce à dire cependant que, dès avant le 4 août, notre neutralité était passive, que nos sentiments à l'égard des peuples voisins ne faisaient aucune différence entre les uns et les autres, entre ceux qui, dans l'ordre politique du moins, restaient asservis au passé et ceux qui étaient, comme nous, des peuples de liberté et de démocratie?

Je ne le prétends pas.

J'ai, au contraire, la conviction que, sur les hauteurs de Liége, quand nos soldats de la région mosane recevaient le premier choc de la barbarie organisée, leur courage s'exaltait à la pensée qu'en défendant la terre natale, ils luttaient pour les libertés de l'Europe, ils servaient de rempart vivant à la France, cette seconde patrie des hommes libres.

Et c'est pourquoi :

> *Dût la guerre mortelle et sacrilège*
> *Broyer notre pays de combats en combats,*
> *Jamais sous le soleil une âme n'oubliera*
> *Ceux qui sont morts pour le monde, là-bas,*
> *A Liége.*

Mais, à côté de ces Liégeois, de ces Wallons, de ces Belges de langue française, il y avait, dans notre armée, il y en a d'autres, qui ne sont pas aussi près de la France, qui ne comprennent pas son langage, qui peut-être, avant la guerre, sympathisaient plutôt avec l'Allemagne, et, cependant, ceux-là, comme les autres, se sont battus, et bien battus, pour leur pays, pour notre cause, pour le droit qu'ont tous les hommes de vivre ardents, libres et fermes, sur le sol où ils sont nés.

Vainement, à maintes reprises, nos maîtres provisoires

ont fait effort pour les détacher, se posant en défenseurs de leurs droits, en arbitres de leur destin.

N'a-t-on point vu, récemment encore, le général von Bissing décréter la suppression de l'Université française de Gand et prétendre créer une université flamande.

Inutile parade !

Comment les Flamands pouvaient-ils oublier que la main qu'on leur tend est trempée du sang de leurs fils, que ceux qui fondent l'Université de Gand sont les mêmes qui ont brûlé l'Université de Louvain, que leurs prétendus défenseurs ont brûlé Termonde, bombardé Malines, fusillé dans Aerschot des enfants, des femmes, des vieillards inoffensifs?

Et si, par impossible, ils eussent pu oublier, ce nouveau crime les eût rappelés à eux-mêmes, qui arrache à la terre des Flandres des milliers de jeunes gens pour les déporter en Allemagne et en faire de misérables esclaves, taillables et corvéables à merci !

— Mais, dira-t-on peut-être, si les Flamands, comme les Wallons sont irréconciliables, si pour eux, désormais, l'Allemand est l'ennemi héréditaire, s'ensuit-il qu'entre eux et la France il y ait d'autres liens qu'une haine commune? Ne les voyons-nous pas, durant cette guerre même, réclamer et poursuivre jalousement l'exclusion du français de la vie publique, de l'enseignement supérieur du pays flamand?

A ces questions, Messieurs, je voudrais tenter de répondre, avec le souci de dissiper des malentendus et des craintes sans fondement.

Certes, je ne méconnais point qu'il y ait chez certains Flamands des tendances particularistes qui ont trouvé leur expression dans cette formule pittoresque : « Nous ne voulons être ni des sans-culottes français, ni des hérétiques hollandais, ni des esclaves prussiens. »

Mais, dans la masse du peuple flamand, ce qu'on est convenu d'appeler le *mouvement flamingant* a une portée bien différente.

Sans être le moins du monde hostiles à la France, que la plupart d'entre eux aiment et admirent, les Flamands demandent, et ne demandent pas autre chose que ce que demandent ailleurs les Polonais, les Ruthènes et les

Tchèques, le droit d'être jugés, administrés, instruits dans leur langue, dans la seule langue que comprend la grande majorité d'entre eux.

Trop souvent, jadis, dans nos Flandres, un homme était jugé et condamné par des juges qui ne communiquaient avec lui que par interprète.

Trop souvent, aujourd'hui encore, dans les tranchées de l'Yser, nos soldats flamands ont des officiers qui ne peuvent, faute de bien parler leur langue, gagner pleinement leur confiance et leur affection.

Nos compatriotes du pays flamand demandent que cela change.

Je ne suis pas suspect de n'avoir point de sympathie pour la France, lorsque j'affirme qu'ils ont raison.

Moi qui ne parle guère que le français, dont l'éducation, comme celle de tous les jeunes bourgeois de ma génération, a été toute française, j'ai, depuis vingt ans que je siège à la Chambre, voté toutes les mesures dites *flamingantes,* toutes les lois destinées à établir l'égalité de droit et de fait entre nos deux langues nationales. Et, en terminant, je me permets de vous exprimer la conviction que le jour où cette égalité sera complète, les Flamands ne seront pas plus loin de la France, ils seront plus près.

Aussi longtemps que, dans nos Flandres, les bourgeois ne parlaient guère que le français, tandis que le flamand était la langue des paysans et des ouvriers, les classes populaires vivaient dans un isolement intellectuel lamentable.

Le jour, désormais prochain, où tous ceux qui voudront participer à la direction de notre pays parleront et devront parler, à la fois, la langue de Maeterlinck ou de Verhaeren et la langue de Cyrille Buysse ou de Guido Gezelle, cet isolement prendra fin. La Belgique, plus que jamais, sera le trait d'union entre des cultures différentes. Elle sera, par sa situation même, un des éléments nécessaires de cette société des nations, variée, mais harmonisée, qui, dans le sang et dans les larmes, est en train de naître sous nos yeux.

Mais il faut pour cela que la Belgique soit libre. Travaillons à la libérer !

BIBLIOGRAPHIE

Liste de publications faites depuis là guerre, en Allemagne ou, en dehors de l'Allemagne, par les soins de la propagande allemande, sur la Flandre et la question flamande.

A

ANHEISSER (Roland) : *Flandern und Brabant.* — Leipzig, Breitkopf und Härtel, 1916.

ANHOLT (F.) : *Die deutsche Verwaltung in Belgien.* — Berlin, G. Stilke, 1917.

ARNHEIM (Fritz) : *Flamen und Wallonen* (« Der Panther », Heft 4, April 1915). — Leipzig, « Panther » Verlag.

B

BASSERMANN (Ernst) : *Belgien.* — « Deutsche Stimmen », 25 décembre 1916, nº 24.

BAUM (Julius) : *Brüssel als Künststätte.* — Strassburg, J. H. Ed. Heitz, 1915.

BAUMEISTER (Albert) : *Die belgische Odyssee.* — Berlin, Verlag der « Sozialistischen Monatshefte ».

BINDER (Heinrich) : *Antwerpen : Rückblicke und Ausblicke.* — München, Müller, 1916. — 136 pages.

BLUNCK (Hans Friedrich) : *Belgien und die niederdeutsche Frage* (Tat. Flugschriften 9). — Iena, Eugen Diederich, 1915. — 32 pages.

BORCHLING (Conrad) : *Das belgische Problem* (Deutsche Vorträge Hamburgischer Professoren). — Hamburg, Friederichsen, 1914. — 28 pages.

BORNHAK (Conrad) : *Belgiens Vergangenheit und Zukunft.* — Berlin, « Grenzboten » Verlag, 1917.

BREDT (E. W.) : *Belgiens Volkscharakter. Belgiens Kunst* (mit 54 Abbildungen). — München, Hugo Schmidt, 1915. — 104 pages.

BRÜHL (Heinrich) : *Flandern, literarisches Neuland* (Conférence donnée, le 8 février 1916, à l'école allemande de Bruxelles). — Berlin, G. Stilke.

C

CLAUDIUS (Severus) : *Flanderns Not.* — Berlin, Stilke, 1917. — 79 pages (Traduction allemande, par P. Osswald, d'un pamphlet « activiste » flamand ou peut-être allemand, paru à Anvers, à l'imprimerie « Mercurius », en 1916, sous le titre « Vlaandren's Weezang »).

CONTZEN (Pol. Hans) : *Lovania: zwanzig Jahre deutschsprechenden Studententums in Belgien.* — München-Gladbach, Sekretariat sozialer Studentenarbeit, 1916. — 62 pages.

D

DECKERT (Emil) : *Panlatinismus, Panslavismus und Panteutonismus in ihrer Bedeutung für die politische Weltlage : ein Beitrag zur europäischen Staatenkunde.* — Frankfurt, M. H. Keller, 1914.

DENEKE (Th.) : *Sprachverhältnisse und Sprachgrenze in Belgien und Nordfrankreich.* — Hamburg, Friederichsen, 1915. — 35 pages.

DIX (Arthur) : *Der Weltwirtschaftskrieg : seine Waffen und seine Ziele.* — Leipzig, Hirzel, 1914. — 46 pages.

Domela Nieuwenhuys Nyegaard (J. D.) : *Aus meinem Kriegstagsbuch*, traduction et préface de C. A. E. Wolff von Wülfing. — La Haye, Nieuwe Uitgevers-Maatschappij, « Toekomst » Verlag, 1916. — 103 pages.

Domela Nieuwenhuys Nyegaard (J. D.) : *Flandern vom südlichen Zwang befreit :* (*Die bedeutendsten Niederländischen Flugschriften* nos 1 et 2). — Leipzig, Adriaan van den Broecke, 1916. — 77 pages.

Domela Nieuwenhuys Nyegaard (J. D.) : *Flamisch Fländern* (« Der Panther », Heft 1., Januar 1916). — Leipzig, « Panther » Verlag.

Dosfel (Lodewijk) : *Die flämische Studentenbewegung : eine Skisse ihrer Geschichte.* — München-Gladbach, Sekretariat sozialer Studentenarbeit, 1916. — 78 pages.

E

Ehlers (Paul) : *England, Antwerpen und die belgische Barriere* (Zweite durchgesehne und vermehrte Auflage). — Hamburg, Lucas Gräfe und Sillem, 1916. — 72 pages.

Esser (Hubert) : *Abriss der belgischen Geschichte* (collection : *Der Kampf um Belgien*, n° 3). — München-Gladbach, Sekretariat sozialer Studentenarbeit, 1915. — 16 pages.

F

Fendrich (Anton) : *Der Stellungskrieg bis zur Frühlingsschlacht (1915) in Flandern.* — Stuttgart, Franckh'sche Verlagshandlung, 1916. — 76 pages.

Fromme (Franz) : *Belgisches und Unbelgisches.* — Berlin, Paetel, 1917. — 162 pages.

Fromme (Franz) : *Die Nationalitätenkampf in und um Belgien* (« Deutsche Rundschau », janvier 1915). — Berlin, Paetel.

G

GANGHOFER (Ludwig) : *Reise zur deutschen Front 1915.* — Berlin, Ullstein, 1915. — 221 pages.

GOLDMANN (Paul) : *Von Lille bis Brüssel ; Bilder aus den westlichen Stellungen und Kämpfen des deutschen Heeres.* — Berlin, K. Curtius, 1915. — 134 pages.

GRAUL (Richard) : *Alt Flandern.* — Dachau bei München, « Roland » Verlag, 1916. — Album de 46 pages.

GROTH (Klaus) : *Briefe über Hochdeutsch und Plattdeutsch.* — Hamburg, Alf. Janssen, 1917. — 92 pages.

GURLITT (Cornelius) : *Die Zukunft Belgiens.* — Berlin, « Zirkel » Verlag, 1917. — 162 pages.

H

HAMPE (Karl) : *Belgiens Vergangenheit und Gegenwart.* — Leipzig und Berlin, B. G. Teubner, 1915. — 97 pages.

HARTIG (Erdmann) : *Flandrische Wohnhaus Architektur* (mit einem Vorwort von Prof. Dr Paul CLEMEN). — Berlin, Ernst Wasmuth, 1916.

HAUSENSTEIN (Wilhelm) : *Belgien.* — Berlin, G. Muller, 1915. — 48 pages.

HURTER (L.) : *Die deutsche Verwaltung in Belgien* (« Allgemeine Rundschau », n° 33, août 1915 ; n° 8, février 1916 ; n° 14, avril 1916). — München, G. F. Manz.

J

JACOB (Heinrich Eduard) : *Reise durch den belgischen Krieg.* — Berlin, E. Reiss, 1915. — In-12, 284 pages.

JACQUES (Norbert) : *Die Flüchtlinge : von einer Reise durch Holland hinter die belgische Front.* — Berlin, C. Fischer, 1915. — 108 pages.

Jaeger (Eugen) : *Deutschlands Kriegsziele. Belgien und die realen Garantien* (« Allgemeine Rundschau », n° 4, janvier 1917). — München, G. F. Manz.

Jostes (Franz) : *Die Vlamen im Kampf um ihre Sprache und ihr Volkstum.* — Münster i. W., Borgmeyer, 1916 (édition de 1915 augmentée). — In-12, 296 pages.

Jostes (Franz) : *Die flämische Literatur, mit besonderer Berücksichtigung von Guido Gezelle.* — München-Gladbach, Volksvereins Verlag, 1917. — 68 pages.

Jostes (Franz) : *Hendrik Conscience.* — München-Gladbach, Volksvereins Verlag, 1917. — 78 pages.

K

Kehrer (Prof. Hugo) : *Alt Antwerpen : eine kunsthistorische Studie.* — München, Hugo Schmidt, 1917. — 50 pages, 61 illustrations.

Kellen (Tony) : *Die vlämische Hochschule in Gent* (« Frankfurter Zeitgemässe Broschüren », Heft 4-5, 20. April 1916). — Hamm i. W., Breer und Thiemann, 1916. — 44 pages.

Kellen (Tony) : *Das vlämische Volk* « Frankfurter Zeitgemässe Broschüren », Heft, 5-6. — Hamm i. W., Breer und Thiemann, 1917.

Kellen (Tony) : *Der Belgier.* — (« Süddeu tsche Monatshefte », April 1915).

Kellen (Tony) : *Belgien sonst und jetzt* (Introduction à un album de 200 vues de Belgique). — Siegen, Montanus Verlag, 1915.

Kerlen (Kurt) : *Flandern und Deutschland : die Flamen und Wir.* — Arnsberg i. W., J. Stahl, 1917.

Kessler (Otto) : *Das deutsche Belgien. Beiträge zur Geschichte Volkswirtschaft und zur deutsche Verwaltung.* — Berlin, Siegismund, 1915. — 158 pages.

KOESTER (Dr Adolph) und NOSKE (Gustav) : *Kriegsfahrten durch Belgien und Nordfrankreich, 1914.* — Berlin, P. Singer. — In-16, 120 pages.

KOTZDE (Wilhelm) : *Von Lüttich bis Flandern, Belgien 1914.* — Weimar, Kiepenheuer, 1914.

KULLMER (Hanns) : *Die belgische Sphynx : ein Buch für den deutschen Staatsbürger.* — Berlin, Puttkammer und Mühlbrecht, 1916.

L

LABAND (Paul) : *Die Verwaltung Belgiens während der kriegerischen Besetzung.* — Tubingen, Mohr, 1916.

LAMPRECHT (Karl) : *Deutsche Zukunft : Belgien* (aus den nachgelassenen Schriften). — Gotha, A. Perthes, 1916.

LANGHAMMER (J.) : *Belgiens Vergangenheit und Zukunft.* — Warnsdorf i. B., Strache, 1916.

LEHMANN-HAUPT (C. F.) : *Der Krieg und das Deutschtum im Auslande.* (« Deutsche Reden in schwerer Zeit », nº 28). — Berlin, K. Heymann, 1915.

LOSCH (Hermann J.) : *Die Sprache der Belgier* (« Annalen des deutschen Reichs », 1914, nº 11).

LUTHGEN (Eugen) : *Belgiens Baudenkmäler* (mit 96 Volksbildern). — Leipzig, Insel Verlag, 1915. — 96 pages.

M

MAYER (Gustav) : *Flamen-Romantik* (« Das neue Deutschland », Heft, 37-40, 27. Juni 1916). — Berlin, Politik Verlagsanstalt.

MEISTER (Aloïs) : *Unser belgisches Kriegsziel.* — Münster i. W., Borgmeyer, 1917.

MEYER (Alfred Richard) : *Flandrische Etappe.* — Darmstadt, Falken, 1917.

Meyer (Alfred-Richard) : *Vor Ypern*. — Darmstadt, Falken, 1917.

Moeller von den Bruck : *Belgier und Balten* (« Der deutsche Krieg », éditée par Ernst Jäckh, Heft 59). — Stuttgart-Berlin, Deutsche Verlagsanstalt, 1915.

Müller (Ernst) (Meiningen) : *Belgische Eindrücke und Ausblicke : Glossen über die belgische Neutralitätsgarantie und « das Selbstbestimmungsrecht der Völker »*. — München, J. F. Lehmann, 1916. — 44 pages.

N

Nuese : *Belgien*. (« Politisch - anthropologische Monatschrifte », février 1915, n° 11).

O

Oboussier (Max) : *Le Port d'Anvers et la Conférence de Paris*. — Anvers, 1917. — 103 pages.

Oppermann (Edm.) : *Belgien einst und jetzt*. — Leipzig, J. Klinghardt, 1915. — 118 pages.

Osswald (Paul) : *Zur belgischen Frage : der Nationalitätenkampf der Vlamen und Wallonen*. — Berlin, G. Stilke, 1915. — 48 pages.

Osswald (Paul) : *Belgien*. — Leipzig-Berlin, B. G. Teubner, 1915. — 116 pages.

P

Philipsborn (Alexander) : *Wegweiser für deutsche Wohlfahrspflege in Belgien*. — Berlin, Franz Wahlen, 1916. — 99 pages.

Poensgen (Oskar) : *Das staatsrechtliche Problem Belgiens* (« Der Panther », Heft 6, Juni 1915). — Leipzig, « Panther » Verlag.

PRAESENT (Hans) : *Antwerpen : natur-, wirtschaft-, und strategische Bedeutung* (mit einer Abbildung, einem Text und einer Karte). — « Deutsche Rundschau für Geographie », 1914-1915, fascicules 2 et 4.

Q

QUELLE (Otto) : *Belgien und die französischen Nachbargebiete ; eine Landeskunde für das deutsche Volk.* — Berlin, Westermann, 1915. — 126 pages.

R

RAUSCHER (Ulrich) : *Belgien heute und morgen.* — Leipzig, Hirzel, 1915. — 141 pages.

REVENTLOW (Ernst, Graf zu) : *Die versiegelte Nordsee.* — Berlin, Mittler und Sohn, 1915. — 28 pages.

REVENTLOW (Ernst, Graf zu) : *Der Vampir des Festlandes : eine Darstellung der englischen Politik nach ihren Triebkräften, Mitteln und Wirkungen.* — Berlin, Mittler und Sohn, 1916. — 185 pages.

RHENANUS (Paul) : *Vom flämischen Volk* (« Die Flamen », n° 1). — München-Gladbach, Sekretariat sozialer Studentenarbeit. — 23 pages.

RHENANUS (Paul) : *Die Französierung in Flandern* (« Die Flamen », n° 2). — München-Gladbach, Sekretariat sozialer Studentenarbeit. — 23 pages.

RÜHL (Alfred) : *Antwerpen.* — Berlin, Mittler und Sohn, 1915. — 40 pages.

S

SCHUMACHER (Dr Hermann) : *Antwerpen : seine Weltstellung und Bedeutung für das deutche Wirtschaftsleben.* — München und Leipzig, Duncker und Humblot, 1916. — 182 pages.

Schumacher (Dr Hermann) : *Unsere Kriegsziele im Westen* (manuscrit polygraphié, daté du 20 juin 1913, cité par L. Volkmann, dans *Der Belfried* de juin 1917, p. 575).

Schwering (Leo) : *Durch Flandern und Brabant.* — München-Gladbach, Sekretariat sozialer Studentenarbeit, 1915. — 16 pages.

Schwering (Leo) : *Flandern.* — München-Gladbach, Sekretariat sozialer Studentenarbeit, 1915. — 16 pages.

Silbergleit (Arthur) : *Flandern.* — Innsbruck, Wägner'sche Universitäts Buchhandlung, 1916. — 22 pages.

Spengler (Otto): *Handausgabe des Gesetz- und Verordnungsblattes für die okkupierten Gebiete Belgiens* (1. September 1914 bis 31. Dezember 1915) mit Verweisungen und Abdruck der angezogenen Gesetze und Verordnungen nebst einen Anhang, Band I. — Brüssel, Misch et Thron, 1916. — 510 pages.

Stange (Karl) : *Das Gefangenenlager in Göttingen.* — Leipzig, Dr Trenkler, 1916. — 37 pages. (Même édition en français, sous le titre : *Le camp de Göttingen,* même éditeur, 1916. — 23 pages.)

T

Tiemann (Walter) : *Erinnerungen an Flandern* (« Zeitschrift für Bücherfreunde », 1916, Heft 10). — Leipzig, E. A. Seemann.

V

Van der Bleek (Kurt L. Walter) : *Die volkserzieherische Bedeutung der germanischen Weltkultur und der Anteil Flanderns im Kulturkampf gegen den Albionismus und die moskowitische Staatsidee.* — Halle (Saale), Otto Hendel. 1916. — 180 pages.

VOLKMANN (Ludwig) : *Das Generalgouvernment Belgien :
zwei Jahre deutscher Arbeit, auf Grund amtlicher Quel-
len zusammengestellt.* — Leipzig, E. A. Seeman, 1917.
— 117 pages.

VON BELOW (G.) : *Die Flämen im Kampf um ihre Sprache und ihr Volkstum (von Franz. Jostes) : Kritik
von G. von Below* (« Der Panther », Januar 1916). —
Leipzig, « Panther » Verlag.

VON BELOW : *Belgien* (dans le vol. : *Der Krieg 1914-1916*
de Dietrich SCHÄFER). — Leipzig, Bibliographischer
Institut, 1916.

VON BETHMANN-HOLLWEG (Theobald) : *Sechs Kriegsreden
des Reichskanzlers.* — Berlin, Reimar Hobbing, 1916.
— 98 pages.

VON BISSING (Dr Friedrich Wilhelm) : *Die Universität
Gent, Flandern und das deutsche Reich.* — Leipzig,
« Süddeutsche Monatshefte » Gmbh., 1916. — 62 pages.

VON BISSING (Dr Friedrich Wilhelm) : *Belgien unter
deutscher Verwaltung* (« Preussische Jahrbücher », décembre 1915). — Berlin, G. Stilke, 1915.

VON BISSING (Dr Friedrich Wilhelm) : *Belgien unter
deutscher Verwaltung.* — München, « Süddeutsche Monatshefte » Verlag, 1915. — 45 pages.

VON BISSING (Dr Friedrich Wilhelm) : *Die Kriegsziele
unserer Feinde.* — Dresden und Leipzig, « Globus ».
1916. — 103 pages.

VON BITTENFELD (E. Herwarth) : *Belgien : eine Beurtei-
lung seiner Geschichte bis zur Gegenwart.* — Wiesbaden, H. Staadt, 1915. — 35 pages.

VON DYCK : *Die Umwandlung der Universität Gent in
eine flämische Hochschule : einleitender Vortrag zur
feierlichen Uebergabe und Eröffnung der Universität*
(« Deutsche Revue », Januar 1917, p. 77 à 89).

VON HAUFF (W.) : *Das Deutschtum in Belgien.* — Weimar,
Duncker, 1915. — 150 pages.

Von Melstedt (Henning) : *Belgien in deutscher Gefan-genschaft.* — Berlin, Morawe und Scheffelt, 1916. — 140 pages (trad. par M. Goebel).

Von Schultze-Gaevernitz : *Zum Kapitel Flamenro-mantik* (« Das neue Deutschland », 1916, no 50-52). — Berlin, Politik Verlagsanstalt.

Von Wilamowitz-Moellendorf (Ulrich) : *Reden aus der Kriegszeit.* — Berlin, Weidmann, 1915. — 4e fascicule, 45 pages.

Von Zobeltitz (Fedor) : *Belgien 1915* (dessins de Luigi Kasimir, texte de Fedor von Zobeltitz). — München, Franz Hanfstaengl, 1916.

W

Walter (Ernst) : *Wie unsern Feinden nichts gelingen wollte : 1. Teil : Franzosen und Belgier, Engländer.* — Berlin-Charlottenburg, A. Mehlhorn, 1916. — 190 pages.

Wiedenfeld (Kurt) : *Deutschlands Seehäfen mit beson-derer Berüchtsichtigung von Antwerpen* (« Süddeutsche Monatshefte », avril 1915).

Winburg (Hendrik) : *Der Charakter Belgiens und seine Entwickelung.* — München-Gladbach, Sekretariat so-zialer Studentenarbeit, 1915. — 32 pages.

Z

Zimmerman (Karl) : *Das Problem Belgien oder « Es lebe der Geuse ».* — Iena, E. Diderichs, 1915. — 70 pages.

Zitelmann (Ernst) : *Das Schicksal Belgiens beim Frie-densschluss.* — München und Leipzig, Duncker und Humblot, 1917. — 94 pages.

PUBLICATIONS ANONYMES ET COLLECTIVES

Die flämische Hochschule in Gent : Reden zur feierlichen Uebergabe und Wiedereröffnung, gehalten am 20., 21. und 24. Oktober 1916. — Stuttgart und Berlin, Deutsche Verlagsanstalt, 1917. — 65 pages.

Flanderns Wehklage! und wir? — Ein flämischer Wehruf und ein deutsches Echo. — Heidelberg, Carl Winter, 1916. — 63 pages.

Die Zukunft Belgiens, von einem Vlamen. — Herausgegeben vom Büro zur Verbreitung von deutschen Nachrichten im Auslande (sitz Düsseldorf). Préface de J. Stocky. — Berlin, G. Stilke. — 18 pages.

Belgien : neun Abhandlungen der Sammlung « Der Kampf um Belgien ». — Herausgegeben vom Sekretariat sozialer Studentenarbeit. — München-Gladbach, Volksverein Verlag, 1916. — 146 pages.

Schriften der Gesellschaft zur Pflege der deutsch-flämischen Beziehungen. — München-Gladbach, Volksvereins Verlag, 1917.

« Der Belfried » : eine Monatschrift für Gegenwart und Geschichte der belgischen Lande. — Fondée en juillet 1916, dirigée par le Dr Anton Kippenberg. — Leipzig, Insel Verlag.

« Süddeutsche Monatschrift » (avril 1915) : *Belgien* (numéro principalement consacré à la Belgique).

« Die Aktion » (Berlin, 5 février 1916). Numéro spécial : *Belgien.*

« Norddeutsche Monatshefte » (août 1916) : numéro spécial consacré à la Flandre.

« Illustrirte Zeitung » (Vienne), 8 février 1917 : numéro spécial consacré à la Flandre.

TABLE DES MATIÈRES

NANCY, IMPRIMERIE BERGER-LEVRAULT — OCTOBRE 1917

LIBRAIRIE MILITAIRE BERGER-LEVRAULT

PARIS, 5-7, rue des Beaux-Arts — rue des Glacis, 18, NANCY

La Belgique et les Belges pendant la Guerre, par le commandant A. DE GERLACHE DE GOMERY, docteur *honoris causa* de l'Université de Louvain. 5e édition. 1917. Volume grand in-8, avec 180 illustrations et 6 cartes. **6 fr.**

Un Royaume en exil. *La Belgique du dehors,* par Maurice DES OMBIAUX. 1917. Volume in-12 . . . . **3 fr.**

La Belgique en France. — Les Réfugiés et les Héros, par Pierre NOTHOMB. Préface de Émile VERHAEREN. 1917. Volume in-12. . . . . . **3 fr.**

Les Établissements d'Artillerie belges pendant la Guerre, par le commandant Willy BRETON, de l'armée belge. Préface de Emile VANDERVELDE, ministre d'État. 1917. Volume in-8, avec 61 photographies hors texte. **6 fr.**

La Campagne anglo-belge de l'Afrique Orientale allemande, par Charles STIÉNON. Préface de M. le baron DE BROQUEVILLE, ministre de la Guerre et président du Conseil des ministres de Belgique. 1917. Volume in-12, avec 46 illustrations hors texte et 2 cartes. . . . . **6 fr.**

Les Pages de Gloire de l'Armée belge, par le commandant Willy BRETON, de l'armée belge. 12e mille. 1914. Volume in-12, avec 4 cartes. . . . . **60 c.**

Un Régiment belge en campagne. *Les fastes du 2e chasseurs à pied* (*1er août 1914-1er janvier 1915*), par le commandant Willy BRETON, de l'armée belge. 24e mille. 1916. Vol. in-12, avec 11 photographies et 3 cartes. **1 fr. 50**

La Hollande et la Guerre, par Louis PIÉRARD. 1917. Volume in-12. . **75 c.**

Charleroi. *Notes et impressions,* par FLEURY-LAMURE, correspondant de guerre français du *Times* en Belgique. Préface de Gérald CAMPBELL, correspondant spécial du *Times*. 18e édition. 1916. Volume in-8, avec portrait, 2 fac-similés hors texte et 5 cartes. . . . . **1 fr. 50**

Feuilles de route d'un Ambulancier. *Alsace, Vosges, Marne, Aisne, Artois, Belgique,* par Charles LELEUX. Complétées d'après le Carnet de route du Dr Henri LIÉGARD. Préface de M. René DOUMIC, de l'Académie Française. 10e édition. 1916. Vol. in-8, avec 13 illustrations hors texte. . . . . **1 fr. 50**

Avec les Français en France et en Flandre. *Impressions vécues d'un aumônier attaché à une ambulance de campagne,* par OWEN SPENCER WATKINS, aumônier aux armées anglaises. Traduit par Henri et Jeanne DUPRÉ. 6e édition. 1915. Volume in-8, avec portrait et 7 planches . . . **2 fr.**

Six Semaines à la Guerre. *Bruxelles, Namur, Maubeuge,* par la duchesse DE SUTHERLAND. 6e édition. 1915. Volume in-8, avec 9 planches hors texte, 2 fac-similés et 1 carte. . . . . **1 fr. 50**

Êtes-vous neutres devant le Crime? par *Un Pacifiste logique,* par Paul Hyacinthe LOYSON. Avec une lettre de Émile VERHAEREN. 1916. Volume grand in-8, couverture illustrée par Louis RAEMAEKERS . . . . **3 fr. 50**

Les Violations des lois de la guerre par l'Allemagne (Publication faite par les soins du ministère des Affaires étrangères). 1915. Volume grand in-8 de 208 pages, avec de nombreuses photographies . . . . **1 fr.**

L'Allemagne et le Droit des gens, *d'après les sources allemandes et les archives du Gouvernement français,* par Jacques DE DAMPIERRE, archiviste-paléographe. 1915. Volume in-4, avec 103 gravures (vues, portraits, fac-similés de documents) et 13 cartes. . . . . **6 fr.**

La Rééducation professionnelle des soldats mutilés et estropiés, par Léon DE PAEUW, inspecteur général de l'enseignement primaire de Belgique, ancien chef du cabinet civil du Ministre de la Guerre. Lettre-préface de Mme H. CARTON DE WIART. 1917. Volume in-16 jésus, avec 48 photographies, cartonné . . . . **4 fr. 50**

Un Américain d'aujourd'hui. *Scènes de la vie publique et privée aux États-Unis,* par Brand WHITLOCK. Traduit de l'anglais par Mme Henry CARTON DE WIART. 1917. Volume in-12, avec 2 planches . . . . **4 fr.**

LIBRAIRIE MILITAIRE BERGER-LEVRAULT

PARIS, 5-7, rue des Beaux-Arts — rue des Glacis, 18 NANCY